U0940029

国家社科基金特别委托课题“全国生态文明先行示范区建设理论与实践研究：以湖州市为例”（编号：16@ZH005）

湖州市“三农”发展报告

——聚焦供给侧结构性改革

曹永峰 等◎著

2017

中国社会科学出版社

图书在版编目（CIP）数据

湖州市“三农”发展报告．2017：聚焦供给侧结构性改革/曹永峰等著．—北京：中国社会科学出版社，2017.11

ISBN 978－7－5203－0927－1

Ⅰ．①湖…　Ⅱ．①曹…　Ⅲ．①三农问题—研究报告—湖州　Ⅳ．①F327.553

中国版本图书馆CIP数据核字(2017)第221007号

出 版 人　赵剑英
责任编辑　刘晓红
责任校对　周晓东
责任印制　戴　宽

出　　版　中国社会科学出版社
社　　址　北京鼓楼西大街甲158号
邮　　编　100720
网　　址　http：//www.csspw.cn
发 行 部　010－84083685
门 市 部　010－84029450
经　　销　新华书店及其他书店

印　　刷　北京明恒达印务有限公司
装　　订　廊坊市广阳区广增装订厂
版　　次　2017年11月第1版
印　　次　2017年11月第1次印刷

开　　本　710×1000　1/16
印　　张　21
插　　页　2
字　　数　275千字
定　　价　96.00元

凡购买中国社会科学出版社图书，如有质量问题请与本社营销中心联系调换
电话：010－84083683

编 委 会

目　录

第三部分　农民获得感提升机制研究

第四部分　湖州市"三农"数据

序

2016年中央“一号文件”首次提出“农业供给侧结构性改革”，2016年3月，在第十二届全国人大第四次全体会议上，习总书记在参加湖南团讨论时指出：“新形势下，农业主要矛盾已经由总量不足转变为结构性矛盾，主要表现为阶段性的供过于求和供给不足并存。要把推进农业供给侧结构性改革、提高农业综合效益和竞争力，作为当前和今后一个时期我国农业政策改革和完善的主要方向。”

2017年中央“一号文件”再次提出“深入推进农业供给侧结构性改革”，这不仅仅是2016年中央经济工作会议提法的延续，更是瞄准农业发展问题所提出的针对性、战略性举措。2017年中央“一号文件”指出，经过多年不懈努力，我国农业农村发展不断迈上新台阶，已进入新的历史阶段。但农产品供求结构失衡、要素配置不合理、资源环境压力大、农民收入持续增长乏力等问题仍很突出，增加产量与提升品质、成本攀升与价格低迷、库存高企与销售不畅、小生产与大市场、国内外价格倒挂等矛盾亟待破解。这些问题供给和需求两侧都存在，矛盾的主要方面在供给侧，突出的是结构性、体制性问题。必须从供给侧入手，在体制机制创新上发力，以推进农业供给侧结构性改革为主线，推动农业农村发展冲关过坎、克难前行，实现发展动能转换、动力接续，开辟农业现代化发展新境界。

近年来，湖州市承担着全国、全省农业农村改革众多试点任务，农村改革成绩硕果累累。国家现代农业示范区改革与建设试点继续走在前列，被农业部授予“全国返乡农民工创业创新示范基地”称号。农村土地承包权确权登记颁证试点创新做法登上央视《焦点访谈》栏目。新型职业农民“七位一体”培育模式被评为全国十大职业农民培育典型模式。现代生态循环农业试点通过省级中期评估。正是不断的改革，让湖州农业农村工作走在了全省乃至全国的前列。湖州市在全省农业现代化综合评价中，得分为87.53分，高出全省平均分6.74分，连续三年全省排名第一，三县二区综合评价得分均在83分以上，全部进入全省前20位，德清县蝉联全省区县第一。2016年农业总产值223亿元，增加值134.86亿元，增幅分别达到4.6%和2.5%，农村居民人均可支配收入达26508元，同比增长8.6%，城乡居民收入比为1.728∶1，农民共享改革成果，湖州已经走向共同富裕的道路。湖州农业农村改革的经验也得到全省乃至全国的认可，开始走出湖州，走向全国。2016年11月中旬，全国培育新型经营主体发展农业适度规模经营座谈会在湖州市召开，汪洋副总理出席并讲话，中央农办、国家发改委、农业部、财政部等8个部委领导，23个农业大省政府分管领导等200多人参加会议，体现浙江特色、全国方向的湖州农业得到汪洋副总理及与会代表的肯定。全国南方片秸秆综合利用现场交流会、全国休闲农业和乡村旅游现场会、全省新型职业农民培育现场交流会等相继在湖州召开。

对照“十三五”要求和中央“一号文件”，湖州市农业农村改革还面临着艰巨的任务。首先，湖州市是全国首个地级市生态文明先行示范区和全省现代生态循环农业试点市，从经济发展与环境的矛盾来看，资源环境的紧约束将是新常态，加快农业转型升级，尽快“换挡”“加速”已成为必由之路。必须在产业发展思路、经营机制、技术体系、政策支持、资源配置等方面进行调整，加快优化产品结构、产业结构，提高农业供给体系的质量和效率。其次，湖州市农产品产量持续增长，淡水鱼、茶叶等农产品居全省前列，但农产品结构性矛盾日益显现。蔬菜、水果、畜禽等主导产业的优势越来越不明显，农产品品质不优、比较效益低下等问题日益突出，迫切需要加快供给侧结构性改革，提升农产品竞争力和效益。再次，湖州市是美丽乡村发源地，农村综合改革先行地，但农村改革已进入攻坚期、深水区，任务十分艰巨。尤其是土地确权等改革事项，如何进一步赋权还能、释放农村改革红利，把“地”做活、把“人”做强、把“产”做优、把“钱”做多、把“权”做实，需要一关一关地闯、一道一道地破。最后，农民收入增长是农村全面建成小康社会的关键。受农业产业结构调整、农产品比较效益低下以及天气灾害等原因，农民家庭经营收入难以快速增长；受农民工市民化进程加快和经济增速放缓的影响，农民工资性收入增长将会放缓；随着财政收入增速下降，农民转移性收入也会受到影响；农村集体产权制度等改革刚刚起步，农民财产性收入在较短时间内难以有大幅提升。要想实现“十三五”期间农民人均可支配收入持续较快增长，压力大、任务重，迫切需要以更明确的思路和更有力的举措努力拓宽农民增收渠道。

《湖州市“三农”发展报告（2017）》聚焦农业农村供给侧结构性改革，在湖州市市委市政府农办的指导下，由农村发展研究院牵头，会集和凝聚了一批高校的专家教授、年轻的硕士博士、“三农”综合部门的研究人员，立足湖州实践，通过深入调研和思考，对农业供给侧结构性改革、美丽乡村建设与农村综合改革、农民获得感提升机制等进行系统研究。湖州农业农村改革实践已经走在前列，而研究还在蹒跚学步。

“三农”制度供给创新的湖州实践

课题组*

全面建成小康社会，最艰巨最繁重的任务在农村。没有农村的小康，就没有全面建成小康社会。解决“三农”问题，建成全面小康，制度的创新和有效供给是关键。湖州市委、市政府历来高度重视“三农”工作，以改革创新的精神不断推进“三农”问题的解决，在“三农”制度的供给上进行了很多有益的探索、实践与创新。

一 “三农”制度供给创新的背景

（一）制度供给是供给侧结构性改革的重要组成部分

供给侧结构性改革是在经济新常态下，党中央主动适应新的经济发展环境，主动引领经济发展方式转变的重大战略性创新举措。2015 年中央经济工作会议指出：“推进供给侧结构性改革，是适应和引领经济发展新常态的重大创新，是适应国际金融危机发生后综合国力竞争新形势的主动选择，是适应我国经济发展新常态的必然要求。”从短期来看，要抓好以“去产能、去库存、去杠杆、降成

---

* 本课题组由湖州市农办姚红健、沈国忠、何新荣，湖州市农村发展研究院蔡颖萍组成。

本、补短板”为核心的五大战术任务；从长期来看，就是要按照“创新、协调、绿色、开放、共享”发展的要求转变发展理念，转变经济增长方式。

在推进供给侧结构性改革过程中，制度供给是重要的环节与保障。经济学家道格拉斯·诺斯指出，制度在社会中起着更为根本性的作用，是决定长期经济绩效的基本因素。有效的制度能解决市场经济中激励和约束这两大基本问题。它通过确定行为框架，提供激励机制，创造有效组织运行的条件，能够降低交易费用和转化成本，协调复杂的生产过程，促进技术创新，提高适应性效率。制度的这一功能决定了经济活动的获利性和可行性，并影响收入分配、资源配置和人力资源的开发，从而使制度在经济绩效中起主要的作用。鉴于制度与经济绩效存在如此密切的关系，新制度经济学把它视为继天赋、技术、偏好之后经济发展的第四大支柱，进而被认为是构成经济发展的内生变量。

习近平总书记指出：“供给侧结构性改革，重点是解放和发展社会生产力，用改革的办法推进结构调整，减少无效和低端供给，扩大有效和中高端供给，增强供给结构对需求变化的适应性和灵活性，提高全要素生产率。这不只是一个税收和税率问题，而是要通过一系列政策举措，特别是推动科技创新、发展实体经济、保障和改善人民生活的政策措施，来解决我国经济供给侧存在的问题。”在中央经济工作会议上，习近平强调：“要降低制度性交易成本，转变政府职能、简政放权，进一步清理规范中介服务。”关键是简政放权，把原来政府掌握的权力放给市场、放给企业，让企业权力大起来，让市场活起来。将政府的主要职责定位于制定好法律、法规、标准和政策，为企业和社会提供良好的制度和政策环境。

（二）制度供给对“三农”发展具有重要的影响

我国的经济体制改革从农村开始，而农村改革率先从制度创新开始，即从生产经营制度的改革开始，这就是废除传统的人民公社体制，实行以家庭承包经营为主的统分结合的双层经营体制。以家庭联产承包责任制为主体的农地制度，通过调整农业生产关系释放了农民被束缚、压抑和消磨的生产能力，突出了农民的投入、产出与收益之间的直接联系，农民很大程度上拥有了土地自主经营的权力，调动了农民的生产积极性，保障了农民的剩余索取权，极大地激发了农民的热情。

制度的供给是一个在实践中不断创新完善的过程，与此相伴的是新动能的不断激活和释放。如果把家庭联产承包责任制的实施视为改革开放后对农民潜力的第一次释放——劳动方式的改变和农民对劳动时间的自由支配，有效释放了农业生产潜力；明确所有权、巩固承包权、允许经营权流转的农村土地制度创新，以及加强农村劳动力培训，鼓励农村劳动力转移就业、创业致富，则是对农民潜力的第二次释放——生产方式的改变和就业的自由选择，有效释放了农村劳动力的潜能。那么户籍制度的改革和城乡一体化的社会保障和公共服务体系的逐步完善，以及"两创"战略的实施，是传统意义上农民的第三次潜力释放——生活方式的改变和人生的自我设计，有效释放了农村常住居民的创造力。不难发现，第一次释放是时间的释放；第二次释放是空间的释放；第三次释放是身份的释放，"农民"不再是一种身份，而是供选择的一种职业、一种生活方式、一种自我人生设计。

当前，农业还不强、农民还不富、农村依然相对落后。农业作为事关国计民生的战略产业，"三农"问题处于事关建成全面小康和"两个一百年"目标实现的重要战略地位，决定了在强化市场对资源要素配置的决定作用的同时，要更好发挥政府"看得见的手"的作用，即进一步优化制度供给，提高制度供给的绩效。

二 “三农”制度供给创新的湖州实践

1995 年，湖州人均 GDP 突破了 1000 美元，农民人均纯收入突破 3000 元，城乡居民收入比 2.71∶1，开始进入城乡统筹发展期。特别是 21 世纪以来，市委、市政府把“三农”问题摆上党委政府工作的重中之重，“三农”工作步入“快车道”。2001 年在全省率先启动了农村环境建设，2006 年与浙江大学签订了举全市全校之力合作共建社会主义新农村实验示范区的战略合作协议，2008 年提出美丽乡村建设，2010 年省委、省政府在安吉召开会议在全省推广，湖州创造了市校合作共建的“湖州模式”，成为美丽乡村建设的发源地。

截至 2015 年，农民人均可支配收入达到 24410 元，城乡居民收入比缩小到 1.73∶1，湖州农业现代化实现度测评连续 3 年名列全省第一，成为全国第二个基本实现农业现代化的设区市。城镇规划区外建制村市级美丽乡村创建率达到 74%，美丽乡村建设群众满意度列全省第一。在这一个个数字的背后，是在省委、省政府领导下，在中农办和省农办具体指导和支持下，全面深化改革，不断推进的“三农”制度创新和有效供给，是具有湖州特色的制度供给创新实践。

（一）需求导向的制度供给理念

湖州市委、市政府把切实解决好群众关心、关注的突出问题、焦点问题，作为“三农”工作的着力点、主抓手，摆上党委政府工作重中之重的位置。为了把准发展脉搏，了解基层干部群众所思、所想、所盼，市四套班子每位领导、市级有关部门负责人坚持每年进村入户蹲点调研，查问题、找短板，倾听民声、问计百姓，梳理出向百姓承诺的年度 10 件实事和市委、市政府重点调研课题，其研究成果转化为制度的设计和创新。

2000年，针对农民在农业产业结构调整和农业产业化发展中缺技术、缺信息、缺市场，与传统农业技术推广体系人散、网破、知识老化的矛盾越来越突出，农业技术推广最后一公里难以突破。在充分调研的基础上，市委、市政府出台了《鼓励农技人员直接参与农业产业化的若干意见》，鼓励农技人员赤脚下田、洗脚上岸，带领农民走农业产业化发展道路，开始了农业技术推广服务体系的改革创新。2006年市校合作后，次年即组建了浙江大学湖州南太湖现代农业科技推广中心。2009年浙江大学、省农办、湖州市人民政府共同研究制定了《农科教产学研一体化农业技术推广联盟建设方案》。2010年，成立了"浙江大学湖州市现代农业产学研联盟"，并在长兴县和吴兴区开展联盟建设试点工作，创建了"1+1+N"的产学研一体化联盟（以下简称产业联盟）。2012年承担省级农业改革试验区项目《现代农业科技推广体系改革创新》，进一步完善了《浙江大学湖州市现代农业产学研联盟专家组工作目标考核办法》。2013年制订了《湖州市鼓励推行农业技术入股实施办法》。2014年出台了《湖州市农业科技创新团队培育办法》，完善了市、县区两级产业联盟架构，实现了产业联盟对主导产业和乡镇农业公共服务中心的全覆盖。在新品种、新技术、新模式引进、示范、推广，在产业发展关键技术和共性技术突破，在农技术人员内生动力激发、在本地农技人员的培育和推动农业科技型企业发展等方面取得了明显的成效，"1+1+N"成为一种可复制推广的农技术服务模式。农推中心先后两次荣获国家三农科技服务金桥奖集体奖，2016年获中国产学研合作促进奖、农业部2014—2016年度农牧渔业丰收奖。

（二）补齐短板的制度供给目标

湖州市委、市政府坚持科学发展观，着眼于乡村发展一体化、着眼于"三农"突出问题解决、着眼于"干在实处、走在前列"目标的实现，把补短板作为制度创新的关键点和突破口。市委、市政府领导每年都要召集农口及相关部门的负责人，对照目标任务、比较周边先进地区、聆听群众呼声，排查存在的短板，然后带着问题考察学习，统一思想认识、明确目标任务、落实工作措施。

针对农业、农村的发展，农村实用人才短缺的问题越来越突出，农村职业教育和成人教育资源的缺乏让供需的矛盾更加突出的情况，2004 年制定出台《湖州市百万农村劳动力技能培训工程实施意见》，在推进农业专业技术培训、农村劳动力转移就业培训、农村预备劳动力培训和农民工岗位培训的同时，实施“十百千骨干农民培育”工程。明确要培养一批有技能、善经营、会管理，能充分发挥示范带动作用的骨干农民，目标是市每年培养 50 名优秀骨干农民，县区每年培养 500 名带动型骨干农民，乡镇每年培养 2000 名创业型骨干农民。2006 年市校合作共建启动后，与浙江大学签订了每年培养农村实用人才 2000 人，5 年培养 1 万人的项目合作协议。并合作建立了浙北农民技术学校、吴兴农民社区教育学校等。

2009 年，随着新农村建设的推进和现代农业发展水平的提升，农村中高端人才缺乏的矛盾进一步凸显出来。市委把农村领军型人才队伍建设列入重点调研课题，并组织调研组到江西学习考察，形成了《加快农村领军型人才培育的实施意见》《关于组建湖州农民学院的建议方案》，制定了《十二五湖州农村实用人才队伍建设规划》。2010 年 4 月，浙江省湖州市广播电视大学（湖州职业技术学院）与湖州市农办、浙江大学农生环学部合作。以湖州电大为办学主体，联合成立了全国首家地市级农民学院。确立了“学历 + 技能 + 创业 + 文明素养”的人才培养目标，构建了中等职业教育、高等职业教育、本科教育和农业硕士多层次人才培育体系，课堂教学、实践教学、创业基地培育相结合的人才培训模式，以及高校科研院所专家、本土农技人员、创业成功人士、农民学院教师四位一体的专兼职教师队伍和创业导师队伍。目前学院开设 10 个纯农、涉农专业和本科、农推硕士教学点各1个，在籍学生2359人，农推硕士学员93名，已毕业农民大学生1707名、农推硕士49名；建立创业基地58家、培训实训基地19个。成为全国整市推进的职业农民培育试点市，2017人获新型职业农民资格证书，2694人完成培训。承办了农业部现代农业经营主体培训班。2016年成为中国社科院农发所研究生和博士后实践与研究基地。

（三）统筹协调的制度供给策略

湖州市委、市政府从实际出发，着眼于市内、市外两种资源，强化要素的优化配置，解决资源总量少、优质资源不足的问题。通过搭建平台、设计载体、制度创新，引进优质资源、激活存量资源、整合条块资源、调整低效资源，走出了一条在公共财政实力相对有限的地区推进城乡发展一体化、建设美丽乡村的路子。在"三农"工作实践中，市委、市政府发现推进新农村建设、统筹城乡发展，湖州有优势，也存在明显的短板，而最大短板是人才、技术、智力和创新力的不足。时任湖州市委书记的孙文友后来在回忆时说："正好当时浙江大学领导也在思考和谋划如何贯彻中央精神，发挥高校优势，积极参与地方新农村建设。2006年初，浙大党委书记张曦同志和我联系，双方一拍即合，决定市校进行合作。3月23日，我率湖州市党政代表团访问浙江大学，双方专题座谈研究，决定以湖州为基础，共建社会主义新农村实验示范区。此事得到时任省委习近平书记和周国富副书记的支持。5月21日，市校双方正式签订了《浙江大学、湖州市合作共建省级社会主义新农村实验示范区协议书》。"

市校合作共建协议被称为"1381行动计划"，成为湖州新农村建设的总体制度设计。即明确一个目标：建设一个省级社会主义新农村实验示范区；构筑科技创新服务、人才支撑、体制机制创新"三个平台"；实施产业发展、村镇规划建设、基础设施、环境建设、公共服务、素质提升、社会保障、城乡综合改革"八大工程"；

围绕新农村建设实施百项重大项目。在第一轮五年合作基础上，2011年双方商定实施“新1381行动计划”，即建设一个全省美丽乡村示范市；强化科技孵化辐射、人才智力支撑、体制机制创新三大平台；实施产业发展、规划建设、生态环境、公共服务、素质提升、平安和谐、综合改革、党建保障八大工程；每年新增合作项目百项以上。

目标的统一促成了全市全校之力的聚焦，搭建的平台集聚了高校和地方的优质资源，八大工程引导着要素资源向乡村配置，百个重大项目的实施，突出了要素保障的重点，优化了资源的使用效率。而市校合作共建模式带来的品牌效应，得到了中央部委和省厅的肯定，市校合作共建之初便有40多个部委、厅局在湖州建立联系点，给予项目等方面的支持。在12个省级农村改革试验区中落户湖州的有5个。

为了确保市校合作共建的持续推进，市校双方不断完善了工作推进的制度设计，形成年会、季度例会、专项工作协商会，领导调研、联合督察、专项检查相结合的工作决策和推进机制。每年一次年会作为最高决策机构，年会前市校双方主要领导都要亲自带队进行调查，形成新一年的工作思路；季度例会是工作推进机构，根据年会决策，梳理和明确年度重点工作，半年度联合开展对重点工作推进情况的督察，研究解决督察中发现的问题；市校双方的工作牵头部门根据领导的指示和年度工作任务，开展专项的调研、检查，对专项工作的推进进行协调。制度的设计和机制的完善，保证了市校合作共建历经10年，一张蓝图绘到底，一茬接着一茬干，“不忘初心、继续前进”。

（四）创新驱动的制度供给路径

市委、市政府切实把全面深化改革，推进体制机制创新，激发创新力、培植新动能，作为解决“三农”问题、建设美丽乡村、实现全面小康目标的关键，坚持理念创新与实践创新相结合，顶层设计与尊重基层实践创新的相结合，形成了具有湖州特色创新驱动发展局面。

2009年，在浙江省委、省政府的重视下和省农办、省发改委的指导下，湖州市与浙江大学合作起草了《湖州市社会主义新农村建设综合配套改革试点总体方案》，2010年经浙江省委、省政府批准，湖州市成为全省唯一的新农村建设综合配套改革试点市，明确了以"三集中、三提高"为核心，即在优先尊重民意、保障民利、促进民富的基础上，依法有序推进农业资源向现代经营主体集中、农民居住向城镇和农村新社区集中、农村工业向开发区和功能区集中，提高现代农业发展水平、提高农民收入持续稳定增长水平、提高城乡一体化水平，全面开展农村生产力和现代农业发展、城镇化和农村新社区联动建设、要素保障和资源节约集约利用、城乡基础设施一体化和基本公共服务均等化、农村社会治理和精神文明建设五大方面33项体制机制改革工作。

建立推进机制，激发基层创新积极性。湖州市委、市政府分管每年初召开县区和市级相关部门参加的会议，围绕改革试点总体方案，结合工作推进实际，分析深层次的矛盾和问题，明确体制机制改革创新的重点、责任单位和目标任务。年中召开会议围绕年初的目标任务进行交流检查、分析评估。年末进行总结讲评，其成果纳入新农村年度考核。从而既调动和发挥了基层改革创新的主体作用，也保证了各项改革创新"接地气"、受欢迎、见实效。

湖州市有省级的吴兴区八里店南片新农村体制机制创新改革试验区、南浔区城南片城乡一体化改革试验区、长兴县农村宅基地用益物权改革试验区、德清县农村产权制度改革试验区、安吉县乡村旅游综合改革试验区等，实现省级农村改革试验区县区全覆盖。承接了全国生态文明先行示范区建设、全国现代生态循环农业试点市、全国人大授权的农村集体经营性建设用地入市改革、省级农田水利设施产权制度改革、省级水生态文明建设试点等改革试点任务。

一些基层原创型的改革创新项目取得了极大的成效。吴兴区在试验区内推进土地流转和住房集聚的过程中创新了“米票”“粮票”“房票”机制，土地流转率达到76%，高于全市平均水平达20个百分点，区域内常住居民人均可支配收入比全市平均水平高12%，家庭经营性收入比全区平均水平高88%，财产收入高于全区平均水平33%。试验区建设受到汪洋副总理和参加全国现代农业经营主体培育座谈会代表的充分肯定。德清县以农村产权制度改革为突破口，率先推进户籍制度改革，梳理出依附于户籍制度之上的23项政策，逐项研究，21项政策实现城乡并轨，得到省里的高度肯定和中央有关部委的关注，创新资源开始向德清集聚。安吉县围绕“建好、管好、护好、运营好”创新乡村公路建设和运维管理，得到交通部肯定，成为全国唯一的乡村公路建设管理示范县。金融部门主动服务于美丽乡村建设，农行湖州市支行在全国推出了第一张美丽乡村富民卡，结合金融自治村建设，实现一次授信循环使用，解决了群众融资难、手续烦的问题。长兴县、安吉县结合农业主导产业，推出白茶低温气象指数保险、芦笋市场价格指数保险等试点，让经营业主吃上了“定心丸”。

（五）党政主导的制度供给主体

切实强化党对“三农”工作的领导，把“三农”工作放在党委政府工作的重中之重位置，党委、政府切实担负起“三农”工作的主体责任，形成党政主导、主体作用充分发挥、社会各方积极参与的“三农”工作推进机制，深化美丽乡村建设，建成高质量全面小康社会。

湖州市委、市政府建立市美丽乡村建设领导小组，党政主要领导担任组长，围绕八大工程建设，设立八大工程协调小组，每个协调小组由分管的市委常委、市政府副市长担任，八大工程协调小组下设办公室，办公室主任由市委、市政府相关副秘书长担任，市级相关部门为成员单位，一把手为小组成员。在组织架构上既凸显出党政主导的地位，也提供了强有力的协调、统筹。

领导小组发挥统筹协调和决策职能，研究“三农”重大问题，制订美丽乡村建设年度行动计划，指导县区“三农”工作推进。年度行动计划作为市委一号文件在全市农村工作会议上下发，市委书记、市长和人大、政协主要领导参加农村工作会议，市委书记发表讲话。领导小组办公室根据年度行动计划和农村工作会议精神，分解任务到各县区和八大工程协调小组。并纳入市对县新农村考核、县区综合考核。进一步提高了制度供给的效率和制度的执行力。

建立八大工程协调小组例会制度，市委书记亲自召集、主持，听取八大工程协调小组组长的工作汇报，分析困难、矛盾和问题，研究对策措施，或受市委书记委托，由市委分管副书记召开八大工程协调小组办公室主任会议。例会每年召开两次，必要时每季度召开一次。强化对年度目标任务落实情况的督查，及时发现和纠正偏差，提高制度供给的精准度、有效性。

三 “三农”制度供给面临的问题和挑战

面对经济新常态带来的深刻影响，全面深化农村改革触及的深层次的矛盾和问题，美丽乡村建设转型升级继续走在前列的目标压力，需要制度的不断创新，制度供给质量的不断提高。但是在现实中制度供给也面临着不少问题和挑战。

（一）无效供给的存在

制度的有效供给关键在于对需求的精准把握，但在实际中有的不进行深入的调查研究，一味照抄照搬上级的精神、他人的文件，不能满足实际需求；有的只有提供空洞的定性的表态、口号式的要求，缺乏可操作性的具体方法，难以满足实际需求；有的对实践发展中遇到的新矛盾、新问题反应迟缓、认识不深、把握不准，其供给满足不了实际需求；有的新知识准备不足、思维方式陈旧，缺乏科学理论的引领，无法满足实践需求，形成无效的供给。

（二）供给效率不高

制度供给与需求满足并不是一一对应的静态关系，而是在系统的互动中实现。在现实中由于一些制度创新和制度供给触及部门利益的调整、受到部门条块间制度政策的相互掣肘以及行政干预的单一目标追求，导致一些制度设计长期停留于部门间的协调、受阻于相互制约的政策和制度、遭到实施主体和需求主体的冷遇，降低供给效率，甚至形成供给“库存”。

（三）担当精神不足

改革进入深水区之后，面对的是比较难啃的硬骨头，涉及一些重大利益关系的调整，涉及牵动全局的敏感问题和重大问题。如自然资源的不动产登记和集体土地的确权登记，涉及集体所有权权能实现和集体组织成员权权益保护等法律问题，村民居住方式改变后，农村社会治理体系的构架涉及集体经济组织、村民自治组织与社区民主治理的关系问题，这里既有法律的问题也有制度设计的问题。导致在实践中有的制度创新因为担心触及法律而难以推进，有的实践探索因为制度的刚性约束越来越强而停滞不前，畏难情绪和等、靠、要的思想抬头。

（四）认识上的偏差

一是一些地方习惯于用行政手段去推进“去产能、去库存、去杠杆、降成本、补短板”，把供给侧结构性改革看成是市场主体的行为，习惯于用“杠杆”去撬动；二是一些地方把供给侧结构性改革局限于经济领域，局限于生产和消费，片面理解政府职能转变，没有从政府社会治理的角度和层面去思考问题；三是一些地方夸大干部的作用，忽视制度的重要性，一些制度设计照抄照搬上级的方案，导致制度供给的短缺和失灵。

四 "三农"制度供给创新的对策建议

供给侧改革实质上就是改革公共政策的产生、输出、执行以及修正和调整方式，既要充分发挥市场在配置资源中的决定性作用，又要规范政府的权力，提高政府治理体制和治理能力现代化，更好地发挥政府"看得见的手"的作用。在经济新常态下推进"三农"问题的解决，在"五大发展理念"指引下实现美丽乡村建设的提档升级，在"五位一体"总体布局中建成高水平高质量的全面小康社会，需要"三农"制度的不断创新，需要"三农"制度供给的不断改革。

（一）在提高供给的精准度上着手

供给侧改革的主旨是更好地满足需求。这要求制度的设计和供给不仅要"接天线"，更要"接地气"，要做到对需求的精准识别、精准供给、精准满足。

要坚持马克思主义的群众路线和群众观点。要适应新常态，应对公车改革等带来的新变化，继承和发挥我们党群众工作的光荣传统，坚持眼睛向下，脚步向下，始终把解决群众生产生活中面临的突出问题，作为"三农"工作的出发点和突破口，强化改革为了群众、改革依靠群众、改革让群众受益的责任担当，把人民是否真正得到了实惠，人民生活是否真正得到了改善，作为检验我们一切工作的成效的标准。坚持从群众中来，到群众中去，聆听群众的心声，尊重基层干部群众的创造，实事求是，不唯书、不唯上、只唯实，确保改革的思路、决策、措施满足群众诉求。

要掌握和善于运用科学的分析方法。要"从粗取精、去伪存真，由表及里、由此及彼"，通过解剖麻雀的方法，把握事物发展和需求变化的规律，满足需求、引导需求、创造需求。随着互联网时代的到来，农村改革的全面深化，农村第一、第二、第三产业融合和城乡发展一体化的推进，需求只有在系统中才有可能满足，只有在系统整体的协调推进中才能逐步实现满足，只有在需求的互相交叉和层级间不断跃迁中才能提高满足度，这就需要我们掌握跨界的知识、系统的思维、大数据的计算。树立数据成为一种具有战略意义的资源，计算是核心的竞争力的意识，做细、做精、做强我们的基础工作，提高制度设计的科学性、制度供给的精准度。

要确立制度供给价值的正确预期。人们受传统线性因果关系的影响，习惯于从绝对控制的角度来进行制度的设计、架构制度体系。但是，按照德国科学家海森堡的不确定性原理，任何事物都处于动态的相互关联中，不能用静止的方法来测定。同样大数据告诉我们事物不是由简单的一一对应的因果关系决定的，问题和矛盾也不可能通过头痛医头、脚痛治脚的方法来解决。大数据的计算只揭示事物相互间的关联度，不同关联度的事物或现象都可能发生，根据关联度认识设计的制度，其功能是有利于人们将自己的行为调整到符合自身发展的轨道上来，其结果是一个概率事件，我们要争取的是概率的最大化。比如，我们促进农民增收的制度供给，是争取更多的人在更大可能上增收，但并不能保证每个人都因此增收。因此，运用大数据思维，我们不能追求对事物发展的主观控制，而是对客观的自觉适应，这样的“需求导向”更接近于需求本身。

（二）在提高供给的系统性上着力

只有提高制度供给的效率和效益才能更好地满足需求。在新的历史维度上，事物的系统性和关联度进一步凸显，美丽乡村建设每一项任务需要各方面的协同才能完成，农村改革的深化需要各级各部门的同步推进才能实现。

要坚持协调发展的理念，运用系统思维、推进系统控制、实现系统发展。维护系统的有序，是深化改革和推进工作的基础，必须避免因为熵增而导致系统的无序甚至崩溃，要以“四张清单一张网"为重点，推进政府自身改革的进一步深化。明晰权力边界、规范行动行为、强化责任担当、主动接受群众和社会各界监督，奖勤罚懒治庸；要坚持依法治理，既要强化协调力，更要注重打通制度体系的"任、督两脉"，形成相互衔接、互为配套、法理明晰、权利义务对等的制度体系、法规体系，让部门、条块分割的制度气血相通、发挥出巨大的潜能；要提供系统发展空间，保护自由选择权，要营造一个风清气正、依法治理的良好社会生态环境，发挥市场在要素配置中的决定作用与提高政府治理体系和治理能力现代化同步，市场体系建设和全面从严治党同步，弘扬社会主义核心价值观，实现社会的公平正义，切忌以就事论事的方法，以简单化一一对应的数值来证明制度的有效、来鉴定制度执行的绩效，而更应该综合考量短板补齐没有、壁垒打破没有、潜力激活没有、供给侧的结构调整实现没有、有效需求满足没有，以正确的评价导向促进并实现制度供给效率的提升。

要牢记供给侧结构改革的初心，通过有效的制度供给促进发展方式的转变，以此解决现行体制下面临的困难、矛盾和问题，制度供给不是西医的"手术刀""抗生素"，而是中医的综合调理。面对的是庞大的需求对象（是一个类或集合的概念）或不可确定的变化因素（动态性），制度不可能以完全枚举的方法提供解决办法，制度只能是一种发展趋势的揭示、价值取向的昭示、发展目标的公示，以及可选择发展路径的提供、激励措施的落实、负面清单的明确，以此来激发创新力、保护创造力。

要着眼供需双方，推动制度的落地、落实。制度要有可操作性才可能落地，制度的落地面临的是一个个具体实际的问题，需要在制度框架下，从实际出发，创造性地加以解决。因此，提高制度的知晓率是一个重要的方面，过去我们通过会议传达、媒体宣传、督查检查等方法，在提高知晓率、促进制度落地方面确实发挥了很大作用，但也有一些制度并未取得明显成效，如在金融改革中有的银行推出了优惠的政策、便利的服务程序，但是专业的金融术语群众听不明白，信贷员还是坐在办公室里，以“供者”的优越性颐指气使，导致群众需求依然难以满足。因此，提高制度落实率，关键是要把制度翻译成群众使用的话语体系，得到制度需求者的了解、接受和认同；要把制度转化为执行者的行为规范，内化为执行者的行动知觉。

（三）在把握顶层设计的内涵上下功夫

改革已经进入攻坚期和深水区。从“三农”实践来看，农村改革在城乡发展一体化背景下推进，在涉及法律法规层面深化，因此，既要注重顶层设计，又要强化主动担当的责任意识、使命意识。

要正确理解中央关于顶层设计的含义。顶层设计首要的是“保持战略定力，保持政治坚定性”，应对新常态，不改革死路一条，搞否定社会主义方向的“改革”也是死路一条，“不仅要防止落入‘中等收入陷阱’，也要防止落入‘西化分化陷阱’”。我们必须从事关当代中国的命运、事关中华民族伟大复兴的高度，坚持全面深化改革，这是我们深化改革、推进制度创新必须遵循的最高准则。

全面深化改革是一个复杂的系统工程，“必须更加注重改革的系统性、整体性、协同性”。顶层设计从依法治国的角度来说是法律效力位阶的问题，具有立法权的地方和部门可以从实际出发对区域内、管辖范围内的事务进行立法，但下位法不能与上位法相抵触。具有地方创新的立法，必须在上位法授权的范围内，或者是对上法位实施性的规定且不违反上位法的规定。顶层设计从系统的角度来说是系统的层级问题，下层系统的一切改变都必须以上层系统的稳定、可持续发展为取舍标准。当然，改变也是一个试错的过程，因此，无论是立法还是系统的创新都可以在上级授权的情况下进行。因此，习总书记指出：中央成立全面深化改革领导小组，就是为了更好地发挥党总揽全局、协调各方的领导核心作用，就是为了最大限度地集中群众智慧，团结一切可以团结的力量，调动一切可以调动的积极因素，汇合成推进改革开放的强大力量。各级党委政府也应有这样的担当，推进区域内改革不断深化。

要深刻认识"顶层设计"是新常态下深化改革的方法论。在系统、整体、协同推进全面深化改革的大背景下，"不谋全局者，不足谋一域。"顶层设计既是一种思想方法，也是工作推进方法。习近平强调在思想方法上要处理好"五个关系"，即"处理好思想解放与实事求是的关系、整体推进与重点突破的关系、顶层设计与摸着石头过河的关系、胆子大与步子稳的关系、改革发展稳定的关系"；在推进方法上习近平强调要把握好"整体政策安排与某一具体政策的关系、系统政策链条与某一政策的关系、政策顶层设计与政策分层对接的关系、政策统一性与政策差异性的关系、长期性政策与阶段性政策的关系"五大关系。

要处理好注重顶层设计与强调"执行力"的关系。一是坚持政治上的清醒坚定，坚定理论自信、道路自信、制度自信和文化自信，与党中央保持高度一致。二是坚持党的思想路线、群众路线不动摇，实事求是，与时俱进，紧紧依靠人民推动改革，以最大公约数的思想方法研究问题、解决问题，聚众力、融众智，形成强大的改革合力和持久的改革动力。三是坚持党的宗旨，始终把人民群众的利益顶在前面，记在心里，自觉落实在行动之中，着力解决群众发展生产、改善生活中面临的突出困难、主要矛盾、焦点问题，解放和发展生产力，让人民群众分享改革的红利、拥有更多的获得感。四是要坚持"五大发展理念"，谋全局、善创新、敢担当，不断提升创新发展的能力和水平，提升依法治理的能力和水平。提高执行的效率出路在创新，创新是最有效的执行。

（四）突出重点不断推进制度供给创新

政府是制度供给的主体。实践经验证明，党政主导的体制，有助于提高制度供给的质量和效率。要坚定不移地把"三农"放在党委政府工作的重中之重，与时俱进，不断推进制度供给的创新。

要把制度创新和制度供给顶在前面。制度经济学代表人物之一、美国著名经济学家舒尔茨说过，“任何制度都是对实际生活中已经存在的需求的响应”。湖州市进入城乡发展一体化加速期已 20 年，市校合作共建新农村已经 10 年，美丽乡村建设进入了向建、管、经营综合推进转型升级的新阶段，但制度创新在一些关键部位、关键环节仍滞后于实践。“三农”工作推进依然受到土地、劳动力、资本、创新等要素方面的供给抑制与供给约束。坚持全面深化改革，推进制度创新，实现制度的有效供给依然是我们面临的迫切需求。我们要始终把制度创新和制度供给顶在前面，不忘初心，继续前进，着力加强供给侧结构性改革，着力提高供给体系质量和效率。

要把推进政府治理体系和治理能力现代化作为“三农”制度供给创新的关键。通过深入推进“简政放权、放管结合、优化服务”的行政审批制度改革，以管住、管好政府这只“看得见的手”，变管理为治理、变控制为服务，实现政府管理经济、社会方式的创新。切实把“三农”摆上重中之重的位置，打破长期城乡二元结构带来的习惯思维，立足城乡发展一体化，坚持协调发展、共享发展理念，加大补短板力度，履行好宏观调控、市场监管、公共服务、社会管理、保护环境等基本职责。要通过政府权力清单、政府责任清单、部门专项资金管理清单，包括权力运行图等构成的政府公共服务平台，主动接受监督，倒逼制度供给创新。

要把促进资源要素优化配置、激活创新力作为制度供给创新的着力点。要深化农村生产关系变革，坚持以家庭承包经营为基础统分结合的农村基本经营制度，落实集体所有权、稳定农户承包权、放活土地经营权，加快构建以农户家庭经营为基础、合作与联合为纽带、社会化服务为支撑的立体式复合型现代农业经营体系、技术支撑体系和社会化服务体系。积极培育家庭农场、专业大户、农民合作社、农业产业化龙头企业等新型农业经营主体，完善财税、信贷保险、用地用电、项目支持等政策，加快形成培育新型农业经营主体的政策体系。鼓励发展多种形式的适度规模经营，以绿色发展理念为引领，以科技为支撑，促进农业资源的循环再利用，大力发展现代生态循环农业。引导新型农业经营主体运用“互联网+”思维，适应生产与市场扁平化趋势，实施平台战略，以资源共享实现联合和合作，在农村第一、第二、第三产业的融合发展中发挥引领作用。

要深化农村产权制度改革，在农村宅基地、农房、集体建设用地确权登记基础上，加快赋予其完全权能，深化农村集体资产股份制改革，探索集体所有权权能实现的有效路径，提高集体所有的资源、资产、资本的运作水平和使用效率，壮大发展集体经济，赋予农民更多财产权、收益权，为农村社会服务优化和农村社会治理现代化奠定物质基础。要引导和鼓励乡、村以美丽乡村建设为载体，以农业特色小镇为抓手，以国土空间布局规划和功能区规划为基础，合理配置土地资源，搭建区域特色经济发展平台，吸引资本和人才资源，实现农村经济转型发展；要深化“三位一体”农村经济合作组织建设，加快建立和完善人人参与、协同联合、共建共享的发展机制。要通过产权制度改革，引导和促进各种要素在城乡间的流动，推进城乡要素平等交换和公共资源均衡配置，完善城乡一体发展体制机制。

要着眼乡村社会治理，探索具有中国特色的、在党的统一领导下乡村民主自治的社会治理模式。要明晰乡村治理中的权力边界问题，即明确哪些是政府应该提供的公共产品和公共服务，哪些是自治组织（村社）的权力和义务，正确处理好政府、集体、集体组织成员以及社会人的利益关系，促进社会的稳定、和谐和可持续发展。鼓励工商资本投资农业、农村基础设施建设、发展农业服务业和农村公益事业，鼓励大学毕业生选择农村创业，鼓励退伍军人、外出务工人员返乡创业。通过产业、人口等要素的有效集聚，激发新需求，发展新产业、新业态。要适应城乡要素自由流动，妥善处理社会治理与集体组织自我服务的关系，探索建立社会人参与社会治理的有效路径和相应机制，真正做到共建共享。要高度重视社会组织的发展和专业社会工作者人才的培育和使用。加强乡村文化建设，发挥乡规民约的约束和规范力、乡贤乡士的议事教化作用、民俗文化传承创新的熏陶和潜移默化作用，促进良好生活方式、行为习惯的形成，促进乡村常住居民综合素质的提升。

第一部分　农业供给侧结构性改革研究

湖州市现代生态循环农业发展现状及对策研究

曹永峰*

一　前言

现代生态循环农业以生态、循环、优质、高效、持续为主要特征，通过节约集约投入、全程清洁生产、废弃物资源利用，实现经济、生态、社会效益相协调。2015 年 1 月 6 日，农业部、浙江省宣布部省共同推进浙江现代生态循环农业试点省建设，力争在未来 3—5 年内实现“一控两减三基本”目标。同时，湖州市被列为整建制推进现代生态循环农业发展试点市。试点市建设是湖州市适应新常态、引领新常态，加快实现农业现代化的新机遇和大平台。两年来，湖州市认真贯彻落实省、市农村农业工作会议精神，严格按照浙江省现代生态循环农业建设决策部署，以国家生态文明先行示范区建设为目标，以现代生态循环农业整建制推进市建设为契机，紧紧围绕“五水共治”、农业大气污染防治、农村清洁能源利用，全力推进农业面源污染防治和资源循环利用体系构建。

---

* 曹永峰，博士，教授，湖州市（湖州师范学院）农村发展研究院副院长。

20 世纪 30 年代，英国农业学者 A. Howard 将中国传统农业生产方式作为发展农业的代表和典型案例写成《农业圣典》，其“混合种植”“种养平衡”“肥力保持”等观点为后续世界范围的农业转型和农业可持续发展指明了基本方向。20 世纪 70 年代，美国一些科学家提出“保护每一头耕牛”的口号。其缘由是石油农业的兴起，最大限度地向农业投入能量，以获取尽可能多的农业产量。然而石油农业带来了一系列严重后果，农药化肥的大量使用、大量机械操作，加剧了自然生态的破坏，造成了严重的环境污染。美国土壤学家 William A. Albrecht（1970）首提生态农业概念，即尽量减少能量投入，通过发展畜牧业、使用农家肥、实行作物轮作等途径实现农业的自我循环。英国也是研究生态农业最早的国家之一，早在 1975 年就成立了国际生物农业研究所。发达国家对生态农业的研究强调基本不使用农药化肥等现代农业生产投入要素（W. Jackson，1984）。与此同时，发展中国家如菲律宾、泰国、以色列等也开始了生态农业理论研究和实践。Tian Shi 和 Roderic Gill（2005）对生态农业可持续发展的有效政策进行了研究，强调了能力建设和体制安排的重要性。

从西方国家的生态农业发展理念出发，要求农业发展遵循循环经济原理，把传统的依赖资源消耗的线性增长模式转变为依靠生态型资源循环的发展模式。循环经济把清洁生产和废弃物的综合利用融为一体，本质上就是一种生态经济。Artur Granstedt（2003）在研究波罗的海海水富营养课题时明确提出生态循环农业（Ecological Recycling Agriculture，ERA）的概念，并把它定义为种植业和畜牧业的紧密结合，从而出现低密度的畜牧业、高度自足的畜牧业喂养以及较少的植物营养过剩的一种农业生产方式。此后，Artur Granstedt 等（2008）、Peter Einarsson（2013）、Karin Stein - Bachinger 等（2015）对生态循环农业、控制氮和磷对水体的污染等进行了理论与实证分析，并指出生态循环农业的发展需要政府干预。

马世俊等学者提出要用生态学的观点来指导农业研究和实践，将传统农业资源循环利用和现代农业技术相结合，实现经济效益、生态效益、社会效益三者统一。金鉴明等提出生态农业是21世纪的阳光产业。学者们也对生态农业的理论基础和模式等展开深入研究。进入21世纪，学者们开始重视循环农业的研究，并对循环农业发展模式、运用循环农业解决农业环境污染问题等进行了重点研究，并对德国、日本、美国等国的循环农业发展经验进行了探讨。学者们对农户参与生态农业、循环农业建设的意愿和行为进行了调查与实证研究，提出政府应给予更多的支持。

近年来，随着生态文明理念的不断深入人心，生态循环农业成为学界、业界讨论的焦点，各地也在加快建设生态循环农业的示范县、示范点等。学者们的研究也主要围绕各地生态循环农业的现状、问题、对策等，如针对浙江省、嘉兴市等展开研究。

西方发达国家对生态循环农业的研究源于对石油农业的反思，首先提出生态农业的发展理念，主张在不用或尽量少用化肥农药的基础上追求高产，重点围绕农田营养和病虫及杂草控制等进行研究。然后融入循环经济原理，提出生态循环农业发展思路。对生态循环农业的研究沿袭了对生态农业的理解，即要求尽量使用传统农业生产方式，实行种养业相结合，减少环境污染。其研究注重生态环境效应，而对经济效益的重视度排在次要位置。在实践中，国外的生态循环农业建设一般以家庭农场为主，规模不大。

相较于外国研究注重生态环境效应而言，我国对生态循环农业的研究同时注重经济、生态环境、社会等效应。党的十八大提出生态文明建设并融入农业发展后，学界和业界加强了对生态循环农业的理论研究和实践。我国生态循环农业的建设通常以村、乡作为示范点建设单位，并拓展到县、市和省为单位，规模要比国外大得多。本文基于对湖州市现代生态循环农业的调查研究，分析湖州市现代生态循环农业的发展现状及存在的主要问题，为加快提升现代生态循环农业的发展水平指出政策方向。

二　湖州市现代生态循环农业发展的基本情况

（一）不断夯实发展基础

1. 生态循环农业历史源远流长

湖州素有鱼米之乡、丝绸之府的美称，“桑基鱼塘”传统种养循环农业模式，被联合国教科文组织确定为我国唯一保留完整的传统生态循环农业模式。

2. 持续推进现代生态循环农业建设

湖州市于2007年提出用五年时间建设100个高标准现代农业示范园区；2008年发布《关于大力发展生态养殖业的若干意见》，积极发展生态规模养殖；2010年编制的《湖州市现代农业发展“十二五”发展规划》确立了“建设生态循环农业”的指导思想；2013—2015年湖州市在浙江省农业现代化发展水平综合评价中，连续三年位居全省首位。美丽乡村建设，生态县区、生态乡镇建设，森林城市建设，以及“五水共治”“三改一拆”重大专项行动①等也为现代生态循环农业的发展创造了条件。

3. 营造生态循环农业建设良好氛围

以宣传为手段，充分利用报纸、电视等新闻媒体和农民信箱等现代信息技术，广泛宣传农牧结合、沼液利用和“猪—沼—果”等生态循环发展模式；结合浙江省“一十百千”工程和农业水环境治理工作，着力建设一批生态循环示范企业，达标排放或农牧对接示

① “五水共治”是浙江省委十三届四次全会提出的治污水、防洪水、排涝水、保供水、抓节水的大规模治水战略部署。“三改一拆”是指浙江省政府决定，自2013年至2015年在全省深入开展旧住宅区、旧厂区、城中村改造和拆除违法建筑（简称“三改一拆”）三年行动。

范的标准化畜牧场，进行多层次示范推广；以科技下乡的形式，不定时到各相关乡镇下村入户进行宣传，发放《农村沼气实用手册》《沼液综合利用技术指南》等宣传资料，广泛宣传农村清洁能源利用和生态循环农业发展的重要意义，营造良好氛围。

4. 高标准制订试点市实施方案并大力推进建设工作

2015 年，湖州市根据浙江省试点省实施方案，并结合首个市级全国生态文明先行示范区的实际，高标准制订了实施方案，明确提出了构建六大体系，实施十大工程，基本建立具有湖州特色的现代生态循环农业发展体系和农业可持续发展的长效机制，构建“主体小循环、园区中循环、县域大循环”的发展新格局。在主要目标设定上，提出在全国提前 3 年率先实现“一控两减三基本”目标。①

根据现代生态循环农业整建制推进市建设要求，湖州市各级农业部门围绕“一控二减三基本”总目标，以“一十百千”工程为载体，以“三年行动计划”为主抓手，大力推动现代生态循环农业发展建设。按照“一项目标任务，一个推进方案，一套支撑政策”工作要求，在分解落实任务的基础上，完善示范区建设方案，制订示范主体创建方案，落实示范点名称，启动创建工作。2016 年，10 个生态循环示范区已全部制订实施方案并按计划推进，其中 5 个示范区已初步通过考核，52 个示范主体通过考核验收，完成率 104%；374 个示范点已完成建设任务，完成率 106.9%。2016 年 7 月，湖州市整建制推进现代生态循环农业工作顺利通过浙江省农业厅的中期评估。

（二）持续创新发展模式

1. 现代农业“两区”建设加速现代生态循环农业发展

湖州市已建成 11 个省级现代农业综合区，67 个省市级主导产

---

① 参见《湖州市现代生态循环农业发展试点市实施方案》（湖政办发〔2015〕25 号）。

业示范区和236个省市级特色农业精品园，创建各类现代林业园区56个，建成花卉苗木基地36万亩，初步形成了生态畜牧业、生态渔业和生态休闲业融合发展、物质多级循环的良好态势。

2. 农业科技集成应用助推现代生态循环农业发展模式不断创新

顺应当今农业技术的快速发展，湖州市创新农业技术推广应用，不断深化“1+1+N”产学研联盟[①]建设，成功推广了水稻优高新品种、测土配方施肥、病虫综合防治、农药减量控害、秸秆还田、农药废弃包装物回收等生态循环技术，以及沼液利用、设施大棚、喷滴灌、雨水回收等技术和猪—沼—作物等生态循环模式。着力提升农民综合素质，通过农牧对接、种养结合，推广间作套作、水旱轮作、粮经轮作等新型种养模式，成功创建一批“稻鳖共生”“稻虾共生”“农牧结合”生态循环农业示范园区。

3. 农村清洁能源开发利用开拓节能减排新模式

紧紧围绕浙江省农村能源办公室和湖州市各项目标要求，秉承低消耗、低排放、高效率要素和安全可持续发展理念扎实开展湖州市农村能源利用工作。一是重视沼气安全生产。下发《关于开展弃用沼气工程安全情况调查的通知》，全面开展废弃沼气工程调查及安全处置工作；举办全市废弃沼气工程安全拆除培训班，46名来自基层的管理人员和业主参加培训；在德清县乾元镇举办了废弃沼气工程安全拆除现场会；发放《沼气安全使用手册》等资料200余册，消防设施30套；调查整治黑膜沼气。全市共有黑膜沼气工程6处，22380立方米。其中两家提升安全措施使用外，另四家已停用。二是加快推进沼气工程建设。实施规模化畜禽养殖污水综合治理的沼气工程建设，全市完成规模化畜禽养殖场沼气工程建设2处，总有效发酵容积600立方米，沼液资源化利用80多万吨。三是普及农

① “1+1+N”产学研联盟是浙江大学和湖州市合作共建共同探索创新的新型农业技术研发与推广模式。“1+1+N”即一个高校科研院所专家团队，加上一个地方农技人员组成的农技推广小组，带动若干个现代农业经营主体。

村太阳能利用，在农村生活用能中继续大力推广太阳能热水器，农村太阳能热水器普及率稳定增长，全市农村新增太阳能热水器20000平方米，受益农户11000户。全市清洁能源利用率达75%。四是完成两个农村能源项目建设的验收。湖州吴兴飞港畜禽养殖场农村能源综合利用示范建设和湖州富民生物科技有限公司秸秆成型资源化利用项目完成建设内容，并通过了审计验收。

（三）加大力度治理污染

1. 深入实施种植业污染防控

推广测土配方施肥技术，截至2016年底已完成338.3万亩，完成率109.8%；大力推进化肥农药减量化，大力推广商品有机肥，已推广7.893万吨，完成率124.5%；减少化肥用量2554.5吨，完成率115.1%。推进农药减量控害增效工程，加强重大病虫害监控和绿色防控，已完成实施统防统治面积66.27万亩、完成农药减量367.23吨，完成率分别达到114.3%和253.3%。完成测土配方施肥303万亩次。创建农作物病虫害绿色防控示范区7个，年实施农药减量控害技术面积112万亩，实施病虫害统防统治面积40万亩。

2. 推进养殖业污染治理

按照“调减过载、适度保有”的思路，重新划定限养区、禁养区和宜养区，控制湖州市东部平原养殖区养殖总量，发展西部山区半山区养殖区。积极推进养殖场标准化建设和设施化改造，走农牧结合、种养结合的生态畜牧业之路。首创简洁方便的动物热解炭化处理技术，按照“统一收集、集中处理”的运行管理机制，已建成市级无害化处理中心和25个收集点，病死动物无害化处理走在全国前列。

建立畜禽养殖污染长效防控机制，形成了县（区）、乡镇、村三级网格化巡查网络，落实网格化巡查人员911人，实现全市规模猪场巡查全覆盖。2016年，启动线上智能化监管建设。截至2016年年底，德清县、南浔区完成建设，并逐步在全市实施建设，形成线上线下同时管控，从而有效防止畜禽养殖污染事件的发生。全市已关停退养规模猪场731家、治理35家，目前保留规模猪场494家，预计年底保留300家；全市生猪散养户（5—49头）已关停退养1243家、治理79家；1500羽以上规模水禽场关停治理543家，完成率99.1%。创建的30家美丽生态牧场已全部通过市级验收，完成率100%。全市已建成10个标准化水禽场、4家畜禽粪便收集处理中心，新增生态消纳地10.66万亩，均已圆满完成年度目标任务。认真实施渔业转型促治水行动三大工程建设，严格落实水产养殖禁限养区划定和整治任务要求，2016年禁限养区划定任务为5000亩，已完成9800亩，完成率达到196%，共拆除温室龟鳖养殖棚面积163万平方米，实施水产养殖塘生态化改造，完成改造35283亩，完成率为135.7%，稻鱼共生轮作完成11582亩，完成率为128.7%，淡水鱼业资源增殖放流完成20256.19万尾，完成率为238.3%。

3. *落实好河长制，推进水环境整治*

认真贯彻浙江省委省政府、湖州市委市政府关于进一步落实“河长制”完善“清三河”长效机制的若干意见，梳理9大河农业源污染治理工作任务，并实施月度进展统计，加强督促指导，确保河长制工作农业任务按期完成。特别是对牵头河“练市塘”工作严格按照三年计划与年初下达的目标任务强势推进，履职市级“河长”巡查制度，定期召开河长办会议。重点实施练市塘养殖污染治理专项行动，沿岸200—2000米以内生猪养殖场关停7家，完成率达到100%。结合全区座家渔船清理整治要求，练市塘共排摸座家渔船35条，清理整治27条。结合“四边三化”行动，实施练市塘河岸绿化美化提升工程。完成沿岸31.4公里的绿化长度，基本完成年初计划目标，目前陈家洋“水景公园”项目、石淙蚕花文化园项目进展顺利、初见形象；石淙港生态河道建设、练市塘流域南浔中片综合治理工程建设均已完成规划设计；7.5万方清淤工作已全部完成，同时沿岸 200 米以内环境卫生落实专人做好日常洁化工作。2016 年，练市塘全塘水质保持在Ⅲ类水标准，满足功能要求比例为 100%。

4. 推进秸秆禁烧与综合利用，防治大气污染

湖州市认真贯彻落实省市大气污染防治总体部署和 G20 峰会空气质量保障要求，在全市全域实施禁止露天焚烧秸秆，全面推进农作物秸秆综合利用工作。一是强化责任落实。2016 年 3 月，湖州市农作物秸秆禁烧与综合利用领导小组办公室印发了《关于加强春季农作物秸秆禁烧工作的紧急通知》；2016 年 5 月，市农业局召开农作物秸秆禁烧与综合利用动员大会，组织开展秸秆禁烧和综合利用“四大行动”。将秸秆禁烧和综合利用工作纳入年度市县区综合考核以及生态市和新农村建设考核内容，全市共签订承诺书 7588 份，为确保禁烧落到实处，落实保证金制度，全市共集中保证金 721.55 万元。二是强化宣传发动。利用声、屏、报、网在重要时间节点开展集中宣传活动，初步形成了“户户知晓，人人自觉”的良好氛围。组织各级干部走村、入户、进田头，深入开展禁烧和利用面对面宣传教育活动，将禁烧工作公开信发放到农民手中，真正做到全覆盖、全动员。全市配置宣传车 63 辆，已出动宣传 1568 辆次。在粮食生产功能区等主要区域设立固定禁示牌 1301 块，悬挂禁烧宣传横幅 1610 条，村内张贴禁烧通告 1.5 万张，通过手机和农民信箱平台发送短信 326 万条。三是强化督察考核。为鼓励群众监督举报露天焚烧秸秆的违法行为，在《湖州日报》公布举报有奖电话(2096110)。各区县也建立了值班制度，公布举报电话，上下联动、引导群众进行监督举报，共同制止露天焚烧秸秆行为。按照“属地管理，分级负责”的原则，各区县成立巡查组对容易发生秸秆焚烧的区域和时段组织开展巡查和执法检查。2016 年，全市落实督察巡查小组 156 个、督察巡查 5861 人次，环保查处 2 次、罚没款 250 元。四是强化综合利用。以秸秆“五化”利用为抓手，积极推进秸

秆的综合利用。2016 年，农作物秸秆综合利用达 93% 以上。

三　湖州市现代生态循环农业发展面临的主要问题

两年来，湖州市在现代生态循环农业试点市建设中取得了长足进步，但还存在着许多制约问题。

（一）发展理念不到位

1. 农业经营主体的现代生态循环发展意识有待加强

现代生态循环农业源于传统循环农业又高于传统循环农业，是以现代科学技术为支撑，以生态、循环、优质、高效、持续为主要特征的集约农业。湖州市农业生产经营的主力军仍然是传统农民。受文化素质、受传统习惯、思维方式等多种因素的影响，他们重个体经济利益、轻社会整体效益，重当前土地产出、轻长远持续发展，重数量外延增长、轻质量品质提升的观念还不同程度存在，不能自觉地在生态系统规律的指导下进行规划和实施农业生产，只考虑开发现存资源，很少考虑到农业资源的保护和利用；在种养模式选择、适用设施和技术推广等方面存在“等、靠、要”的思想，甚至在涉及切身利益的整治中存在抵触情绪，发展生态循环农业要成为自觉行动还需加强引导。

2. 部分政府部门的管理理念有待更新

部分区域为完成五水共治、大气污染治理等任务，对生猪、龟鳖等养殖场大量拆除关闭，忽视生态循环、生态养殖，反映出少数干部的运动式思维、被动应付式思维和只顾眼前利益思维。政府部门凝心聚力共同发展生态循环农业还有待加强。

（二）生产方式较传统

1. 种养结合的生物链被打破

养殖业大量使用饲料，以流水线模式进行生产，逐渐脱离种植业而独立发展。同时，高密度的养殖也给空气、水生态环境带来不小的压力。种植业大量使用农药化肥，也对养殖业的粪便等有机肥兴趣骤减。成本等因素制约着休闲农业、林下经济等生态循环农业新业态的发展，林下种养业产值仅占林下经济总值的 8.2%。产业结构不尽合理，忽视农业生态建设，对农业内部产业结构调整缺乏全面整体的认识和安排。

2. 组织化程度低制约现代生态循环农业的发展

农业经营规模小、组织化程度低，农业产业层次难以提高。目前，湖州市 49.8 万农户承包了 175.1 万亩耕种地，户均仅 3.52 亩，其中规模 10 亩以上经营大户为 20839 户，户均耕地 44 亩。种养大户和家庭农场数量少、规模小是制约湖州市现代生态循环农业发展的一个重要因素。在浙江省农业现代化评价中，湖州市粮、猪、渔业的适度规模经营、科技人员数量和畜禽设施养殖等指标处于中下水平，这也在一定程度上反映了湖州市农业生产经营方式仍有待提升，需要不断调整以适应现代生态循环农业发展的新要求。

3. 养殖业污染防治缺乏长效机制

水产养殖带来的污染问题，在目前污染治理的基础上还缺乏长效机制，农民致富与生态环境保护之间的矛盾尚未得到有效的解决方式；小规模畜禽养殖（50 头以下）养殖户的环境保护意识较差，畜禽养殖产生的粪便随意堆放和任意排放，对农村环境造成污染。

（三）科技力量支撑弱

1. 科技支撑力量不足

湖州市农业科技力量总体偏小且分散。2016 年，湖州市（不含乡镇）各类专业技术人员合计 1086 人。农业科研与农技推广资源集聚度不足，特别是农艺、农技与环境工程技术的配套集成相对滞后，资源节约高效利用技术、清洁生产技术、废弃物综合循环利用技术、农业面源污染治理技术等一批新型、关键技术还有待突破。生态农业技术滞后，技术推广不力，难以有效解决土壤污染、地力减退等农业资源破坏和节水、节地、节能等农业资源节约问题。

2. 农业从业人员素质有待提升

2016 年，湖州市从事农业人员 22.01 万人，占全市农村人口的 10.48%。全年实现农林牧渔业总产值 223.1 亿元，比上年增长 2.5%。其中，农业产值 99.3 亿元，增长 0.8%；林业产值 22.2 亿元，下降 2.0%；牧业产值 36.5 亿元，增长 1.7%；渔业产值 54.6 亿元，增长 8.3%。在农业生产的收益不高背景下，农村年轻劳动力纷纷转移出去，留下的农业从业人员以中老年人、妇女为主。这些农业从业人员在消化吸收新知识新技术方面有一定困难。尽管各级政府对农民的技术培训力度逐年加大，但每年新技术培训仍不足从业人员的 1/10。

（四）体制机制不健全

1. 缺乏统一的现代生态循环农业发展规划

“十二五”期间，湖州市先后就农业园区建设、标准化生产、病死动物无害处理、控制规模化养猪和温室龟鳖养殖、秸秆综合化利用等方面形成了一系列政策意见和制度规范，有效地发挥了作用。但总的来看，仍存在缺乏系统和有机衔接配套问题，尚未制定生态循环农业发展规划，与湖州市生态循环农业实际发展相比，整体规划比较滞后，这对优化农业产业布局结构、构建农业生态循环体系带来较大影响。

2. 农业资源保护和再循环利用的体制机制有待完善

农业资源资产管理体制机制尚未建立，山水林田湖等缺乏统一保护和修复。农业自然资源负债表的应用还未启动，农业污染责任主体不明确，监管机制缺失，污染成本过低。各部门支持现代生态循环农业发展的合力不足，在用电、用地和税收等方面扶持和服务不够。政策激励机制和法律保障不健全，农村生态环境保护法制建设仍然落后，难以适应生态农业建设的需要。

3. “县域大循环”还有待突破

一方面，大量的养猪场有过剩的沼液等有机肥，却无处发挥作用，四处寻找用户而不得；另一方面，大量的种植户直接使用化肥农药，县域大循环尚未形成。农药空瓶、废弃农膜的回收处理还没有建立完整的链条，达不到县域内消纳或转化的目标。农业生产性服务业发展不足，农业生产中间品交易市场还未有效形成，农业资源市场化配置机制尚未充分建立。

四　加快提升湖州市现代生态循环农业发展水平的对策建议

（一）深化干部群众的现代生态循环农业发展理念

1. 提升生产经营主体的现代生态循环农业发展理念

经营主体要转变发展理念，树立现代生态循环农业是生态良好条件下的高效农业，是人工生态与自然生态互为条件的环境友好农业，是依靠科学技术使有限资源作无限循环利用的资源节约农业的理念。

2. 深化干部队伍的管理理念

各级干部特别是领导干部要坚持以“绿水青山就是金山银山”思想为引领，深刻理解现代生态循环农业的内涵，正确把握人与自然的相互依存关系，产业之间的相互转化关系和现代农业生产方式与生态修复的相互促进关系，摒弃“孤立化”“运动式”的传统思维，落实各自主体责任，加快创建工作，形成每个乡镇都有样板、典型和示范，全力推进现代生态循环农业试点市的建设，率先实现试点市的目标。

3. 加强宣传营造氛围

从转变思想观念入手，切实加强现代生态循环农业的宣传教育工作。适应互联网和新媒体的发展，充分发挥线上线下的宣传优势，加大宣传力度，营造社会各界关心关注的良好氛围。

（二）加快传统生产方式向现代生态循环农业转变

1. 提升现代生态循环农业发展目标

湖州市原有的试点市实施方案是紧紧围绕在全国率先实现“一控两减三基本”目标而制定的，符合当时的实际情况。但“十三五”时期是实现农业现代化、农村全面小康、生态文明示范区建设的目标期，因此，应全面组织实施现代生态循环农业整建制推进市建设，重点组织实施现代生态循环农业“一十百千”示范创建工程，2017 年建成 10 个生态循环示范区并通过省级终期评估，新增 20 个示范主体建设并通过考核验收，对已建成的示范点开展不定期检查，逐步形成点线面加快推进的发展格局。力争到 2020 年，全面完成农业现代化建设各项目标，全市基本形成生态环境平衡、农业产能稳定、产品安全优质、资源利用高效、农民生活富裕、田园风光优美的现代生态循环农业可持续发展新格局。

2. 扶持培育壮大经营主体

适度的规模经营是发展现代生态循环农业的坚实基础，也是传统农业转型升级的重要标志。要积极鼓励土地、水塘、山林向种养大户和家庭农场流转集中，尽快形成“主体小循环”的良好环境；积极扶持农业经营大户由自然人转变成市场法人，努力提高大户和家庭农场的科技装备水平和经营水平；大力发展农民专业合作社，在“园区中循环”中发挥好投入品使用、生产技术、疾病防控、质量标准、品牌建设、收储销售“六统一”服务作用。

3. 建设现代生态循环农业发展体系

要紧紧抓住“减量、清洁、循环”这条主线，全面、系统、协调推进现代生态循环农业体系建设。强化面源污染治理，对新建的生猪养殖场、龟鳖水产养殖场等从源头上控制，实行准入制度。坚持农牧结合、种养平衡、生态循环畜牧业发展道路，继续推进美丽牧场建设，计划创建18家美丽牧场，在德清县、南浔区的智能化监管平台建设基础上，在其他区县继续推进保留规模猪场线上监管工作。努力实施淡水渔业增殖放流、“稻鱼共生（轮作）”、水产养殖塘生态化（净化处理）改造等渔业生态化工程建设。组织实施化肥农药减量增效，继续深化测土配方施肥普及行动，强化宣传培训，普及测土配方施肥技术，狠抓“配方肥”下地，加大商品有机肥推广力度，不断创新农作制度，积极探索种养结合、粮经结合、农艺农机结合等高效农作模式。深化第一产业的“接二连三”，不断开发产业大循环的新模式。设立沼液配送、干粪转化、废弃薄膜与农药等有毒有害废弃物处理等设施，并给予相应补贴。重点在县域范围内解决好化肥农药包装物和废弃农膜的回收处理和再利用问题，切实防止因集中而造成的二次污染。促进再循环利用，选择正确的技术路线，增加科技投入、创新农作模式，实现废弃物的回收或循环利用。

（三）强化现代生态循环农业的科技支撑

1. 突出科技创新

围绕现代生态循环农业发展的关键技术、共性技术，开展技术攻关、协同攻关，力争在种业创新、耕地地力提升、化肥农药减施、高效节水、农业废弃物资源化利用和渔业水域生态环境修复等方面取得突破。探索生态循环农业与“互联网+”的结合。与“智慧城市”发展相协调，运用智能化信息控制系统提高农业设施运作效率，提高农业现代化水平。加大政府对公益性农业科研机构和组织的支持。完善科技资源向应用研究、转化推广、产学研结合倾斜的配置机制。

2. 认真做好农业废弃物资源化利用工作

坚持疏堵结合、多措并举，全面禁止秸秆焚烧，积极探索秸秆收贮运体系建设，加快推进中小规模秸秆综合利用项目建设，大力推广秸秆综合利用模式与机制，确保农作物秸秆综合利用率达95%以上。有效落实生态消纳地，加快建设沼液收集、贮存和利用配套设施，建立就地消纳和区域性配送的有效运行机制，推进沼液资源化利用。大力推进病死动物无害化处理中心和病死动物无害化处理收集点运行机制创新，实现保险联动，做到全覆盖，逐步构建监管长效工作机制。加快农村清洁能源示范应用，大力推广"猪—沼—作物"生态农业模式，建设"能源生态"型沼气工程，改善规模养殖生态环境。积极指导和鼓励农户、业主通过清洁生产扩大清洁能源开发利用，确保全年全市农村清洁能源利用率达到73.8%。

3. 优化农业从业人才结构

吸引更多的年轻人加入农业从业人员队伍，特别是大学生、退伍军人等高素质人才的加盟。进一步改革现有农技推广体系，改善乡镇农技站专业结构和人员结构，建立健全农技人员创新激励机制，加大农技人员入股创新试点的推广力度。依托农民学院、产学研联盟、新型职业农民培育和农民素质提升工程，加大对农业从业人员的实用技术培训，为现代生态循环农业可持续发展提供坚实的人才保障。

（四）创新现代生态循环农业的制度建设

1. 探索建立以生态循环农业为导向的要素配置机制

着力推进扶持政策从"普惠制"向有差别、有目标、有重点的扶持方向转变。建议对农业废弃资源再循环利用的设施用地的指标予以放宽，对畜禽养殖污染防治设施和秸秆等废弃物加工利用设施运行用电执行农业用电政策，为现代生态循环农业提供服务的中介机构和合作组织，以及从事农业废弃物无害化处理再生资源销售的企业予以税收优惠。建立健全以主体投入为主导、政府扶持为导向、社会力量为补充的多元化投入机制。有效整合涉农资金，按照现代生态循环农业发展的需求，调整支出方向和扶持重点，并确保年度涉农资金增幅高于一般性财政收入增幅。积极引导工商资本、民间资本进入有机肥加工、农膜回收、秸秆利用等领域。

2. 探索建立以绩效为导向的评价机制

建立现代生态循环农业发展评价指标体系，突出约束性指标和重点工作目标任务，建立健全动态数据收集处理、评价报告定期公布制度，加强对重点工作、重点项目、重要政策落实的督查和责任追踪。根据现代生态循环农业发展目标，研究制定分级分类的绩效评价考核办法，将现代生态循环农业发展的考核列入综合考核内容，探索建立考核结果与资源要素配置相挂钩机制。

3. 健全巩固以责任主体为导向的工作推进机制

各级政府应承担推进现代生态循环农业工作的主体责任。强化现代生态循环农业发展试点市建设工作领导小组的领导作用，领导小组办公室要充分发挥综合协调、督促检查的职能，建立成员单位例会制度、信息报送制度、督查通报制度。有关部门要按照发展现代生态循环农业的各项工作部署和要求，研究落实具体实施办法，分解年度工作目标，确保做到工作到位、支持到位、保障到位。同时，要构筑部门合力，把服务现代生态循环农业发展作为深入基层的重要内容，动员发动基层干部群众积极参与，形成推进的合力。

4. 深入推进农业水环境治理工作

全面贯彻落实“河长制”，重点做好全市河流沿岸的农业面源污染治理协调工作；按照畜禽养殖污染长效机制的有关要求，落实网格化巡查制度要求，定期巡查、做好记录，发现问题及时处置，加强养殖场污染防治设施运行管理和日常维护工作，确保设施设备有效运行。强化统防统治等专业化服务组织和服务能力建设。

湖州市农业发展与生态循环的协同关系及其促进机制研究

付洪良*

一　引言

中国千年农业发展史证明：生态进，农业兴；生态退，农业衰。农业生态环境与农业发展之间相互影响，相互促进。2005 年 8 月 15 日是浙江省湖州市生态文明建设的里程碑，时任浙江省委书记的习近平考察湖州市安吉县余村时，提出“绿水青山就是金山银山”的科学发展思想。自此，湖州的生态文明建设加速，生态环境显著改善。生态经济是生态文明建设的物质基础，以生态为引领，现代农业理念和技术运用使湖州传统农业焕发新的活力，大力发展园区农业、家庭农场、特色农业、观光旅游农业，积极延长农业产业链，全面提升农产品品质，农产品品牌数量稳步增长。简言之，近十年湖州农业生态环境在持续改善，现代农业发展水平和竞争力不断提升。

有关农业生态环境与现代农业相互关系的研究可以概括为三方

---

* 付洪良，博士，副教授，湖州师范学院商学院。

面：一是分析生态环境与农业的关系，强调生态环境改善对农业发展重要影响。在定性的研究中，赵跃龙和刘燕华（1995）、李惠英和崔振水（1999）、朱颂华（2001）、付中元（2011）等认为良好的生态环境是农业发展的基础，是实现农业现代化的基本保障；同时，农业对生态环境具有重要影响（张少兵，2008）。在定量的分析中，贾士靖等（2008）利用耦合模型分析发现全国31省市的农业生态环境与农业经济的耦合度处于较高水平，但协调程度差异较大；任志远（2011）认为陕西省各地市农业生态环境系统和农业经济系统的耦合程度较高，协调程度都较低。王肖芳（2014）构建了农业生态环境和农业生态经济协调发展的评估模型，认为我国农业生态环境质量逐渐下行。这些研究表明了农业生态环境与农业之间的协同关系。二是农业生态环境评价体系的构建与测定。染青红等（2002）、喻建华等（2004）分别对绵阳市、昆山市的农业生态环境进行评价；李瑞玲等（2001）、芦伟等（2004）分别对贵州和黄土高原区域农业生态环境进行测算；陈惠等（2010、2011）、唐婷（2012）、夏兴生（2014）分别构建了福建省、江苏省和重庆市农业生态环境评价指标。三是农业生态环境保护的立法。由于生态环境的恶化，保护农业生态环境成为国策，许多学者开始关注农业生态环境的立法保护问题。蔡岩兵（2006）、顾华详（2012）、田信桥和杜晓斌（2013）强调法治机制在农业生态环境保护中的作用。

从已有研究看，定性的分析侧重在农业对生态环境的负面影响上，而农业对生态环境的正面影响的研究较少；定量的分析集中在农业生态环境质量体系的建立与评价方面，农业生态环境指标体系的已有研究也为本研究提供了很好的借鉴，但在现代农业体系指标研究上存在分歧各持己见。随着现代农业产业链的延长，本文考虑将农产品加工产值、乡村旅游收入等加入现代农业体系中。

湖州市作为全国首个地级市生态文明先行示范区，辖区内三县二区自然生态迥异，但综合生态环境治理效果显著，在良好的生态环境溢出效应下，农业品质显著提升，与第二、第三产业紧密融合，基本实现农业现代化。为此，农业生态环境与现代农业发展之间是否存在协同关系，协同程度如何？本文运用修正的库兹涅茨曲线论述了农业生态环境与现代农业的关系，并提出在其第三阶段二者存在着协同发展的理论假设，然后以湖州农业生态环境与现代农业发展现状为变量，建立耦合模型，测算耦合度和协调程度，分析其原因，最后就二者进一步协同发展提出建议。

二　农业生态环境与现代农业发展的协同机理

自 Gene M. Grossman 和 Alan B. Krueger（1995）以 66 个国家为研究对象，提出了环境变化与经济增长之间存在倒 U 形的库兹涅茨曲线关系，逐渐形成一种认识误区，即“经济发展必然破坏生态、生态保护必然影响经济发展”。从现阶段我国国情看，农业生态环境突出表现为生态环境的污染与破坏问题。但纵观发达国家生态环境与经济增长关系走过的历程，可以发现在经济发展过程中，生态环境与经济增长之间存在辩证的关系，一是在经济起步阶段通常以牺牲生态环境换取经济增长；二是在经济较快增长阶段是既要经济发展又要考虑环境的承载能力；三是在经济发展水平较高阶段生态环境与经济增长协调发展（见图 1）。

当前我国生态环境与经济发展的关系整体上处于从第二阶段向第三阶段过渡中，迫切需要实现生态环境与经济增长协同发展。农业是国民经济相对独立的生产部门和原材料供给部门，也是生态环境不可或缺的组成部分。根据农业经济学和生态经济学有关理论，一方面，农业生态环境作为农业生产直接或间接的投入要素与其他投入要素共同作用生产农产品，在一定程度上决定了农产品的产量

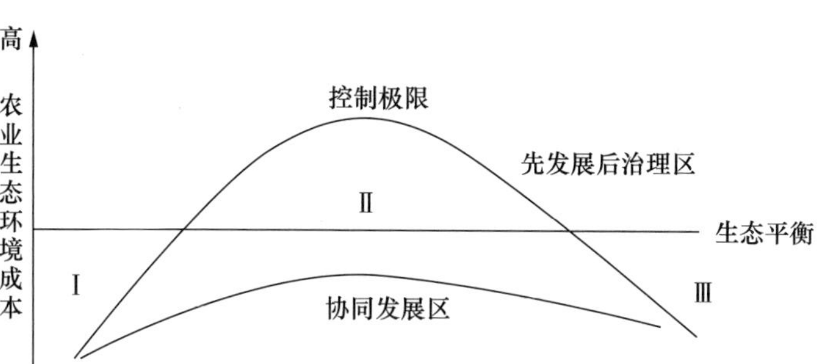

图1　农业生态环境库兹涅茨曲线

和品质；同时，在农业循环生产过程中作为农业生态环境的一部分，形成未来的农业生态环境，即农业生态环境既影响着农业产出又反作用于农业生态环境，因此，通过运用农业科技可以有针对性地改善生态环境。另一方面，农业作为生态系统的一部分，低水平、超过环境承载能力的农业生产确实对农业生态环境造成负面影响，但按照生态循环农业的发展要求以及运用合理的政策和先进科技可以达到改善农业生态环境的目的。因此，农业生态环境与农业之间相互影响、协同发展（见图2）。

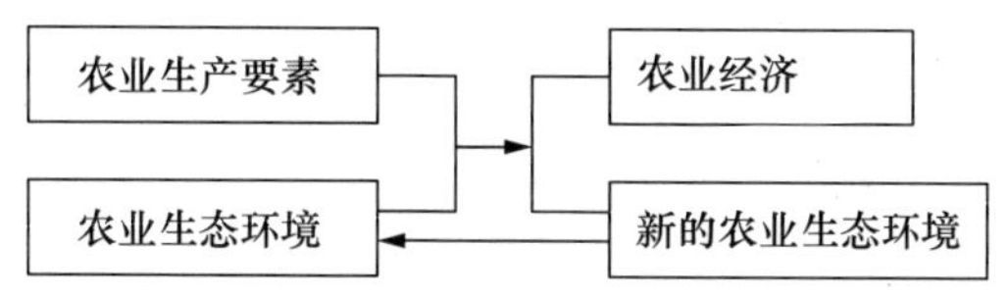

图2　农业生态环境与农业之间的互动关系

从理论上讲，现代农业生态环境系统最理想的状态是农业生态环境评价值等于现代农业评价值，即经济与环境同步发展。从我国国情看，农业生态环境与现代农业之间的协同关系表现为两个方面：

一方面，农业生态环境对现代农业具有决定性影响。农业生态环境的改善在现阶段具有广泛意义，对农业发展尤其如此。农业生态环境改善将有助于稳定和促进农业增产，提高农产品品质，增加附加值，有助于创建农产品品牌。同时，农业生态环境改善阶段通常是一国经济发展水平较高阶段，人均收入较高，农业生态环境的改善可以满足市场对农业休闲的需求和安全食品的强烈愿望，整体上农业生态环境的改善还能提升农业全要素生产率，对现代农业产生溢出效应。相反，农业生态环境差或者恶化，如水土流失，水和土壤受到污染，农业生产中的投入要素质量下降，都直接影响农业的产出和质量，间接造成整个国民经济的不良循环，最终，农业生态环境恶化将通过社会生产循环系统影响整个国民经济的质与量。

另一方面，现代农业发展对农业生态环境同样具有重要影响。山水林田湖是生命共同体，是大地自然生态系统，除供给基本产品外，农业本身就是生态环境的一部分，还可以防止水土流失，美化生态环境，因而农业发展可以提升生态环境。农业作为现代旅游业的一部分，通过发展生态循环农业、农业休闲旅游、乡村旅游度假等，将农村第一、第二、第三产业融合发展，可以改善和提升生态环境。同时，运用农业科技进行山林复垦和水体修复，以及轮种和休耕等政策能够促进农业生态环境的改善和提升。更为重要的是，随着现代农业的发展，收入的增加，有利于保障农业生态环境的资金投入。从发展的现实看，农业的衰败导致农业生态环境进一步被破坏。在落后的发展中国家，由于人口增加、经济增长乏力，长期的涸泽而渔、肆意砍伐的生产模式，导致生态环境不断恶化，农业产出下降，用于投入农业生态环境治理的资金减少甚至没有投入，农业生态环境进一步恶化。

三　湖州农业生态环境与现代农业协同发展的实证

（一）变量说明

1. 农业生态环境变量

2003 年，湖州市第一次提出了建设生态市目标。2005 年是湖州生态文明建设的拐点。在过去的十余年，湖州牢固树立生态理念，坚持把淘汰落后产能、治理环境污染、改善城乡生态环境，提高森林覆盖率作为重点工作，积极落实“三改一拆”“四边三化”“五水共治”的政策制度，制定了湖州市治矿、治水、治气的具体措施，对湖州农业生态环境的改善起到了重要作用。同时，湖州全面启动实施现代生态循环农业试点市建设，强化农业种养业污染治理，生猪养殖规模严格控制在 60 万头左右，温室龟鳖养殖总量控制在 200 万平方米以内，推进农药化肥减量施用，农业生态环境不断提升。

2. 现代农业变量

湖州现代农业具有良好的自然条件和历史基础。湖州东部平原水网带，形成了现代农业特色显著的粮食生产功能区和现代农业园区，累计建成粮食生产功能区 60 万亩、现代农业园区 45 万亩，基层农业公共服务中心实现全覆盖；利用广泛分布的湖泊和漾的特色，发展特种水产养殖，鱼虾蟹龟鳖羊的养殖已具有相当规模和知名度，产业链逐渐拉长；湖州西部属于山地丘陵带，白茶、竹等农产品及其制品畅销国内外市场，具有较高知名度。以现代农业为基础，休闲农业和乡村旅游蓬勃发展，成为长三角乃至全国的生态旅游强市。为加快推进农业科技进步，深化基层农业公共服务体系和农技推广联盟建设，形成了市校合作下产学研一体的“1 + 1 + N”

的湖州模式，备受全国关注。此外，作为浙江省国家现代生态循环农业试点市，湖州大力提高农业规模化、标准化、科技化、循环化水平，正努力打造“主体小循环、园区中循环、县域大循环”的生态循环农业经营模式。在浙江省农业现代化发展水平综合评价中，湖州农业连续三年名列第一，并成为全国第二个基本实现农业现代化的地级市。①

（二）数据和模型

本文所指的耦合关系是农业生态环境系统和现代农业系统之间相互促进、相互协调，使系统从无序到有序的动态过程。协调度的计算借鉴物理学中的容量耦合系数模型，用公式 $C_n = n\{(u_1 \times u_2 \times \cdots \times u_n)/\prod(u_i + u_j)\}^{1/n}$ 表示多个系统相互影响的耦合度模型。其中，变量 $u_i(i=1, 2, \cdots, m)$、$u_j(j=1, 2, \cdots, n)$ 表示各系统综合评价值。因本文以两个系统为研究对象，该耦合度模型可以表示为：$C_2 = 2\{(u_1 \times u_2)/[(u_1+u_2)(u_1+u_2)]\}^{1/2}$，耦合度值 C 介于 0 和 1 之间。C 越大说明农业生态环境系统与现代农业系统的耦合度越大，两个系统之间协同耦合度越好；C 越小表明农业生态环境系统与现代农业系统的耦合度小，两个系统基本处于无关状态，两个系统呈无序状态发展。

在分析农业生态环境与现代农业协调发展时，仅依靠耦合度判断容易产生误差，为此引入协调度变量，建立农业生态环境经济系统耦合协调函数，该函数用于评价农业生态环境系统与现代农业系统之间相互耦合的程度，协调度函数公式为：$D = (C \times T)^{\frac{1}{2}}$，其中，$D$ 为协调度，C 为耦合度，T 为农业生态环境与现代农业系统之间的综合协调指数，可用 $T = \alpha u_1 + \beta u_2$ 表示，式中 α、β 为待定系数，参照已有的研究成果，将两个系统之间相互作用的贡献值设定为 $\alpha = 0.6$，$\beta = 0.4$，u_1、u_2 分别为农业生态环境系统和现代农业系统

① 结论源自农业部《2014 年国家现代农业示范区建设水平监测评价报告》。

的综合评价值。

按照农业生态环境与现代农业系统耦合协调度的大小，将其分为 4 大类 10 个子类，并根据协调度来评价二者之间的相互关系，具体如表 1 所示。

表 1　农业生态环境与现代农业协调发展的分类与评价①

协调程度	协调度	耦合协调类型	u_1 与 u_2 关系评价
高度协调	0. 90—1. 00	优质协调发展类	$u_1 > u_2$ 为现代农业滞后型：当 $u_2/u_1 \geqslant 0.8$，表明现代农业滞后
	0. 80—0. 89	良好协调发展类	
	0. 70—0. 79	中级协调发展类	
基本协调	0. 60—0. 69	初级协调发展类	当 $0.6 < u_2/u_1 \leqslant 0.8$，表明现代农业比较滞后；当 $0 < u_2/u_1 \leqslant 0.6$，表明现代农业极度滞后
	0. 50—0. 59	勉强协调发展类	
过度协调	0. 40—0. 49	濒临失调衰退类	$u_1 < u_2$ 为农业生态环境滞后型：当 $u_1/u_2 \geqslant 0.8$，表明农业生态环境滞后；当 $0.6 < u_1/u_2 \leqslant 0.8$，表明农业生态环境比较滞后
	0. 30—0. 39	轻度失调衰退类	
失调衰退	0. 20—0. 29	中度失调衰退类	当 $0 < u_1/u_2 \leqslant 0.6$，表明农业生态环境非常滞后；$u_1 = u_2$ 表明农业生态环境与现代农业同步发展
	0. 10—0. 19	严重失调衰退类	
	0. 00—0. 09	极度失调衰退类	

（三）湖州市农业生态环境与现代农业耦合协调发展分析

本部分数据来源于《湖州统计年鉴》《湖州市环境状况公报》以及湖州市统计局网站公布的数据。农业生态环境系统用人均耕地面积、农药用量、化肥用量、生态用地占市域总面积、高耗能产业占比等指标表示；现代农业系统以农业总产值、农副产品加工产值、农民收入、休闲农业收入等指标表示，利用熵值法确定各指标

① 任志远：《基于耦合模型的陕西省农业生态环境与经济协调发展研究》，《干旱区资源与环境》2011 年第 12 期。

权重。

通过综合计算，得出湖州市三县两区的农业生态环境综合评价值 u_1、现代农业综合评价值 u_2、耦合度、协调度，并对 u_1 与 u_2 进行比较分析。

表 2　湖州市农业生态环境与现代农业的耦合度与协调度水平

县区	u_1	u_2	耦合度	协调程度	协调类型	二者对比
吴兴区	0.532	0.636	0.954	0.543	勉强协调	农业生态环境严重滞后
南浔区	0.421	0.636	0.931	0.472	濒临协调	农业生态环境极度滞后
长兴县	0.671	0.775	0.977	0.631	初级协调	农业生态环境比较滞后
安吉县	0.834	0.794	0.992	0.702	中级协调	现代农业发展比较滞后
德清县	0.735	0.782	0.987	0.674	初级协调	农业生态环境比较滞后

从计算的结果看，湖州市三县两区的农业生态环境与现代农业的耦合程度均比较高，表 2 显示耦合度最低的是南浔 0.931，耦合度最高的是安吉县为 0.992。从协调程度看，三县两区都没有高度协调类型，农业生态环境与现代农业协调程度最好的是安吉县，协调系数为 0.702，达到中级协调水平，且农业生态环境评价值 u_1 大于现代农业评价值 u_2，说明现代农业发展滞后于农业生态环境，属于现代农业滞后型，这也是湖州市三县两区唯一的现代农业滞后型。长兴和德清县的协调系数分别为 0.631 和 0.674，皆为初级协调水平，u_1 小于 u_2，表明该两县属于农业生态环境比较滞后型。吴兴区的协调程度为 0.543，为勉强协调发展类，u_1 小于 u_2，属于农业生态环境严重滞后型；南浔区的协调程度最低，协调水平仅为 0.472，属于濒临协调发展类，且 u_1 小于 u_2，表明农业生态环境极度滞后。

整体上，湖州现代农业发展较好，现代农业系统评价值较高，这与湖州的现实情况非常吻合，但德清县、长兴县、吴兴区和南浔区的农业生态环境评价值都低于现代农业评价值，尤其是南浔区，说明这些县区现代农业的发展过度消耗自然资源，生化农业以及其他污染形式对生态环境造成了严重破坏，现代农业已经超出了农业生态环境系统的承载力。因此，今后现代农业发展的重点应该是修复和改善农业生态环境，控制农业粗放型发展，发展生态环境友好型农业，提高农业科技水平，控制和减少农业生产过程对生态环境的破坏。安吉县的农业生态环境评价值和现代农业系统评价值都较高，耦合程度也非常好，说明农业生态环境仍能够承载现代农业发展，就目前的农业生态环境系统而言，安吉现代农业仍具有发展空间和潜力。

四　结论与建议

十余年来，湖州农业生态环境改善经历了自发推动阶段和政府推动阶段，总体上，西部山区的农业生态环境要好于平原水乡区域，农业生态环境不断改善，促进了现代农业发展，生态自觉使得在农业发展过程中重视农业生态环境的保护和修复，进一步提高了农业生态环境质量，二者相互促进、协调发展。湖州市三县两区的农业生态环境与现代农业发展关联紧密，耦合度较高，但协调程度差异较大。安吉县良好的农业生态环境与农业发展相互促进，形成良好的农业生态经济系统，现代农业还有一定的发展潜力。德清县、长兴县、吴兴区和南浔区的农业生态环境滞后，不能很好地支撑现代农业的发展，即现代农业发展超出了当前农业生态环境的承载能力，尤其是吴兴区和南浔区的农业生态环境亟须改善。

（一）提高农业生态环境承载力

产业转型升级，减少工业和农业生产的“三废”物质对水、空气和土壤造成污染；控制农药化肥的使用量；同时，对于已受到破坏、污染的农业生态环境要遵循自然规律进行修复。

（二）大力发展现代生态循环农业

湖州市要充分利用作为国家生态文明建设示范区和现代生态循环农业试点市的机遇，大力发展生态循环农业，发展环境友好型农业，减少对生态环境的侵害，可持续地利用农业资源，提高农业科技水平，发展高效安全的生态循环农业。

（三）促进农业生态环境与现代农业协同发展

坚持农业生态环境与现代农业协同发展，在农业生态环境可以承受的范围内大力发展现代农业，一方面降低农业生产对生态环境的负面影响，另一方面不断改善和提升农业生态环境质量。如此，农业生态环境才能与现代农业相互促进、协同发展。

产业链整合视角下农产品优质优价模式实现的技术路径及机制设计研究

沈国琪*

一 研究的背景和意义

（一）“四化同步”，补“短板”的需要

党的十八大报告提出了促进“四化同步”的重大任务，指出城乡发展一体化是解决“三农”问题的根本途径。这是我们党对现代化发展规律与历史经验的科学总结。农业现代化是现代化建设的薄弱环节，城乡不协调、工农不平衡，是当前最大的社会结构性矛盾。坚持“四化同步”、推动城乡发展一体化，要充分发挥工业化、信息化和城镇化的支持带动作用，加快形成统筹城乡发展的体制机制，尽快补齐农业现代化这块“短板”，逐步缩小城乡差距。党的十八大报告提出，到2020年，城乡居民人均收入要比2010年翻一番，要确保国家粮食安全和重要农产品有效供给。这是我们党根据全面建成小康社会奋斗目标，对农业农村经济发展提出的目标任务。加快建设现代农业是完成保供增收任务的根本保证。要坚持走

* 沈国琪，博士，副教授，湖州师范学院社会与发展学院。

中国特色农业现代化道路，稳步提高农业综合生产能力，改变劳动密集型农产品的低成本竞争现状，提高农产品质量，通过农产品优质带来的附加值，确保农民的持续增收。

目前，我国农产品的市场竞争越来越激烈，已经从单一产品竞争转化为整个产业链的竞争，涵盖了种（养）植、储运、加工及销售等产前、产中、产后的所有环节。而农产品优质不优价的现象更使得这种竞争走向恶性循环，若这个问题得不到解决，势必会影响农户生产的积极性，进而影响优质农产品供给及食品安全。当下湖州市农产品优质不优价问题也较为突出，因而从产业链视角来审视，对湖州市典型农产品产业链进行整合，实现农产品优质优价的同步实现，从而在保护农户生产优质农产品的积极性，满足消费者对“优质”消费需求、保障食品安全、提升整个产业链的利润空间并提高产业发展水平等方面，具有较为明显的现实意义。

（二）“互联网+农产品电商”的需要

十八届五中全会提出实施网络强国战略，实施“互联网+”行动计划，发展分享经济，实施国家大数据战略。在“互联网+”成为国家新一轮发展战略大背景下，“互联网+”改变了中国农业产业链模式。浙江遂昌网店协会的林颂文认为，“网农”是提升农产品品质和附加值的重要力量，他们前端连接市场、后端对接生产农户，可以将市场上需要的产品及时反馈给农户，并且引导农民按照一定的标准去做，倒逼小散农户的标准化生产。数据显示，2014年全国农村电商销售额已超过1400亿元，仅在淘宝、天猫平台上注册的农村网店数就超过160万个。[①] 到2016年，中国农村网购市场总量有可能突破4600亿元，10年或者20年后，农村网购市场或将超越城市。阿里研究院研究员张瑞东认为：“互联网+”的农业变革

---

① 参见《“互联网+”改变中国农业产业链模式》，新华网（http://www.cac.gov.cn/2015-10/07/c_1116747832.htm）。

只是开始，在政府支持、行业发力、多方协同之下，“网农”的多米诺骨牌效应将不断深化，未来五年到十年，电商将会给农村带来革命性变局。特别是工业产品和加工过的农产品电商的发展有点惊人，但作为我们生产生鲜农产品的企业来说，生鲜农产品电商发展速度还跟不上时代的发展。知名微信自媒体作者宗宁说：“2014 年是高端农产品电商元年”。“农产品有几个问题，一个是大米之类的粮食都比较重，快递运费会很高。一个是水果蔬菜之类的，要么保质期短，要么容易损耗，损耗包括碰撞损耗和蒸腾损耗。所以要做到盈利，就要卖得很贵，而对于用户而言，普通用户价格敏感度特别高，而高端用户对普通的产品没有什么感知，因为这些人自己做饭都很少，而且买的本身都是高端超市的产品”，优质优价是农产品发展电商的重要途径。

（三）品牌高价，优质外贸的需要

2015 年 12 月 19 日结束的世界贸易组织第十届部长级会议最终通过了《内罗毕部长宣言》，就非洲等发展中国家最为关切的农业出口竞争达成共识，162 个成员首次承诺，全面取消农产品出口补贴，并就出口融资支持、棉花、国际粮食援助等达成了新的多边框架协议。[①] 这对提高发展中国家农民收入具有重大意义。在“十二五”期间，中国还是以劳动力密集型农产品为特征的出口优势。但是，中国农产品出口所面对的复杂的国际环境，如发达国家设置的技术壁垒越来越高，反倾销、“特保”调查频繁发生，“知识产权壁垒”“舆论壁垒”等新型贸易壁垒也呈上升之势，不利于中国发挥劳动密集型农产品的低成本竞争优势，将成为今后中国农产品出口的主要限制因素。因此，中国农产品出口需要逐步调整低成本竞争优势战略，逐步采取优质增外贸、品牌创高价的模式，结合“一带

① 参见《全球贸易谈判收获历史性成果》，新华网（http：//news. xinhuahet. com/world/2015 －12/20/c_ 1117516359. htm）。

一路”发展战略，扩大农产品出口贸易。

二　农产品优质优价相关核心概念的界定

农产品是农业中生产的物品，如高粱、水稻、花生、玉米、小麦等。国家规定初级农产品是指农业活动中获得的植物、动物、微生物及其产品，不包括经过加工的各类产品。

（一）优质优价模式

质量优良，价格也相应高。“优价”的“优”指优厚，价高，不是指对顾客的优惠。商品等价交换原则和“优质优价，次质次价，劣质低价，同质同价，按质论价，分等定价”的价格政策中的一项重要内容，是制定质量差价必须遵循的一项政策。它主要是说明：商品质量高于标准品的，在价格上，必须高于标准品。

（二）农产品优质优价产业链整合

1. 产业链

产业链是产业经济学中的一个概念，是各个产业部门之间基于一定的技术经济关联。产业链是一个包含价值链、企业链、供需链和空间链四个维度的概念。这四个维度在相互对接的均衡过程中形成了产业链，这种“对接机制”是产业链形成的内模式，作为一种客观规律，它像一只“无形之手”调控着产业链的形成。产业链的本质是用于描述一个具有某种内在联系的企业群结构，它是一个相对宏观的概念，存在两维属性：结构属性和价值属性。产业链中大量存在着上下游关系和相互价值的交换，上游环节向下游环节输送产品或服务，下游环节向上游环节反馈信息。

2. 供应链

供应链是围绕核心企业（农业合作社），通过对信息流、物流、资金流的控制，从采购原材料开始，制成中间产品以及最终产品，最后由销售网络把产品送到消费者手中的将供应商、制造商、分销商、零售商，直到最终用户连成一个整体的功能网链结构。它不仅是一条连接供应商到用户的物流链、信息链、资金链，而且是一条增值链，物料在供应链上因加工、包装、运输等过程而增加其价值，给相关企业带来收益。

3. 农产品优质优价产业链整合

产业链整合中的“整”，可以理解为整顿、整理；而“合”可以理解为组合、合成等。整合一般是指对事物的结构进行重构并形成新的生产力的一体化过程。产业链整合是指产业链核心企业通过合同契约、技术指导、投资等方式对产业链其他参与主体的各环节控制、调整、优化的过程。某农产品经济主体凭借自身实力通过各种方式对产业链上其他主体进行控制、调整、优化使其能够协调一致地行动，控制农产品质量、提高产业链运行效率并最终能够达到农产品优质优价的过程。

三　湖州市农产品产业链与优质优问题调研

（一）湖州市农产品产业链的问题调研

1. 农产品物流量大，品种杂

湖州市农产品主有：水稻、蔬菜（芦笋、蘑菇）、水产（鱼、鳖、牛蛙）、水果（葡萄、甜瓜）、畜牧（湖羊、生猪）以及粮食等。虽然农产品物流量大、品种多，但是目前尚处于以家庭或者家庭农场为生产单位的小农经济阶段。每年生产的农产品中约有1/2要通过市场化流通，数量之大，品种之多，形成了巨大的农产品物流。不仅数量巨大，而且供应非常分散，物流成本很高。

2. 鲜活农产品物流难度大

湖州地区的水产（鳖）、葡萄等农产品是具有生命的动物性和植物性产品，这样的鲜活农产品在物流过程中，对包装、装卸、运输、仓储和防疫等均有特殊的要求，同时，农产品具有季节性生产而要求物流的及时性。所以，农产品物流难度大，要求高。

3. 核心加工企业实力弱小

最近几年，湖州的农产品加工龙头企业虽然有了很大的发展，比如，金牛农庄、鲜的食品有限公司、欣梅生态农庄等农业龙头企业，但与先进的农产品加工企业相比，在市场的影响力、产品类别、产品质量以及客户服务上远远处于不利地位。市内虽然有不少大型的国家级和省级的农业产业化龙头企业，但这些龙头企业年均销售收入偏下，份额不高，竞争力差。

4. 农产品原料供应者散且小

湖州农业产业链中的供应商也是农产品加工原料的供应者，主要是分散经营的农户，市场意识淡薄，总体素质较低，大多如散兵游勇，进入市场存在无法回避的高昂交易成本。大多数农产品加工企业和农户对供应链的观点认识不够，还是传统的加工模式，各自为政，信息闭塞，使得供应链上物流不畅，产品成本增加。

5. 农产品市场信息体系不健全

农民专业户的农产品物流多数靠“关系”提供需求信息。事实上，农产品物流流体的流向和流程，以及由此而产生的效率和效益是与农产品物流的信息体系密切相关。农产品物流信息体系既包括农产品市场信息，也包括农产品物流的资源信息，农产品信息系统和农产品物流信息系统所能提供信息品种和质量都不能满足需要，缺乏有效的信息导向，农产品物流的流向带有盲目性，流程不合理，这是导致在途损失严重，影响流体保值增值的重要原因。

（二）农产品优质优价模式发展存在的问题

1. 农产品市场信息采集的基础建设不够完善

目前，虽然我国通信网络已铺设到市、县、乡镇，但电子商务的物质基础还很薄弱，由于资金和环境的限制，加上参与电子商务信息费用较高，农村的企业上网远远比城市的比例低。上网费用高，再加上各种培训费用，普遍难以接受如此高的费用，导致计算机在农村地区普及率较低。课题组调研的埭溪镇也不例外，这就制约了农产品电子商务的发展。

2. 农民和专业合作社缺少电子商务的相关知识

由于农村教育相对落后，缺少具有现代农产品知识、商务知识和网络技术的现代专业人才，部分农户对电子商务观念滞后、商务意识淡薄，对网络本身的认识、接受和应用能力还普遍不高，对利用网络从事商业活动的概念还不是非常清楚，对电子商务没有足够的信心，虽然想在网络上销售农产品，但是担心产品卖出去收不到货款。在这种情况下电子商务只起到了信息传播的作用，而其主要功能却没有发挥出来。部分涉农企业对应用电子商务所带来的巨大商机缺乏前瞻性的估计，加之电子商务建设投资大、周期长、维护难，导致其对电子商务带来的巨大商机和利益持怀疑态度，这种观念严重影响了农产品电子商务的发展。埭溪镇目前的农民和农产品对电子商务的相关知识也相当缺乏。

3. 农产品质量标准体系不健全

农产品电子商务要求网上交易的农产品品质分级标准化、包装规格化以及产品编码化，要求农产品具有一定的品牌。目前有些网站对农产品的标准化已做了一些尝试，如“中农网”按照采购者的习惯将农产品及加工品分成了 18 大类，每一大类分成 5 到 10 个小类不等，并发布相应标准描述，而目前埭溪乡镇的大多数农产品为非标准化的经验性产品，消费者必须在使用之后才能对该商品作出客观评价，而且农产品种类繁多，反映产品品质的指标复杂多样，给农产品标准化带来很大的难度。目前，埭溪乡镇的农业生产仍采取粗放式的生产经营模式，这种生产方式带来的突出问题是在生产中由于流通、信息、技术不畅，农产品流通体系不健全、不完善及区域经济发展的不对称，往往造成农产品的结构性、季节性、区域性的过剩和各种农产品的“卖难”“买难”现象。因此，农产品标准化程度低已经成为阻碍农产品电子商务发展的重要因素，同样也是阻碍“农民巴巴网”[①] 发展的重要因素。

4. 网络安全存在隐患，配套环境建设不够完善

网络安全问题既是所有网站都面临的问题，也是农产品电子商务所面临的难题。电子商务主要通过互联网来实现的，而网络经常会受到各种病毒的攻击，网络上的间谍软件会盗取网上银行账号和密码，再加上相关的法律法规不够健全，网络安全问题也成为影响农产品电子商务发展的“瓶颈”因素。同时，由于缺少第三方认证机构和电子银行等金融支持、电子商务的管理标准、电子商务销售方对交易过程监管，电子商务交易安全问题严峻。基于互联网的电子支付手段尚不成熟，信用机制和约束机制也正处于探索时期，给上网从事经贸活动带来了严重的负面影响。

5. 农产品物流配送体系不健全

据调查，我国农产品电子商务真正拥有物流配送体系的很少，像我国知名的中国大米网、北大荒电子商务交易平台等大型公司也是与其他物流公司合作进行物流配送或刚刚组建自己的物流系统，还没有形成完善的农产品物流配送体系，刚起步的农产品电子商务公司大多是以批发市场为基础发展起来的，品种多，生产单位小，组织化程度低，物流技术难度高，发展农产品电子商务，物流体系的建设尚待推动。“农民巴巴网”也尚无完善的农产品物流配送体系。

6. 专业大户自发电商影响弱

湖州农业专业大户自发电商模式：一是挂靠网站销售模式。如挂靠阿里巴巴的菱湖明丰特种水产育苗场；挂靠马可波罗网的南浔

① 注：农民巴巴网，中国首家专业土特产礼品网上购物商城，2010 年湖州市农业局为加快湖州市农产品的销售而成立湖州市名特优农产品快购有限公司。

菱湖有根水产养殖场、湖州织里皋鑫水产养殖专业合作社；挂靠勤加缘网的湖州淡水鱼养殖网产品导航频道；也有挂靠湖州58同城网——湖州农林牧副渔——湖州水产——湖州淡水鱼专栏营销的。二是采用微信、微博、QQ销售模式。微信公众平台允许媒体、品牌商及名人进行账户认证，并给认证用户更多的手段向粉丝们推送信息。于是，湖州赶潮的淡水养殖户纷纷“抢滩登陆”。微信拥有庞大的用户群，借助移动终端、天然的社交和位置定位等优势，每个信息都是可以推送的，能够让每个个体都有机会接收到这个信息，继而帮助淡水养殖户实现点对点精准化营销。

四　湖州市“互联网+农产品电商”优质优价案例分析

案例一　“互联网+紫丰湖羊电商”优质优价案例分析

1. 湖州紫丰生态农业有限公司概况

湖羊是太湖平原重要的家畜之一，是我国一级保护地方畜禽品种。为稀有白色羔皮羊品种，具有早熟、四季发情、一年二胎、每胎多羔、泌乳性能好、生长发育快、改良后有理想产肉性能、耐高温高湿等优良性状，分布于我国太湖地区，终年舍饲中国羔皮用绵羊品种，产后1—2日宰剥的小湖羊皮花纹美观，著称于世。湖羊也是世界著名的多胎绵羊品种，在2000年和2006年先后两次被农业部被列入了《国家畜禽遗传资源保护目录》。

湖州紫丰生态农业有限公司是2011年注册成立的以公司+合作社+农户模式的湖羊种羊繁殖和养殖为主的养殖企业，公司注册资金100万元。公司位于浙江省湖州市吴兴区八里店镇南片——省级现代农业改革试验区内，公司占地总面积450多亩，其中标准化羊舍50亩，粮食作物种植核心示范区350多亩。主要以三高鲜食玉米新品种和优质大粒蚕豆的引进与筛选和示范、绿色三高鲜食玉米和鲜食大粒蚕豆的标准化生产、全年种植模式实验示范、秸秆综合利用、湖羊生态养殖和畜粪有机化生物发酵等为主要内容，形成高光效、低能耗、低排放、高效益为基础的示范推广基地。

公司以浙江大学为技术依托，由技术依托单位组成专家团队，对公司实施养殖技术指导。公司规划布局合理，各项防疫措施完善，利用生态平衡的原理，创立了生态养殖新模式，用多年积累的湖羊养殖经验，开展了湖羊生态养殖、良种选育、秸秆养羊、离地平养等多种养殖技术，推广湖羊养殖技术。同时还利用植物秸秆养羊，利用羊粪肥田，逐步形成了“湖羊养殖 + 植物种植 + 羊肥肥田”的循环生产产业链，有效地保护了湖羊品种，保护了生态环境，提高了湖羊场的经济效益，2011 年吴兴区被评为国家级湖羊保护区，2012 年被湖州市工商行政管理局评为“浙江省工商企业信用 AA 级守合同重信用单位”。

与湖羊养殖的科学水平和湖羊肉的市场化等方面的快速发展相比，湖羊养殖企业在湖羊品牌营销方面的发展显得非常滞后，继续沿用多年的传统自我模式，呈现单一、低效的特点，品牌营销不仅能很好地发挥推广湖羊养殖的作用，还大大增加了企业的经济效益。

2. 紫丰湖羊品牌传统营销模式分析

（1）湖羊基础母羊的销售分工。紫丰生态湖羊的基础母羊销售主要包括三个内容，即确定客户种羊需求量、种羊的配送和种羊的售后工作。

确定客户种羊需求量由销售部完成。在公司的饲养模式由散养变为规模化饲养后，该业务主要由董事长带头联系相关客户完成。

种羊的配送职能由企业联系从事配送工作的车队完成。种羊配送车队的选择目前是按照种羊的数量、种羊的大小和目的地的远近来决定。公司的技术员随车同行，负责交通运输程序的办理和保证种羊在运输过程中的正常营养需求。

（2）紫丰湖羊的销售流程。紫丰湖羊的销售流程按照实施顺序可分为以下几个步骤：第一步，由公司和客户进行需求和价格的洽谈；第二步，起草采购湖羊种羊和销售的相关合同；第三步，双方签订湖羊种羊的采购与销售合同；第四步，在养殖场选择客户需要的湖羊种羊，并经过检疫部门的诊断；第五步，湖羊种羊送达目的地，客户根据湖羊种羊的存活数和健康状况完成付款。

3. 紫丰湖羊品牌营销模式缺点分析

从紫丰湖羊的基础母羊的销售形式上来看，虽然目前已引入了配送车队，实现了配送的合作化和减少了自主配送的成本，但依托于个人的车队，其仍然是一种传统的物流配送模式，现代化的动物配送并没有被有效引入。所谓的信息化是利用电脑和网络减少以往的一些人力和交通成本，如果在湖羊种羊的销售过程中能够达到信息化，就能够从实质上真正优化企业销售流程，降低企业的销售成本，从而增加企业的销售效益。湖羊养殖企业多年来所采用的传统营销模式，已不适用于湖羊供求关系发展现状和湖羊的国内市场环境，其在湖羊种羊的销售过程中主要有以下几方面的缺点。

（1）湖羊运输过程中缺乏有效的信息沟通。在传统的销售工作中，公司并没有一个单独的采购部门，而主要由董事长统筹安排所有的工作。在此过程中，董事长与车队的运输人员和技术人员之间缺少更有效的沟通，也难以将湖羊运输的中间状态反馈给湖羊需求的客户。即传统的湖羊运输流程是一个单向的过程，其信息是以点的形式反映给公司，而并没有反映到客户一方。在现实的运输过程中，因为信息的有效流通受到阻碍而造成湖羊在运输途中死亡的情况经常会发生。

（2）未能有效建立生产、销售和售后相互的信息反馈链。目前，湖羊销售企业的销售只负责卖种羊，具体在客户养殖种羊等方面的信息缺乏时效性。以湖羊的基础母羊为例，除刚出生后对其进行编号，以及对其父母的耳标进行记录，销售完成后在客户那里的繁殖情况并没有得到反馈，而基础母羊的繁殖系谱还不够完善。而又由于很多客户只要求最初的基础母羊的系谱，并不要求其更远一点的系谱情况，以及旁系的繁殖情况，客观上形成了基础母系谱记录的缺失。企业如果无法从湖羊的种质源头进行有效管理，就极易造成湖羊品牌的混乱，对企业形成自主品牌有很大的阻碍，也不利于本企业湖羊品牌的良好声誉的建立。

（3）湖羊饲养人员对湖羊销售的响应能力差。在传统湖羊营销模式中，饲养人员只需负责商品种用湖羊的饲料需求，无须对具体的销售单负责，因此饲养人员并不关心湖羊销售实施过程，因而也不会费心在运输前对其进行饲喂。不论何时进行配送，饲养人员往往会从减少自身工作量的角度出发在常规的饲喂时间进行饲喂。

在湖羊的运输过程中，经常会发生由于饲草不足或饮水不足情况，由于运输车辆所带的饲草和饮水有限，如果在配送前湖羊没有得到充足的饲料和饮水，往往会导致湖羊在运输途中死亡或生病，进而影响销售的整体效益。

（4）供需关系是临时的或短时期的合作关系。在传统湖羊营销模式中，湖羊养殖部门与湖羊需求客户之间未形成长期的战略伙伴关系，而是一种临时或短时的合作。湖羊供应和采购双方都不能有效地进行信息共享互存，导致信息不对称，引发相互的不信任，湖羊销售的质量和效率都非常低下。

4. “互联网＋紫丰湖羊电商”优质优价策略

传统的湖羊销售模式不仅无法降低湖羊销售的直接经济成本，而且即使企业支付了高额运输费用，仍无法获取更多的订单和需求商家的及时响应。产品价格高低的竞争实质上是成本高低的较量，传统的营销管理模式已无法适应当前的市场化下的湖羊产业，湖羊养殖企业必须寻求一种新型的优质优价湖羊营销管理模式，有效地降低生产成本，以适应当前的湖羊市场的竞争。

（1）以科学的湖羊养殖技术带动紫丰湖羊优质品牌在客户中的声誉。科学的湖羊养殖技术，它的基本思想是利用行业的最新科研成果，通过实践将其在实践生产中推广应用，从而提高企业的经济效益。目前本企业已经拥有的科学养殖技术主要有：第一，通过采用多种非常规饲料资源如酒糟、木薯粉、豌豆壳和麸皮等廉价饲料资源，根据湖羊各个时期的生理需求，制备特定的颗粒饲料，提高其采食量，饲料利用率，减少饲料浪费，从而减少饲养成本。第二，通过对玉米秸秆、麦秸、油菜秆和豆秸等农作物秸秆的青贮，保存青绿饲料，提高其营养价值，改善农作物秸秆的适口性，在减少废弃的农作物秸秆对环境污染的同时，节约饲料成本，提高企业的经济效益。还有一部分科学养殖方法还在进行小规模的试验中。

紫丰湖羊在销售过程中遇到的一个最大的问题便是很多客户的养殖技术还是比较传统的小规模、粗放式饲养。养殖技术非常落后，所以通过将科学的湖羊养殖技术推广给客户，不仅有利于客户资源的稳定，还有利于企业优质品牌的推广，既降低了广告宣传费用，也能够加快企业的优质品牌在客户群中建立良好的形象，潜在地提高企业的营销效率。

（2）以实时的信息反馈提升湖羊运输的效率。在经济全球化和信息化将世界紧密联结在一起的背景下，企业孤立经营的传统格局正在被打破。随着全球化市场的日趋激烈，以往那种企业与企业之间单打独斗的竞争形式已不复存在，企业与企业、企业与顾客、企业与供应商、企业与其他相关群体的相互作用和相互影响日益密切，取而代之的是以协同商务、协同竞争和双赢原则为基础的商业运作模式下，由客户、供应商、研发中心和服务商等合作伙伴组成的供应链之间的竞争，企业的竞争正进入利益共享的合作竞争的时代。

在新型的供应链环境下，客户与供应商之间合作多于竞争，供应商与客户从一般的短期买卖关系发展成长期合作伙伴关系直至战略协作伙伴关系，双方为达成长远的战略性采购供应计划而共同协商。新型供应链环境使湖羊的销售企业、运输公司和湖羊的需求企业能够有效地进行信息共享互存，销售计划变得透明，从而避免了因信息不对称和相互不信任造成的成本损失，为销售过程中的三方提供便利。

（3）以过硬的售后服务，提升紫丰湖羊的优质品牌效益。目前在湖羊的销售过程中，大部分企业主要关注售后一个月中所售羊群的健康状况，从而完成买卖合同，得到销售所得利润。而关于在全国主要的湖羊种羊市场的售后服务几乎为零，随着越来越多的湖羊养殖公司的成立，以及公司湖羊销售量的年年攀升，填补售后服务的空白势在必行。

对于紫丰湖羊来说，未来湖羊种羊的销售市场主要在新疆，所以有必要形成一个湖羊养殖的技术团队，在新疆地区完成售后服务，指导客户在湖羊养殖过程中克服各种困难，提高其养殖水平，提高紫丰湖羊的口碑，从而提高在新疆市场中的知名度，为攻占新疆市场做铺垫。

（4）利用大数据、物联网等互联网技术优化紫丰湖羊营销方案，提高企业的科技水平。营销的基本思路是将本企业的物资库存压缩到最低，说服供应商增加送货频次，减少每次送货量，并尽量做到随要随到、要什么送什么、要多少送多少。

总之，以科学的湖羊养殖技术带动紫丰湖羊品牌在客户中的声誉，以实时的信息反馈提升湖羊运输的效率，以过硬的售后服务，提升紫丰湖羊的品牌效益，利用大数据、物联网等互联网技术优化紫丰湖羊营销方案，提高企业的科技水平，力图寻找湖羊品牌营销的优化模式。

案例二　“互联网+观赏鱼”优质优价经营案例分析

南浔菱湖明丰特种水产育苗场是一家以特种水产苗种繁育和苗种网络营销为主的水产生产单位，主要经营业务为鱼苗培育、鱼苗销售、技术支持服务。现水产养殖经营总面积1860亩，其中育苗场220多亩。场主徐文明是湖州农民学院“学历 + 技能 + 创业”型农民大学生，育苗场是农民学院的教学实践基地。在农民学院专家的指导下，育苗场的管理和经营日趋规范，推行“以人为本”的管理理念，加强对员工的综合素质培训，尊重员工的个人奋斗，注重团队文化，把育苗场的发展和员工自身的发展紧密地结合起来。徐文明在自己精通网络营销的基础上注重培养员工的网络营销能力，利用现在的互联网和物联网使渔场的产品销售到全国各地，甚至走出国门进入韩国、日本等市场。育苗场年产值500多万元，利润100多万元，2012年被阿里巴巴评为全球成功网商100强。目前，南浔菱湖明丰特种水产育苗场已经成为浙江省级水产优质种苗规模化繁育基地，跟多家水产大学（学院）合作，在全国行业中属知名企业。

1. 传统淡水鱼批量低价生产历史分析

徐文明，浙江绍兴人。1992年嫁到湖州市南浔区菱湖镇，与丈夫一直经营鱼苗和成鱼的买卖，收入一般。1998年，青虾的市场行情非常好，售价达到了150元/斤。徐文明和丈夫决定投入了多年来的生意所得进行青虾养殖。夫妻二人回到徐文明老家绍兴承包了500亩水面，满怀希望开始了以青虾养殖为主新的创业征程。虽然当年青虾市场行情好，但是由于徐文明和丈夫对养殖场管理缺乏经验，青虾养殖技术不过关，青虾质量上不去，加上租金和饲料的成本，整个养殖场资金投入过大，资金链难以维持正常运转，青虾养殖场效益不高，在惨淡经营了7年之后被迫关门，负债最高时达50多万元。徐文明以青虾养殖为主的创业由于各方面的经验不足以失败而告终。

2004年，青虾养殖失败的徐文明和丈夫回到了菱湖镇，凭着好不容易东拼西凑起来的资金，联系老客户重新经营鱼苗和成鱼的转手买卖。2005年，黄颡鱼市场行情看好，达到了20元/斤左右，徐文明和丈夫这次首先在四川朋友处认真学习了黄颡鱼的养殖技术后，低价接手了菱湖本地一个螃蟹养殖亏损户的30亩水塘，开始了小规模的黄颡鱼养殖。在养殖过程中，一有不懂问题，徐文明就电话咨询四川的朋友，或者到网络上查找资料。黄颡鱼养殖效益较好，加上转手买卖收入，2007年，徐文明还清了50多万元的债务，也对未来的发展充满了信心。

2008年，喜欢上网的徐文明注意到了湖州一家“湖州苗种信息网”网站。该网站经常发布一些苗种经营信息，在网站上客户交流和业务交易较多。这让她萌生了通过网络进行产品营销的想法。2008年10月，徐文明在阿里巴巴学习了电子商务的经营理念及运营，并在阿里巴巴注册了“南浔菱湖明丰特种水产育苗场”，主要进行观赏鱼的育苗经营和技术服务。由于企业刚注册，知名度不高，整个2009年春天，在阿里巴巴平台成交了一两笔生意。为了扩大南浔菱湖明丰特种水产育苗场在阿里巴巴的知名度，徐文明在阿里巴巴的“商业论坛”发表一些自己对水产品的市场分析、市场预测的文章，并积极回复他人的文章，成为阿里巴巴论坛里一个比较活跃的用户。同时，徐文明在中国水产网注册成会员，在水产网也积极宣传自己阿里巴巴的注册企业。并且，徐文明在网络上搜索与水产或者农业有关的注册信息，只要是免费的，她就注册，就去宣传。阿里巴巴的南浔菱湖明丰特种水产育苗场企业关注度越来越高。2009年，徐文明还超前地运用起付费企业推广业务“手机搜索引擎网”对企业进行宣传，到2009年6月，阿里巴巴平台上的交易明显多了起来，徐文明自主经营的业务渐有起色，也为以后的转型升级发展打下了坚实的基础。

2. 探索珍稀价高利厚的观赏鱼养殖之路

2011年，湖州农民学院招收畜牧水产专业大学生，徐文明积极报名重新走进了课堂。通过学习，掌握了管理知识和养殖的专业知识。南浔菱湖明丰特种水产育苗场被农民学院认定为大学生实践基地，配备了浙江大学和湖州水产养殖专家给予的指导，结合同行交流学习和网络学习，徐文明在养殖场经营管理和繁育技术方面逐渐成为一名水产养殖和经营能手。

徐文明在大专学习期间，学到了优质优价的经营理论，开始从大众化的批量低价的淡水养殖转到市场上珍稀的价高利厚的金鱼、锦鲤等观赏鱼的繁殖育苗。在浙江大学和湖州水产养殖专家的指导下，通过实践，很快掌握了养殖技术。

为了实施观赏鱼优质优价营销策略，徐文明注意与同行的交流学习，关注网络最新养殖技术，不断充实自己的养殖技术和管理经营。对客户给予认真的技术指导服务。对购买育苗的养殖户进行当面与上门指导。根据阿里巴巴平台和老客户的需求，把成鱼卖到全国各地和韩国、日本等地。技术服务的客户也已基本覆盖全国：北到黑龙江，西到新疆，南至海南，东面包括沿海各省，技术服务内容主要以市场分析和预测、鱼塘规划、养殖技术指导等。南浔菱湖明丰特种水产育苗场在全国行业中已属知名企业，被同行们认可，个人在行业中也做到了人无我有，人有我优。企业在自我飞速发展的同时，也带动了菱湖周边的农民发家致富。2012 年被阿里巴巴评为全球成功网商 100 强。

3. “互联网 + 淡水鱼”优质优价经营的启示

当前湖州地区的淡水产品销售基本上是由水产经纪人代销，整个销售的环节包括：养殖户→小经纪人→大经纪人（销售市场）→一级批发商（外地大型批发市场等）→二级批发商→零售商→消费者。如此，从养殖户到消费者手里经过 6 个环节，以每个环节加价 10% 计算，从养殖户到消费者手里加价将达到 77%。

考虑到淡水鱼养殖品种的生鲜特性及淡水鱼养殖产品的价格大众性因素，在产品销售过程中无法实现点到点的与坚果类产品一样的模式。分析整个销售流程，通过建立电商平台，尽可能优化销售流程，最佳的流程为：养殖户→二级批发商→零售商→消费者。市本级及路程较近范围内可做到养殖户→零售商→消费者。

而要实现最佳流程，其中重点就是养殖户→二级批发商这一环节。这一环节的顺利实现，依托的就是互联网。实现方法：在湖州建立起电商平台，养殖户们将计划销售的水产产品品种、规格、产量、出货时间及预期价格等上传平台，在前期通过电商平台的大力宣传，实现外地二级批发商的主动下单，再由电商平台按照一定的规则拟合养殖户与二级批发商的成交。

这一电商销售实现所需要解决的问题：

（1）农户计划销售产品的上传。作为农村的养殖户们，在电商平台建立的初期，势必存在对电商平台的信任问题，其次是产品上传的技术问题。

（2）二级批发商处的宣传问题。由于二级批发商均处于外地，而且由于在当前的经营中他们主要是去当地的一级批发商处进货，与菱湖地区的经纪人接触也很少，因此，前期的宣传必须付出相当大的人力、物力与精力。

（3）产品配送问题。由于当前菱湖镇水产品外销基本上是依靠大经纪人的销售，各种运输资源与远距离运送技术也均掌握在他们手中，所以实现“互联网+”的销售模式，也必须依托他们来负责运输与配送。这里涉及与他们的沟通问题，包括解决大的经纪人队伍的抵制问题。

案例三　好生态竹炭优质优价营销案例

好生态竹炭有限公司坐落在莫干山脚下，位于杭嘉湖平原的德清县境内，是美丽富饶的沪、宁、杭金三角的中心，东南距杭州30公里，东北距上海180公里，距苏州145公里。好生态竹炭依托杭嘉湖平原丰富的自然资源和全国最大竹子交易集散地的浙北毛竹市场的独特优势，一直以来，都在致力于竹炭资源的开发和利用，从竹炭研究、生产到精加工再到市场扩展，完全实现一体化经营。

“好生态竹炭”是浙江省唯一一家与浙江林业科学研究院合作

研发竹炭产品的企业。企业产品通过ISO 9001国际质量体系认证，系中国竹产品博览会、中国竹藤制品博览会双金奖产品。“好生态竹炭”已经成为竹炭领域的强势品牌，在中华大地的20多个省市发展了具有自主经营权的加盟商，现有生产基地三处，固定竹炭窑50座，月产竹炭100吨，加工厂房5000多平方米，现有员工120人。好生态竹炭目前已开发了原炭系列、汽车用品系列、床上用品系列、日用品系列、工艺品系列、美容美肤系列、机制炭系列、活性炭系列等十大系列200多个品种，产品已销往日本、韩国等地区。

竹炭的生产起始于20世纪90年代中期。随着天然林保护工程的逐步实施，浙江省首先从木炭生产入手，于1996年起逐步禁止采伐天然阔叶林烧炭，并于1999年全面禁止木炭出运，使浙江省从一个木炭（主要是白炭）出口创汇大省变成无炭省，这项措施的施行，对全省的天然阔叶林保护工作发挥了重要的作用。制止木炭生产后，丽水遂昌炭农陈文照等敏锐地抓住了日本市场竹炭制品的开发信息，并于1997年初率先在国内开发出了适合国际市场需求的系列竹炭产品，竹炭生产开发取得成功。随后，丽水的松阳县、衢州的江山、龙泉、绍兴的新昌、湖州的安吉、长兴、德清等地也充分利用当地毛竹资源的优势，开展生产竹炭。浙江省素有竹乡之称，毛竹资源极为丰富，年可采伐竹子1.6亿株，竹炭生产原料极为充足，而且竹子从头到尾全部可烧制成不同规格用途的竹炭产品，可充分利用竹资源。十多年来，竹炭产业发展迅猛，年产量达3000吨以上、产值达4000多万元，竹炭品种开发也不断深入，目前已开发出建筑、环保、保健、工艺、化妆等6大类100多个品种的竹炭产品，浙江省已成为竹炭产业发展的重要生产与贸易基地，并且成为山区林业产业经济发展的新亮点。

1. 借助高科技，提升竹炭质量

竹炭产业在20世纪90年代逐步流行起来，并开始探索该类技术的应用方法。虽然开发时间不是很长，但是发展迅速。特别是前些年由浙江大学、浙江林学院与竹炭生产企业的技术合作，成立了竹炭研究所，通过竹炭研究所的运作、通过专利的产业化，对竹炭深加工技术和工艺进行深入的研究和大规模的提升。经过几年的研发，我国竹炭的开发和生产可以说已经达到了一个新的技术高度，对竹炭产品也做出了相关技术要求。如由张齐生院士、周建斌教授及碧岩竹炭等十余家国内龙头竹炭企业共同起草的《空气净化用竹炭国家标准》已经出台。本标准具有一定的前瞻性，并经充分验证，因而具有较好的可操作性和一定的先进性。该国标的技术指标主要涉及以下六个方面：水分、灰分、固定碳、甲醛吸附、苯吸附、TVOC（可溶性有机物）吸附等。本标准的制定和发布实施，是国内第一个竹炭的国家标准，对竹炭行业的健康发展，对竹炭功能的宣传，都起到巨大的促进作用。同时，促使企业加大技术、检测手段的投入，积极探索保证产品质量符合国家标准的方法，使消费者真正得到实惠并起到保护作用。

2. 科学价格体系管理，确保产品优价

科学价格体系管理的关键是理顺价差体系，管控好产品的价差体系，也就是说，定好层次分明、分配合理的通路价差体系，是产品成功销售的核心，也是确保产品最合适的优价。各个通路要有合理的利润空间，只有这样，产品才能很好地流动。这个逐级分配的利润空间，还要根据当地市场的竞品情况作为参考依据。笔者认为，渠道管理的价格掌控，要牵住价格这个牛鼻子，最好的办法是按“批发价倒扣法”设计通路价差。一般来讲，此种定价方法，是给总经销商一个价、给分销商一个价、给终端零售商也是一个价，各个通路节点上都是一口价，也就是刚性价格，顺价销售。总经销商、分销商利润中心在厂家，也就是靠返利，终端零售商利润中心在自己加价销售，厂家只给建议零售价。特别要强调的是，该产品是以抢占市场份额为前期目标，所以在价差体系中一定要保证终端零售商的毛利率。网络营销的定价也显得十分重要和关键。

五　加快发展湖州市农产品优质优价模式的思考

（一）发挥核心企业产业链整合的主导作用

产业链整合的主导企业是农产品产业链的核心企业，将农户、合作社与其他企业通过某种共同的利益产生的凝聚力而联系起来。在产业链整合中起主导作用的是核心企业，产业链节点上的农户、合作社及其他企业都围绕核心企业开展业务。产业链上其他主体的业务范围和经营政策都要受到核心企业的影响和制约。因此，很大程度上核心企业对整个产业链控制力和影响力决定了产业链运行的好坏以及整个产业链竞争力的强弱。首先，发挥核心企业对农产品质量控制作用。从生产环节开始到销售环节结束的整个产业链运行过程中，都需要核心企业对各个环节的农产品质量进行监控。一般情况下，核心企业首先以签订合同的方式确定质量指标，然后选择在各个环节派驻质量监督员。整个农产品产业链的质量由核心企业控制。其次，发挥核心企业产业链的信息处理作用。来自顾客的需求信息、生产环节的供货信息都会通过不同渠道传递到核心企业，供需信息在此交融，经过核心企业处理后的各类信息再传递到产业链的各个环节的节点企业或合作社等。各个节点企业或合作社接到核心企业传递的信息后按信息指令开展生产、储运、加工等活动。最后，发挥核心企业产业链利益协调作用。追求自身利益最大化是产业链各主体参与产业链的初衷，各产业链主体追求利益最大化难免会产生机会主义行为，此时产业链某些主体的利益就会受到损害。因此，为了公平和公正，核心企业必须承担起协调好各主体利益关系的重任，以保证整条产业链的利益最大化。核心企业通过建立利益协调机制协调各主体间的利益关系，保证产业链稳定运行。

核心企业发挥产业链整合的主导作用就必须在产业链质量控制、信息处理及利益协调等方面起到影响和制约产业链其他主体的作用，发挥核心企业对整个产业链的控制力和影响力。

（二）强化农产品全产业链标准化生产

农产品全产业链标准化生产就是要求在产业链的生产环节、储运环节、加工环节及销售环节都全面实施标准化。在生产环节的标准化主要就是实施生产的“五统一”，即“统一优良品种、统一投入品使用、统一生产操作规程、统一田间管理、统一收割”。标准化生产的前提就是统一品种，如果很多品种混杂在一起就不是标准化生产；投入品主要是指农药、化肥的使用，因为品种统一，所以可以使用同品种农药、化肥；各地自然生态环境不同，所以生产操作规程基本上是根据各地不同的自然条件事先规定好的大致哪个时间进行哪方面的操作。储运环节的标准化主要就是藏时按标准要求注意保鲜的控制、及时通风及农产品在运输过程按照标准规定进行干燥通风、防晒、防雨淋等。加工环节的标准化主要就是按照统一的技术标准进行加工、品级分类及产品包装。采用先进的加工流水线，按照统一的标准进行品级分类及按照事先规定的要求进行统一包装。销售环节的标准化主要就是零售商在卖场按照标准要求注意保持农产品的温度、湿度及通风等，保持恒温恒湿。强化农产品全产业链标准化生产，保证农产品的质量安全。

（三）大力发展“互联网＋农产品电商”营销模式

第一，完善农产品溯源体系及三品一标建设，为电商平台提供更多优质农产品。我们严格按国家相关标准生产优质农产品，制定相关产品标准（如产品大小、糖度含量等），并做好绿色、无公害农产品，名牌、著名商标等认定，续签等工作。完善农产品溯源系统，每个销售农产品包装上贴上溯源二维码，使消费者通过手机扫描清楚地知道种植环境、面积，农业投入品使用，三品一标认证情况等。并充分发挥当地丰富的原生态生产环境和我们的品牌优势为电商平台提供更多优质农产品。

第二，生产基地设施与休闲观光结合，为消费者提供更好的体验环境，建立信任感。建立垂钓休闲渔业、瓜果采摘体验、采摘活动促进线上线下互动，让更多的消费者亲身体验种植环境，通过消费者参与来建立信任感，从而促进农产品的电商信誉提升。

第三，农业智能物联网建设，引领农业生产时尚，吸引更多消费者。为了满足消费者对农产品生产的兴趣及更多的体验，在生产区安装公众摄像头（淡水鱼、西瓜、葡萄、草莓等生产），让消费者随时可通过手机查看作物生长、投入品使用、农事操作、环境温湿度等情况，来吸引更多消费。

第四，完善合作社微信公众服务平台建设，扩大销售。通过企业微信公众服务自媒体，不断发布产品、促销等信息，形成了线上线下微信互动，来扩大销售。

第五，借助电商平台，优化淡水鱼养殖品种营销流程。考虑到淡水鱼养殖品种的生鲜特性及淡水鱼养殖产品的价格大众性因素，在产品销售过程中无法实现点到点的与坚果类产品一样的模式。分析整个销售流程，通过建立电商平台，尽可能优化销售流程，最佳的流程为：养殖户→二级批发商→零售商→消费者。市本级及路程较近范围内可做到养殖户→零售商→消费者。

而要实现最佳流程，其中重点就是养殖户→二级批发商这一环节。这一环节的顺利实现，依托的就是互联网。实现方法：在菱湖镇建立起电商平台，养殖户们将计划销售的水产产品品种、规格、产量、出货时间及预期价格等上传平台，在前期通过电商平台的大力宣传，实现外地二级批发商的主动下单，再由电商平台按照一定的规则撮合养殖户与二级批发商的成交。

（四）政府积极推动农产品市场的培育

近年来，出现越来越多的重金属超标及农药残留超标等质量安全事件，促进了人们对优质农产品需求的快速增长。虽然目前各类农产品市场已经具备一定规模，但其发育还不完善。培育农产品市场，首先，要积极培育农产品市场主体，鼓励一批实力雄厚并拥有知名品牌的企业或企业集团成为农产品批发市场中的骨干，保证批发市场交易的稳定性；此外，积极培育农民合作组织、粮食经纪人等市场主体，进一步活跃农产品市场交易。其次，合理布局农产品批发市场。农产品批发市场是布局应该是从全国范围考虑，目标是建成包括全国性批发市场、区域性批发市场、城乡批发交易市场的多层次的农产品批发市场体系。最后，创造良好的外部环境和条件。农产品市场发育是一个自发的过程，如果缺少外部环境和条件支持，那么其成长过程将会非常缓慢而且可能会充满震荡和反复。所以，农产品的市场培育需要创造良好的外部环境和条件，为农产品市场发展提供政策、制度及法律等支持。在市场经济条件下，政府的宏观调控是农产品市场化发展的重要条件，政府要从生产、储运、贸易等领域进行多方面、多层次的干预，如政府对生产优质稻种的种业企业进行奖励；为农产品种植农户提供优质生产补贴、无息或低息贷款；为农产品储运企业发放特殊运输补贴等；专门设立出口农产品标准化生产基地，加快出口农产品；进行国际质量认证等。

（五）提升农产品产业链中核心企业的营销能力

营销能力是指营销者为实现营销目标促成企业价值和消费者价值双重实现的系统的内在支撑能力，主要包括企业的营销策略策划能力、开发适新产品的能力、推销能力、促销能力、渠道分销能力、客户服务能力等。营销能力在企业能力体系中居于核心地位，起着统领作用，是企业能力的核心部分。对于核心企业主导的产业链来说，核心企业的市场营销能力决定着整个产业链的竞争力。拥有强大的营销能力的核心企业能把握需求走向，有强大的促销能力，能实现农产品价值增值。拥有强大的营销能力的核心企业对产业链上其他企业、合作社及农户起到引领带动作用。由于农产品产业链属于需求型产业链，产业链的关键环节就是销售环节。核心企业集中优势资源主导农产品产业链的销售环节，要求核心企业必须具备一定的营销能力。提升农产品的营销能力不仅仅是对核心企业提出的基本要求，也是对政府有关部门提出的要求。政府有责任为企业创造条件开展农产品营销活动，如在开拓省外、国外市场时，政府要出面参与洽谈开办展销会等活动，同时出资进行广告宣传。

（六）建立系统共赢的产业链利益协调机制

产业链的稳定发展就是企业、合作社、农户等经济主体结成长期战略联盟，产业链的稳定取决于企业、合作社、农户等经济主体间的利益平衡。所以，建立产业链利益协调机制显得尤为重要。产业链利益协调机制即企业与农户之间的利益分配关系。建立产业链利益协调机制，首先，要加快农产品产业链信息管理系统建设。信息共享是农产品产业链利益协调管理的关键。如果整个产业链各节点都是信息孤岛，那么各节点组织的经济活动就变得彼此孤立，有时互相侵犯彼此利益而不自知。特别是农产品的生产大多分散在千家万户，如果没有信息共享，农产品的供求信息经常滞后且不准确。只有掌握了充足有效的有关生产资料价格信息及农产品需求及价格信息，农户才能自愿融入产业链中来，才能按照市场需求生产农产品，才有可能达到供求的均衡点。只有掌握了充足有效的有关农产品供给与需求信息，企业才有可能根据供给与需求信息进行定价，农产品才能实现优价。加快农产品产业链信息化建设，能够更有效地协调产业链各节点组织的生产，避免不必要的利益冲突。其次，建立公平合理的利益分配原则。经济利益是调动产业链条上各方积极性，促进农产品产业链平稳运行的关键。核心企业主导的农产品产业链的利润分配要尽力遵循公平合理的原则，这是产业链利益协调的核心。产业链上的核心企业要根据市场行情以合同的形式与农户订立最低保护价格，市场价格高于保护价时按市场价格结算，市场价格低于保护价时按保护价格结算，使得处于弱势地位的农户对未来的合作产生信心，保证产业链稳定的原料来源。此外，产业链上企业、合作社及农户共同参与某些重大决策，增加合作社及农户的话语权，是保障利益分配公平合理的有效手段。最后，构建公平合理的利益返还机制。产业链的公平合理的利益返还机制是产业链条稳定的基础。核心企业通过对加工、销售环节的把控获得了农产品增值利益的绝大部分，企业应该将价值增值中的一部分返还给为其提供优质农产品的农户，让农户也分享到农产品的价值增值。产业链核心企业获得稳定优质产品、农户成为优质农产品生产车间，实现共赢。

（七）营造良好的农产品产业发展的外部环境

目前农产品市场发育还不完全，需要政府营造良好的农产品产业发展的外部环境，主要包括政策环境、制度环境及社会环境等。首先，营造良好的农产品产业发展政策环境。在农产品生产、加工、贸易等方面加大政策扶持力度。例如，加大对农产品生产的补贴力度，对生产农产品的农户单独设立优质补贴；加大对种粮大户、家庭农场、专业合作社、大型农产品加工企业、农资龙头企业、粮食物流企业及农产品营销企业的金融扶持力度；为促进农产品出口，应出台一系列政策措施促进农产品出口贸易。其次，创新农产品产业制度，营造良好的制度环境。建立农产品质量标准体系，根据农产品生产的实际情况制定出自己的标准体系。在制定标准的过程中要积极采用国际标准，对国际标准中的环境保护标准、安全卫生标准及贸易需要的标准应当先行采用。建立新型农业社会化服务体系。健全乡镇或区域性农业技术推广、植物疫病防控、农产品质量监管等公共服务机构和村级站点。支持农民专业合作社、专业技术协会、龙头企业、专业服务公司、农民经纪人等提供多种形式的服务。建立健全农产品加工行业的准入制度。严格控制农产品加工经营企业审批和农民合作社注册登记工作。清理规范现有农产品加工企业，重新制定“农产品加工生产许可”标准，对现有企业重新进行生产资格评定。建立健全农产品质量追溯体系。农产品质量追溯体系建设的首要任务就是加快建立农产品质量安全追溯信息平台。全面实施农产品生产记录和产地证明工作，健全农产品质量检测监测体系。最后，营造良好的农产品产业发展的社会环境，如抓紧时间进行相关法律法规的制定，营造良好的法律环境及加大对农产品文化的宣传力度，营造良好的文化环境。

湖州农村电商发展现状及影响因素分析

刘金荣*

一 引言

2014 年中央“一号文件”明确提出：“启动农村流通设施和农产品批发市场信息化提升工程，加强农产品电子商务平台建设”。2015 年商务部等部门在 306 号文件中出台了关于加快发展农村电子商务的若干意见。《浙江省农村电子商务工作实施方案》（浙政办发〔2014〕117 号）也为浙江省进一步发挥电子商务对于破解“三农”问题、推动农村经济新一轮发展提供了有力的政策保障。随着我国网购市场规模突破 1 万亿元后，城市网购市场增速日渐放缓，阿里巴巴、京东等电商巨头都马不停蹄地布局农村电商这片蓝海。阿里巴巴制订了“千县万村”战略计划，未来三至五年内将投资 100 亿元建立 1000 个县级运营中心和 10 万个村级服务站“村淘”。而京东 2015 年“电商下乡”的目标是新开 500 家县级服务中心、招募数万名乡村推广员、新开业 1000 家左右的“京东帮”服务店。2016 年京东继续农村电商下沉战略。在这样的时代背景和发展机遇

* 刘金荣，在读博士，讲师，湖州师范学院商学院。

下，研究湖州农村发展的影响因素，对进一步深化湖州农村改革、推进湖州农业现代化也具有重要的现实意义。

二　湖州农村电子商务发展现状

湖州地处长三角中心区域，是沪、杭、宁三大城市的共同腹地，是连接长三角南北两翼和东中部地区的节点城市，拥有全国一流的铁路、公路、内河水运中转港，交通便利、区位优势明显。湖州包括长兴、安吉和德清三县以及吴兴和南浔两区，经济发展比较快、生态保持比较好、城乡发展比较协调。德清的珍珠、围巾、龟鳖、户外用品，长兴的吊瓜子、茶叶、苗木，安吉的椅业、白茶、竹制品，吴兴的童装、果蔬，南浔的地板、湖笔等产业纷纷涉足电子商务领域。目前，湖州市206家市级以上农业龙头企业中有40家开展了电子商务，其中，2005年开始网上电子购票业务的安吉竹博园是湖州第一家发展电子商务的农业龙头企业。湖州近30个景点在“乐途旅游网”上营销、安吉26家农家乐组团在天猫开设旗舰店（民宿帮）、老娘舅试行“淘点点”等。

湖州已建成20个农村电商平台，有淘宝网特色馆、1号店特产馆等统一对当地的农产品、特色产品、工艺品、旅游服务等开展网络营销的地区平台；有吴兴鲜绿多农产品配送平台、南浔E桌美味、安吉白茶网、长兴花木城官方微网站等自建农产品网络销售平台；还有德清易妆网、安吉千竹坊等自建农产品加工品网络销售平台；另有96345、德团网、长兴帮、智慧安吉等服务于农村生活的电商平台以及德清游游网等服务于本地旅游产业的信息平台。湖州已建成省商务厅认定的村级电子商务服务点376个，德清的“丰收驿站”、安吉的“美丽e家”等自主村级电子商务服务点30余个。

《浙江淘宝村研究报告（2015）》显示，截至2014年12月，全国已发现淘宝村数量增至211个，浙江有62个淘宝村，排名第一，其中包括湖州的3个淘宝村，即吴兴区织里镇大河村、河西村和秦家港村，大河村是省级电子商务示范村。2015年1月底，德清县政府与阿里巴巴签订了“千县万村”计划合作协议，成为浙江的第四个试点县。8月底，长兴县与阿里巴巴合作实施“农村淘宝”项目。

三　农村电子商务发展影响因素研究综述和指标选取

（一）研究综述

近年来，我国农村电子商务发展影响因素的文献研究较多，既有全国的共性研究也有地域性的个案研究。

全国共性研究有：侯晴霏、潘春来、王小明（2011）等认为，城乡结合的农村消费市场已经成为电子商务发展的新市场，但是由于基础设施薄弱、区域分散、物流发展缓慢、消费习惯等各种因素导致农村电子商务的发展较为缓慢。[①] 周海琴、张才明（2012）提出农村电子商务发展关键驱动要素包括核心要素和外围要素两部分，核心要素包括农村电子商务领头羊的人物和当地农民的本身内生力量；外围要素包括农村电子商务硬件（电、网、地）要素、电子商务平台（信息、财、物和信用）要素、农村电子商务买方需求与卖方资源要素、农村社会政治环境和人员环境要素等。[②] 何德华、韩晓宇、李优柱等（2014）提出，影响农村生鲜农产品电子商务发展的主要因素包括农产品的质量与安全、电子商务平台的建设、农

① 侯晴霏、潘春来、王小明：《农村电子商务实现之关键因素》，《农业网络信息》2011年第4期。

② 周海琴、张才明：《我国农村电子商务发展关键要素分析》，《中国信息界》2012年第1期。

产品的运输与物流服务等方面。[①] 王盛（2015）提出在县域电子商务发展过程中，需要建设一个区域电子商务公共服务中心来协调政府、平台、网商、供应商四方资源，提供包括基础公共服务（培训教育、孵化支撑等）、经济公共服务（营销推广、地标树立等）、社会公共服务（解决就业、城乡统筹等）、公共安全服务（食品卫生安全、网络公共安全等）等在内的公共服务和诸如代买代卖、包装设计、文案写作、代运营等电子商务市场增值服务，充分利用人、货、场的延伸，打造教育培训、孵化支撑、平台建设、营销推广四大体系。[②]

地域性的个案研究有：石鲁达、张晓梅（2013）提出交易主体对农产品电子商务的认知、农产品的品牌化程度、交易主体的信息化水平、电子商务交易的安全程度、交易平台的知名度、农产品的标准化程度等因素对发展黑龙江省农产品电子商务的影响较为显著。[③] 黄超（2014）以襄阳地区为例，找到影响农村电子商务发展的主要制约因素表现为农民对农村电子商务的了解程度低、对于网上购物的安全性担忧、农产品的质量安全问题、物流的发展缓慢等。[④] 李廷华（2015）分析了制约河南省农产品电子商务发展的因素主要有农民观念落后、电子商务基础设施薄弱、农村电子商务人才缺乏、物流发展缓慢四大方面。[⑤] 宁玮锋、严可建、章俊晨（2014）提出制约浙江省欠发达地区农产品电子商务发展的因素主要有电子商务认知度不高、物流成本高、运输时间长、产品

---

① 何德华、韩晓宇、李优柱等：《生鲜农产品电子商务消费者购买意愿研究》，《西北农林科技大学学报》2014 年第 4 期。

② 王盛：《电子商务进农村的几点建议》，《农产品市场周刊》2015 年第 1 期。

③ 石鲁达、张晓梅：《黑龙江省电子商务发展影响因素分析》，《黑龙江农业科学》2013 年第 8 期。

④ 黄超：《农村电子商务发展需求现状及其制约因素的研究——来自襄阳地区的调研分析》，《企业科技与发展》2014 年第 3 期。

⑤ 李廷华：《制约河南省农产品电子商务发展的因素及对策》，《河南农业》2015 年第 4 期。

质量不稳定。[①] 黄京文、王晴（2014）通过对浙江遂昌模式的研究提出山区电子商务发展要深入结合本地特色资源、加强基础建设、推动特色产品品质保障建设和正确的政策扶持。[②] 张晓良（2012）提出，农村网络基础设施薄弱、上网成本高、网络知识匮乏、物流配送发展滞后等是制约湖州农村电子商务发展的不利因素。[③] 张晨岳、冯森莲（2014）提出影响德清县电子商务发展的不利因素主要有创业者自身素质不高、认识不到位、货源渠道狭窄、成本高、知名度低、人才匮乏、包装宣传缺乏、服务平台缺乏、政策不健全等。[④]

以上研究对本文指标选取有重要的借鉴意义，但是对于素有“丝绸之府、鱼米之乡、竹茶之地”美誉的湖州农村电商发展的研究涉及较少，分析影响湖州农村电商发展的影响因素对全力推进湖州国家现代农业示范区建设具有一定的积极作用。

（二）影响湖州农村电商发展的指标选取

在以上文献梳理的基础上，结合与农企、农户的访谈调查，本文选取了影响湖州农村电商发展的31个指标变量：农村网络通信设施V1、村民拥有上网设备V2、农村道路交通V3、村民网络意识V4、村民教育程度V5、农村劳动力V6、电子商务教育培训V7、电子商务人才下乡V8、物流运输成本V9、物流包装存储技术V10、上门收发货V11、物流运输时间V12、农产品地方特色V13、农产品品质V14、农产品安全V15、农产品易于包装和存储V16、农产

① 宁玮锋、严可建、章俊晨：《常山县农产品电子商务现状调查及发展对策》，《浙江农业科学》2014年第7期。

② 黄京文、王晴：《遂昌模式研究——基于山区经济与电子商务结合模式角度》，《中国商贸》2014年第9期。

③ 张晓良：《湖州农村电子商务发展现状与对策研究》，《湖州职业技术学院学报》2012年第10期。

④ 张晨岳、冯森莲：《县域电子商务发展现状分析及对策建议——以浙江省德清县为例》，《经济研究导刊》2014年第10期。

品品牌知名度 V17、农产品标准化程度 V18、本地化销售 V19、网购市场潜力 V20、农产品性价比 V21、知名第三方电子商务平台 V22、专业的农产品销售网站 V23、微博 V24、微信 V25、已成功者 V26、电子商务运营公司 V27、地方政府 V28、行业协会 V29、村委会 V30、大学生村官 V31。

四 实证分析

（一）调查方法及样本构成

本文的调查问卷有两个部分，第一部分是基本信息，包括调查对象的性别、年龄、教育程度、职业；第二部分是测量被调查者对影响湖州农村电子商务发展的因素的 31 个问卷选项，采用的是李克特 5 级量表记分，用 1、2、3、4、5 分别表示重要程度方面的“很不重要”“不太重要”“重要”“比较重要”和“很重要”，让被调查者根据自己的经验做出判断。

调查样本的来源，主要是采取当面纸质问卷和网络电子问卷调查相结合的形式，共有 682 份问卷回收，其中淘汰无效问卷 32 份，最终获得有效问卷有 650 份，有效回收率达到 95.31%。在获得的有效问卷中，男性占 42.31%，女性占 57.69%；在年龄方面，18 岁以下的占 1.54%，19—30 岁的占 63.85%，31—40 岁的占 15.38%，41—50 岁的占 16.15%，50 岁以上的占 3.08%；在受教育程度方面，小学及以下占 1.54%，初高中占 10.77%，大学占 83.08%，研究生占 4.62%；在职业方面，企业职员占 21.54%，公务员或事业单位员工占 6.15%，全日制学生占 49.23%，其他（包括农民、下岗工人、个体户）占 23.08%。

（二）数据分析

1. 信度、效度分析

调查问卷的信度是指问卷调查结果具有的同等性或稳定性的程度。在这次研究中使用非常普遍的 Cronbach's α 一致性系数来检验问卷的信度，α 值越大表明题目之间相关度越大，更加能够相信内部的稳定性。α 大于 0.8 则内部稳定性非常好，α 在 0.6—0.8 则稳定性比较好，而 0.5—0.6 只能勉强通过稳定性检验。在因子分析中，旋转后的成分矩阵表中的 6 个因子里面，第 4 个因子只包含一个因子 V20、第 5 个因子只包含一个变量 V25，第 6 个因子只包含 2 个变量 V26 和 V21，包含的变量不多，因此剔除这四个因子，最终 31 个原始变量还剩下 27 个，重新进行因子分析发现，信度、效度也得到了提升。本研究可靠性统计量为 0.962，因此内部稳定性非常好，通过了信度检测。

在效度分析时，采用 KMO 测度和 Bartlett 球形检验。KMO 是 Kaiser - Mayer - Olkin 的取样适当性量数，KMO 测度的值越高（接近 1.0 时），表明变量间的共同因子越多。本文 KMO 值为 0.932，表示非常适合进行因素分析。Bartlett 球形检验的目的是检验相关矩阵是否是单位矩阵。一般来说，显著水平值越小（<0.05）表明原始变量之间越可能存在有意义的关系，这里显著性概率为 0.000 < 0.01，达到了显著性水平，即相关矩阵不是单位矩阵，代表母群体的相关矩阵间有共同因素存在，适合进行因素分析。

2. 主成分确定

在总方差的解释中，系统默认方差大于 1 的为主成分，因此，确定如表 1 所示的前 4 个成分作为主成分，前 4 个成分累加和到了 70.428%，能解释绝大部分指标变量。

3. 主成分表达式

如表 2 所示（系数低于 0.485 不显示），经过 7 次迭代后的主成分载荷矩阵的各个系数尽量向 1 或 0 靠拢，系数两极化，使各个因子有了更清晰的解释，通过该矩阵可以给各因子命名。

表 1　　解释的总方差

成分	初始特征值			提取平方和载入			旋转平方和载入		
	合计	方差的%	累积%	合计	方差的%	累积%	合计	方差的%	累积%
1	14.010	51.889	51.889	14.010	51.889	51.889	6.339	23.477	23.477
2	2.700	10.001	61.889	2.700	10.001	61.889	4.758	17.621	41.099
3	1.224	4.535	66.424	1.224	4.535	66.424	4.456	16.505	57.604
4	1.081	4.004	70.428	1.081	4.004	70.428	3.462	12.824	70.428

表 2　　旋转成分矩阵

成分	1	2	3	4	成分	1	2	3	4
Var30	0.845				Var3		0.832		
Var27	0.789				Var4		0.803		
Var24	0.766				Var1		0.802		
Var31	0.759				Var2		0.780		
Var8	0.735				Var5		0.695		
Var28	0.694				Var9			0.736	
Var29	0.679				Var11			0.674	
Var6	0.654				Var10			0.671	
Var22	0.631				Var12			0.554	
Var23	0.604				Var19				0.736
Var18	0.562				Var13				0.732
Var7	0.527				Var14				0.590
Var17	0.485				Var15				0.579
					Var16				0.560

注：提取方法为主成分分析法，旋转法采用具有 Kaiser 标准化的正交旋转法，旋转在 7 次迭代后收敛。

相应地，4 个主成分表达式分别为：

$F_1 = 0.845 \times Var30 + 0.789 \times Var27 + 0.766 \times Var24 + 0.759 \times$

$$Var31 + 0.735 \times Var8 + 0.694 \times Var28 + 0.679 \times Var29 + 0.654 \times Var6 + 0.631 \times Var22 + 0.604 \times Var23 + 0.562 \times Var18 + 0.527 \times Var7 + 0.485 \times V17 \quad (1)$$

$$F_2 = 0.832 \times Var3 + 0.803 \times Var4 + 0.802 \times Var1 + 0.780 \times Var2 + 0.695 \times Var5 \quad (2)$$

$$F_3 = 0.736 \times Var9 + 0.674 \times Var11 + 0.671 \times Var10 + 0.554 \times Var12 \quad (3)$$

$$F_4 = 0.736 \times Var19 + 0.732 \times Var13 + 0.590 \times Var14 + 0.579 \times Var15 + 0.560 \times Var16 \quad (4)$$

4. 主成分命名

在表达式（1）中，影响较大的农村电商发展的因素主要有村委会、电子商务运营公司、微博、大学生村官、电子商务人才下乡，地方政府、行业协会、农村劳动力、知名第三方电子商务平台的影响程度次之，影响稍弱的因素是专业的农产品销售网站、农产品标准化程度、电子商务教育培训、农产品品牌知名度等，显然这13个影响因素反映了由地方机构主导的包括村委会、网商、大学生村官、地方政府、行业协会和平台商等在内的各相关主体共同协作，提供湖州农村电商发展所需的人才培训、产品标准化和品牌打造等公共服务，因此，主成分 F_1 可以命名为“公共服务”。

在表达式（2）中，影响较大的因素主要有农村道路交通、村民网络意识、农村网络通信设施、村民拥有上网设备，而村民教育程度这个因素影响稍弱，这5个因素为农村开展电子商务必备的交通、通信、网络设备等基础设施及有一定网络意识和教育程度的基本条件，因此，主成分 F_2 可以命名为“基础要素”。

在表达式（3）中，影响较大的因素是物流运输成本，其次是上门收发货和物流包装存储技术，较弱的是物流运输时间，这4个因素是跟农村物流成本、便利性、物流技术和配送效率有关的指标，因此，主成分 F_3 可以命名为“物流体系”。

在表达式（4）中，影响较大的因素是本地化销售和农产品地方特色，影响较弱的是农产品品质、农产品安全和农产品易于包装存储等因素，这5个变量反映了网上销售的农产品更适宜本地化销售和有地方特色，另外品质高、安全可溯源以及易于运输也是农产品更适宜在网上销售的要素，它们都是网上适销农产品应该具备的特征，因此，主成分 F_4 可以命名为“适宜网货”。

（三）主要结论

1. 地方政府在农村电商发展中起着主导作用

当前，湖州开展农村电商的主体是农企、合作社或农业大户，还存在自发、无序、无规划、各自为政的问题。政府对农村电商的政策支持力度小且行动滞后，在培育新型农业主体，推动农村经济发展进程中处于被动地位，亟须根据国家农村电商发展规划和意见，转变角色定位，真正发挥主导作用，通过系列政策和举措吸引农民工和新生代农民回乡创业就业，提高农村居民的就业率以及农村社会结构的迅速更新，进而提高农村的经济竞争力，逐步实现城乡经济的平衡发展。

2. 基础设施是发展农村电商的基本条件

湖州除了淘宝镇（村）和农企、农业大户外，普通农民尤其是年龄在50岁以上的农民，电商意识不高。而且农村宽带铺设率低，移动电信农村网络资费又高，农村公路道路建设还差“最后一公里”，村民主要靠集体收购和口口相传销售农产品，不了解网络销售渠道或者了解但不明确具体操作程序，有时会出现盲目跟风而大量种植同类产品导致产量太多，收购价太低而找不到销路的现象。只有移动智能设备、公路、网络和电商意识都具备的条件下，发展农村电商才有可能。

3. 物流配送是发展农村电商的必要条件

如果不能把产品保质保量地、快速地，甚至是低成本地送到消费者手中，再好的农产品，再现代化的管理理念，再新颖的营销模式，都只是纸上谈兵。充分发挥现有公交、客运、邮政、农用车等运输设备和路线，开发新型配送模式，学习现代农产品包装、存储、运输、物流技术，将农产品尤其是生鲜类农产品经过高速、便利、安全的村村通运输网络配送到消费者家里才是实现农村电商的根本。

4. 好产品是发展农村电商的先决条件

优质、独特、口感好、安全、标准的良心农产品才能在网络上打开销路，这不仅需要不断挖掘新的农产品，还要不断改进创新现有农产品，比如安吉山核桃、碧根果等坚果曾经占据线上线下主导市场，但因多年一成不变，网络市场逐渐被后起之秀的新疆纸皮核桃和口感更佳的炒核桃占领，淘宝特色馆里湖州 4.1 万种特色产品中仅有几个到几十个的销量，而其他地区的同类产品配合农场直供、果园合伙人等新模式，网上销量非常大。因此，不断创新，生产好的产品是发展农村电商的先决条件。

五　湖州农村电子商务发展建议

（一）提供一体化公共服务

湖州市、区县做好发展农村电商的规划方案，整合布局各地优势资源，组建村委会和大学生村官等主导的区域性农村电商服务性组织，搭建农产品商圈交流平台，连接知名电商平台和服务机构，为农村电商发展提供咨询、培训、技术支持、网店建设、品牌培育、营销推广、代理运营等专业化服务，帮助村民利用现有电商交易平台更好地解决买卖问题。

（二）完善农村基础设施建设

加快各乡、镇、村的网路、公路等基础设施建设，出台电脑和手机等上网设备购买优惠政策，完善电信移动普遍服务补偿机制，推动宽带网络提速降费，并通过大力宣传和教育培训，提升村民网络和电商意识，为农民自销、分销、代销及自购、代购等买卖业务的开展奠定物质基础。

（三）构建多元乡村物流配送体系

加强交通运输、商贸流通、农业、邮政等各部门及电商、快递等各相关农村物流服务网络和设施的共享衔接，逐步完善乡、镇、村三级物流节点基础设施网络，通过在乡村超市和小卖店设置自提点、利用客运车随车配送、建立针对各大物流公司服务的综合服务点、加强与邮政公司的合作，利用邮政庞大的邮递网络提供直接送达服务等多元物流配送体系，通过不断降低物流运输成本和提高农村物流配送普及率与配送能力，为农村电商发展提供必备的物流支撑。

（四）打造适宜网销的好网货

湖州有十大主导农业产业和100多余种名特优农产品，其中丝绸、太湖三白、安吉白茶和山核桃、湖羊、休闲观光游等均为有地方特色、高品质的好产品，将这些好产品经过从销售区域规划、产品描述、照片拍摄、文案撰写、物流包装存储等不同阶段进行数据化的过程转换为好网货，才能更符合网络消费群体的喜好。

湖州市种植型家庭农场绩效评价及影响因素研究

李志刚*

一 引言

农业生产的适度规模经营是现代农业生产的特征之一。有别于传统家庭农业的家庭农场是一种重要的现代农业微观经济组织，被认为是迄今为止最有效率的农业生产经营方式。2013 年中央一号文件将其确立为我国新的农村经营主体后，各地家庭农场迅猛发展。截至 2015 年年底，湖州市共有经工商注册登记的家庭农场 1010 家，其中省级示范性家庭农场 71 家，市级示范性家庭农场 121 家。家庭农场经营土地面积 10.2 万亩，年销售农产品总值 6.82 亿元，经营项目涵盖粮油、水产、果蔬、畜牧等农业主导产业。本文通过调研获取第一手资料，利用 DEA－Tobit 模型，客观分析湖州市种植型家庭农场的经营绩效，进而分析影响经营绩效的因素，以期提出相应的政策建议。

---

* 李志刚，硕士，讲师，湖州师范学院商学院。

二　调查数据的来源和样本统计描述

为了获取湖州市种植型家庭农场的相关数据资料，在先期获取了家庭农场基本资料的条件下，本项目成员按照注册资本的规模随机抽取45家家庭农场，利用假期发放调查问卷，对农户2015年投入产出情况和农业生产经营情况进行调查，涉及水稻、蔬菜、油菜、葡萄、草莓等粮油、果蔬类的生产经营。

从抽样调查的统计数据看，被调查的家庭农场注册资本平均为22.62万元，农场主平均年龄为47.93岁，绝大部分为40—60岁，35岁以下年轻农场主只有1人；平均受教育的年限为8.26年（农户接受继续教育的年限也计算在内）。大部分为初中、高中文化程度，其中高中文化程度12人，大专以上文化程度有3人，分别占26.67%和6.67%；农地经营规模平均为106.07亩，样本间差距较大，规模较大的主要为水稻种植，而草莓、葡萄等行业因为不方便利用农机设备，劳动力投入较多，因而规模相对较小。另外，有近一半的家庭农场有家庭成员从事非农产业。家庭农场户的具体特征如表1所示。

表1　　被调查家庭农场户基本特征

项目	单位	平均值	最大值	最小值	标准差
年龄	岁	47.93	62	35	6.08
受教育年限	年	8.26	14	5	2.17
经营农地规模	亩	106.07	540	9.8	127.89
注册资本	万元	22.62	100	2	20.01

三　家庭农场经营绩效指标选取及分析

（一）家庭农场投入和产出指标的选取

对于企业的经营绩效评估，目前较为常用的方法主要为随机边界法（Stochastic Frontier Approach，SFA）以及数据包络分析法（Data Envelopment Analysis，DEA），数据包络分析法因较为适合多投入、多产出的绩效分析而被广泛应用，其基本思想是将所分析的决策单位（DMU）的投入和产出投射到空间中，找出产出最高或者投入最低、最具经营效率的决策单位，其余不在该效率前沿的则被称为无效率的决策单位。

家庭农场是一个典型的决策单位。其农业生产经营过程中的投入主要为土地、资本、劳动力等生产要素。相应地，土地投入指标可以用家庭农场的生产经营的土地面积表示（含租赁等途径获得的土地）；资本投入指标用年生产经营所花费的费用表示，主要包括种苗、化肥、农药等费用以及农机设备的购置费用（按经济年限折旧分摊）；劳动的投入指标用雇工的投入表示，因家庭农场对雇工的需求呈季节性，且数量变化较大，雇工投入的具体工时量较难获取，因此本文用雇佣劳动力的费用作为家庭农场劳动的投入。与养殖型家庭农场不同的是，种植型家庭农场的产出周期较短，一般为当年投入当年产出，因此，本文将家庭农场的经营收入作为产出指标，当年未销售出的实物则按照2015年的价格进行折算。依照DEA经验法则“即决策单元的个数至少为投入与产出指标个数之和的二倍”[①]，本文利用45家家庭农场的调研数据符合分析要求。

① 高雪萍、檀竹平：《基于DEA－Tobit模型粮食主产区家庭农场经营效率及其影响因素分析》，《农林经济管理学报》2015年第6期。

表 2　　湖州市种植型家庭农场经营绩效选取指标

类型		指标描述	具体指标	单位
投入	土地要素	生产经营过程中的土地要素的投入	经营的土地面积（含租赁等途径获得的土地）	亩
	资本要素	年生产经营所花费的费用	种苗、化肥、农药等费用及农机设备的购置费（按经济年限折旧分摊）	元
	劳动力要素	雇工的投入	雇佣劳动力的费用	元
产出	经营收入	所有经营所得	销售收入、实物折算收入	元

（二）家庭农场经营绩效的分析

按照上述分析，家庭农场是多投入单产出的决策单位，因此本文使用变动规模报酬下的投入导向 DEA 模型，即 BCC 模型进行分析。依照调查所获取的数据，利用 DEAP 2.1 软件得出湖州市种植型家庭农场生产经营的综合效率、技术效率和规模效率，其结果见表 3。

表 3　　种植型家庭农场的经营效率

效率区间（m）	综合效率			纯技术效率			规模效率		
	平均值	个数	比例（%）	平均值	个数	比例（%）	平均值	个数	比例（%）
0.6≤m<0.8	0.748	8	17.78	0.786	11	24.44		0	0
0.8≤m<0.99	0.868	28	62.22	0.905	21	46.67	0.956	26	57.78
0.99<m≤1	1.000	9	20.00	1.000	13	28.89	1.000	19	42.22
平均值	0.875			0.896			0.977		

注：综合效率 = 纯技术效率 × 规模效率。

从经营效率分析的结果可知：

1. 种植型家庭农场的综合效率平均水平较高，但样本间差异较明显

从DEA测算的结果来看，45家种植型家庭农场的总体综合效率较高，平均值达到0.875，说明与最具有经营效率的家庭农场相比，其他家庭农场经营效率存在差距，但无效率程度总体比较轻。其中有7家农场的综合效率、纯技术效率和规模效率值均为1，占样本数量的15.67%。原因主要在于：第一，湖州市农业基础好，近年来更是大力扶持家庭农场的发展，多年来与浙江大学、省农科院等科研院校有稳定的农业合作，为农户提供智力支持；同时创新农地流转方式，便于家庭农场连片规模化经营。第二，区域内种植型家庭农场在政府的政策帮扶、生产要素供给价格以及产品销售市场等方面具有高度的等同性，投入产出差异小。

但是有4家家庭农场的综合效率在0.7以下，最小值为0.661，存在中等程度的无效率，占样本数的8.89%。主要出现在种植葡萄、草莓等劳动力投入较多，产品储藏和深加工程度不高、产品市场价格起伏大，销售渠道掌握在经纪人手中的家庭农场。

2. 从综合效率的分解来看，规模效率明显，但纯技术效率相对偏低

规模效率反映家庭农场经营规模化、集约化的重要指标。样本农场的规模效率平均值达到0.977，接近1，说明家庭农场经营已经接近最优规模；有42.22%的家庭农场规模经营非常有效，只有不到58%的家庭农场规模经营处于轻微无效率状态。为了培育新型农业经营主体，湖州市在土地流转制度上进行创新，积极推行土地托管、成片（村）流转、“米票”等新模式，农地流转率达到53%[①]，为推进适度规模经营发挥了重要作用。

---

① 朱晔、忻媛：《湖州现代农业家底有多厚》，《湖州晚报》2016年11月16日第A02版。

与较高的规模效率相比，家庭农场的纯技术效率值相对较低，只有0.896，有11家纯技术效率值在0.6—0.8，反映农场主生产技术和管理水平相对偏弱。调研中发现，尽管有科研院校的技术支持，农户在生产中都接受过诸如育种、病虫害防护等生产培训，但在经营管理、市场信息的掌握分析等方面还有不足，反映了农场主的生产经营管理能力还是偏弱。在调查问卷中关于“在生产经营中觉得存在的主要困难”选项中，有42位农场主认为“在生产经营过程中存在技术和管理困难，但是没有合适的培训方式”，占样本数的93%。

四　影响家庭农场经营绩效影响因素的分析

（一）变量的选择和说明

为了分析影响种植型家庭农场经营绩效的影响因素，本文以家庭农场综合效率值作为因变量，影响经营绩效的各因素作为自变量进行Tobit回归模型分析。

根据种植型家庭农场的特点和学者们以往大量的研究，本研究报告将影响家庭农场经营绩效的内外部因素分为三类：（1）家庭农场主特征类变量。已有的研究表明：家庭农场主的特征变量会对农户的经营绩效产生影响。具体将反映农户特征的变量确定为：农户的年龄、受教育程度、家庭是否有人从事非农产业及家庭农场年收入占家庭年总收入的比重四个方面。（2）家庭农场生产经营技术类变量。主要通过家庭农场的注册资本量、产品销售市场行情的了解程度、产品销售困难程度、是否接受过生产技术和管理培训、家庭农场中是否有农业生产专业管理人员和专业技术人员五个指标。在调研中发现，生产资料市场是一个典型的“熟人市场”，45家家庭农场的生产资料都是在固定商户处购买，并且购买前对生产资料行情非常了解，生产资料购买方式和便利程度指标因样本农场选择基本一致，对绩效的差异影响不大，故舍弃不用。(3) 外部政策环境类变量。主要通过生产经营过程中是否投过农业保险、经营过程中是否需要农业保险、是否同其他企业或者合作组织合作过、是否接受过农业技术推广部门指导、是否获得过优惠的借贷资金五个方面来体现。而良种补贴和农机补贴因所有经工商登记的家庭农场都获得过，则在本文中不列入。变量的赋值和预期方向见表4。

表4　　　变量的赋值和预期方向

变量名称		变量赋值	预期方向
因变量	家庭农场经营绩效（Y）	家庭农场综合效率值	/
农场主特征变量	年龄（X_1）	农场主实际年龄	?
	受教育程度（X_2）	小学以下=1；小学=2；初中=3；高中或中专=4；高中以上=5	+
	家庭是否有人从事非农产业（X_3）	没有=0；有=1	-
	家庭农场年收入占家庭年总收入的比重（X_4）	50%以下=1；50%—80%=2；80%以上=3	+
生产技术经营类变量	注册资本（X_5）	工商注册登记值	+
	销售市场的了解程度（X_6）	很了解=1；比较了解=2；一般了解=3；不了解=4	-
	产品销售困难程度（X_7）	很困难=1，困难=2；一般=3；很顺利=4	+
	是否接受过生产技术和管理培训（X_8）	没有接受过=0；接受过=1	+
	是否有专业管理人员和专业技术人员（X_9）	没有=0；有=1	+

续表

变量名称		变量赋值	预期方向
外部政策环境类变量	是否投过农业保险（X_{10}）	没有 =0；有 =1	+
	是否需要农业保险（X_{11}）	不需要 =1；说不清 =2；需要 =3	+
	是否同其他企业或者合作组织合作过（X_{12}）	没有 =1；偶尔 =2；经常 =3	+
	是否接受过农业技术推广部门指导（X_{13}）	没有 =0；有 =1	+
	是否获得过优惠的借贷资金（X_{14}）	没有 =0；有 =1	+

（二）模型的估计和结果的分析

以种植型家庭农场的综合效率为因变量，以表 4 中的各类变量作为自变量，利用 Eviews 8.0 软件进行 Tobit 模型回归分析，得出的结果如表 5 所示。从结果上看，模型的拟合情况较好。

表 5　种植型家庭农场经营绩效影响因素的 Tobit 模型回归结果

影响因素		系数
农场主特征	年龄（X_1）	-0.0026
	受教育程度（X_2）	0.0309***
	家庭是否有人从事非农产业（X_3）	-0.0003
	家庭农场年收入占家庭年总收入的比重（X_4）	0.0224*
生产经营技术类	注册资本（X_5）	-0.0025
	销售市场的了解程度（X_6）	-0.0205
	产品销售困难程度（X_7）	0.0241***
	是否接受过生产技术和管理培训（X_8）	0.0230**
	是否有专业管理人员和专业技术人员（X_9）	0.0234

续表

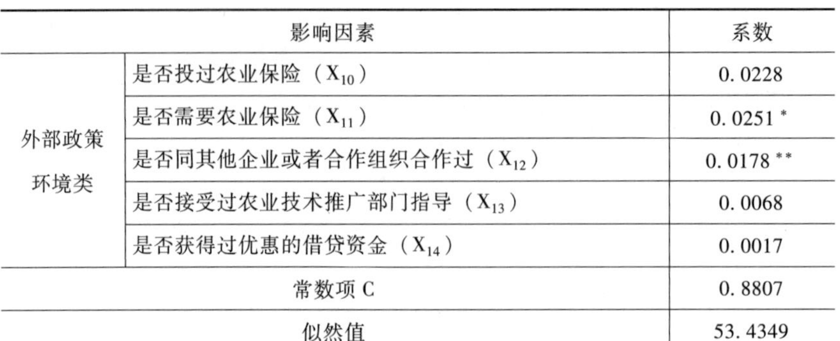

影响因素		系数
外部政策环境类	是否投过农业保险（X_{10}）	0.0228
	是否需要农业保险（X_{11}）	0.0251 *
	是否同其他企业或者合作组织合作过（X_{12}）	0.0178 **
	是否接受过农业技术推广部门指导（X_{13}）	0.0068
	是否获得过优惠的借贷资金（X_{14}）	0.0017
常数项 C		0.8807
似然值		53.4349

注：***、**、*分别表示变量在1%、5%和10%的统计水平上显著。

从以上的结果可以得出：

（1）在种植型家庭农场的特征变量中，农场主的受教育程度和家庭农场年收入占家庭年总收入的比重系数均为正，并分别通过1%和10%的统计水平的显著性检验。表明农场主的受教育程度越高，较容易接受和掌握新知识、新技能，综合分析市场信息的能力强，家庭农场的经营绩效越好；家庭农场年收入占家庭年总收入越大则绩效越好，可能的原因是家庭农场的收入是家庭收入的主要（唯一）来源，农场主在经营家庭农场方面越用心，投入的精力就越多，家庭农场的绩效也就越好。而农场主的年龄虽然没有通过显著性检验，但是其符号为负，说明年龄越大，家庭农场的经营绩效越差，可能说明年龄越大，农场主思想偏保守，接受新事物的能力和愿望不强；家里有成员从事非农产业也会使家庭农场经营绩效变差，但也没有通过显著性检验。

（2）在家庭农场生产经营技术类变量中，产品销售困难程度通过了1%的显著性检验，且系数符号与预期的方向相符，说明产品的销售对家庭农场经营绩效影响很明显。在调研的家庭农场中，16家表示销售农产品困难，一般的有18家，分别占35.6%和40%，甚至1家表示很困难，主要分布在种植葡萄、草莓、蔬菜等行业，这些行业产品销售价格周期性波动明显，加上存储难，农场主不能对产品进行再加工，主要靠经纪人上门收购的行业，农场主在产品销售过程中明显处于弱势地位，因此对绩效的影响很大。例如2015年长兴县种植葡萄的家庭农场同前两年相比，数量大幅减少，影响了家庭农场生产的连续性和专注性。只有8家主要种植水稻的农场，因有国家保护价收购政策，表示销售不困难。另外，是否接受生产技术培训通过了5%显著性检验且系数符号与预期相同，说明在家庭农场的生产过程中，新技术技能对家庭农场的绩效影响明显，有正向的促进作用。

是否有专业的管理人员和技术人员符号为正，说明对绩效有促进作用，但没有通过显著性检验。调研显示：家庭农场主具有多重身份，往往既是生产者，又是专业技术人员和管理人员，尤其在规模较小的农场表现明显，只有12家家庭农场聘用了专门的技术人员和管理人员。而家庭农场注册资金规模也没有通过显著性检验，且系数为负，与预期不符。可能的原因是：与养殖型家庭农场相比，种植型家庭农场资金规模相对较小，受其影响程度相对较轻。

（3）在外部政策环境类变量中，是否需要农业保险通过了10%的显著性检验且系数符号为正，意味着参加农业保险对家庭农场经营绩效有正向影响；农业经营绩效的高低，不仅受到市场因素的影响，也受到台风、冰雹等自然环境的影响，农业保险可以有效降低突发灾害对农场主的风险。调研发现，32户农场主表示非常需要农业保险，占整个样本数的72%，说明家庭农场对农业保险的需求意愿较强，但实际只有14家家庭农场投保农业保险，且主要集中在粮油生产的家庭农场中，只占样本数的31%。与粮油生产的家庭农场农业保险，政府给予70%的保费补贴相比，果蔬等种植的家庭农场则没有；保费偏高，赔付偏低是农户参保率低的主要原因，如种植葡萄的参保费为170元/亩，而赔付最高仅为2000元/亩，农户感觉不划算。

是否同其他企业或合作组织合作过通过了5%的显著性检验且系数符号为正，表明和其他组织的合作能够有效提高家庭农场的经营绩效。同农民合作社和农业企业的合作，家庭农场不仅能够在生产经营水平上得到提升，而且在稳定产品销售渠道、扩大市场信息、延伸产业链条等方面也能获得较大的帮助。

是否同农技推广部门合作和是否获得优惠的借贷资金虽然没有通过显著性检验，但分析表明其对家庭农场的经验绩效的提升也有较好的作用。

五　结论和政策建议

（一）结论

本文利用湖州市45家种植型家庭农场的调研数据，利用DEA模型得出了家庭农场的经营绩效，并基于Tobit模型分析了影响家庭农场经营绩效的因素。结果表明：

一是湖州市种植型家庭农场综合效率平均水平较高，但是各农场间的差异比较明显；总体上，规模效率明显，说明家庭农场在规模化经营上已经得到体现，而纯技术效率相对较低，家庭农场尤其在经营管理、市场信息的收集、分析和应用上存在一定的困难。

二是产品的销售渠道的顺畅与否以及家庭农场在销售链条中的地位是决定家庭农场经营绩效的主要因素。尤其对于产品在加工、存储等方面具有一定要求的农产品，家庭农场在销售链条中显然处于弱势地位，可能影响到家庭农场生产的连续性。

三是随着现代农业规模化、集约化经营，高效的家庭农场经营管理越来越重要，成为影响其经营绩效的又一主要因素，多数农场主均认为经营管理困难，但缺乏合适的培训逐渐成为其经营过程中的主要难题。

四是政府政策、同其他外部组织的合作也是影响家庭农场经营绩效的因素。这表明在家庭农场发展到一定程度后，对扶持政策、社会化合作组织的发展与完善也提出了新的要求。

（二）政策建议

1. 对家庭农场主经营管理技能培训和生产技术培训并重，培育新型农业经营人才

政府同科研院校合作，在对农民进行生产技术培训的基础上，适时开展经营管理专家“进乡村、下田间”，进行经营管理知识、技能的培训；针对目前农场主转换率低的状况，尤其注重对青年农民的培育和培训。同时，政府相关部门可利用自身优势，对市场信息进行收集、整理、分析、预测并实行宏观指导，降低家庭农场经营的市场风险。

2. 多种途径提升家庭农场的竞争力

第一，在培育“懂经营、会管理、能生产”农业综合性人才的基础上，鼓励家庭农场经营连续性和专注性，将农产品做精做优做特，逐步建立和做强家庭农场产品品牌和区域品牌，增强产品的竞争力，将销售链条上的不利地位转变为主动地位，甚至成为链条的统治者。通过提供优惠的借贷资金，鼓励家庭农场对农产品的再加工，延伸农产品的价值链，提高产品的附加值。第二，充分发挥农业企业和专业合作社的功能，建立完善“家庭农场 + 专业合作社 + 农业企业”联动发展机制，达到多方共赢的结果。第三，扶持发展种养结合、生态循环型家庭农场。调研中发现，吴兴区明峰家庭农场通过养殖湖羊与种植农作物的生态循环，已经取得了很好的经济效益、生态效益和社会效益，因此，种养结合、生态循环是今后家庭农场发展的方向，但是有资料表明，2013 年湖州市种养结合的家庭农场仅占家庭农场总数的 1.3%，今后家庭农场经营绩效的潜力巨大。

3. 推进生产性服务业进农村工程，完善农业社会化服务体系

逐步引导和推进诸如金融保险、仓储运输、技术培训、设备租赁等生产性服务业进入农村市场，降低家庭农场生产运营成本和自然风险，提升经营效率。政府可通过服务价格补贴等方式激发家庭农场的市场需求和供给，实现生产性服务业在农村市场的均衡。

4. 创新家庭农场经营的补贴方式

当前的农机补贴等扶持措施存在一定的弊端，通过制度创新，在目前各类价格补贴方式的基础上，可以考虑实行“以奖代补”措施，提高补贴效率，激发农场主的生产积极性。

新常态下现代生态林业建设的困境与对策

——以浙江安吉竹产业为例

刘战慧*

21 世纪以来，随着工业化和城市化进程的加快，我国生态环境进一步恶化。党的十八大提出，要把生态文明建设放在突出地位。在新常态下，如何实现这种转变，如何保障林业的生态性、现代性和民生性，是亟须思考解决的问题。本文以浙江安吉的竹产业为例，分析新常态下现代生态林业建设的困境，并提出相应的对策。

一　新常态下现代生态林业的含义

（一）现代生态林业的含义

国内学者们对现代生态林业已经有了一些前期研究，但主要是针对现代生态林业工程和现代生态林业建设方面的探讨，对现代生态林业缺乏一个明确的含义界定。

本文认为，现代生态林业是生态林业和现代林业的结合，是遵循生态经济学和生态规律发展林业，充分利用现代科学技术和手段开展林业经营活动，协调林业系统中的社会关系和生态关系，建立

---

* 刘战慧，副教授，湖州师范学院社会与发展管理学院副院长，研究方向为乡村旅游与生态农业。

新的有效的生态链，形成高级有序循环的并为人类生存和发展创造最佳状态环境的林业生产体系①。它是集多重目标、多种功能于一体的、开放性的且动态平衡的森林生态经济系统。

（二）新常态下现代生态林业的功能

新常态下，现代生态林业也应保持适当的发展速度、以适当的方式、更好的质量、更高的效率保持健康平稳的状态。故新常态下的现代生态林业应有效地实现林业的三大功能，即生态功能、经济功能和文化功能。生态功能是建设森林茂密、山清水秀、风调雨顺、鸟语花香的美好家园目标；经济功能是发展种养业、加工业、旅游业、咨询流通评估等服务业，以及生物质能源、生物材料、生物制药等高新技术产业目标；文化功能是实现继农业文明、工业文明之后的生态文明，实现人与自然的和谐目标。因此，现代生态林业在新常态下应是建设一个综合功能体，涵盖完备的林业生态体系、发达的林业产业体系、先进的林业文化体系，以及保障实现以上功能的健全的林业管理体系。

二　新常态下安吉现代生态林业建设面临的困境

中国是竹子大国，安吉是中国著名竹乡，有“世界竹子看中国，中国竹子看浙江，浙江竹子看湖州”，而湖州的竹子就要看安吉了。安吉县位于长三角腹地，隶属浙江省湖州市。天目山脉自西南入境，县境内“七山一水二分田”，森林覆盖率达71%。作为“中国竹乡和中国竹地板之都”，竹产业是安吉三大特色产业之首，被授予浙江省林业产业百亿强县和全国首批农民林业专业合作社示

① 李艳：《论现代生态林业建设》，《现代农业》2014年第11期。

范县。近年来，安吉竹产业规模不断扩大，产值不断增长，但是在现代生态林业建设中面临的困难和“瓶颈”也不断增多。

（一）生态功能亟须加强，生态体系尚待健全

虽然经过不懈的努力，我国林业建设取得了长足的发展。但我国森林总量不足、质量不高、功能不强、分布不均的情况并未得到根本改变，生态资源不足与日益增长的生态需求之间的矛盾仍然十分突出。我国林业尚未形成均衡适度、功能齐全、结构稳定、布局合理的可持续发展的现代林业生态体系。我国生态安全状况仍处于生态安全线以下，生态脆弱地区总面积达到国土面积的60%以上。由于人们法制观念和环保意识的薄弱，我国林业生态体系建设明显滞后，处于较为低级的阶段。作为中国竹乡的安吉，不科学的半成品加工处理造成了比较严重的环境污染问题，比如龙游的一大批企业就因此而被关闭。而龙游是重竹地板半成品的主要货源地，此举减少了该类半成品全国供货量的1/3，导致价格猛涨。

（二）经济功能片面强化，产业体系有待优化

安吉竹产业起步较早，林农靠竹致富的积极性较高，但也引发了许多问题，致使竹产业发展层次较低。主要问题有：未形成现代生态林业完整的产业链，其他生态林业产品未得到有效开发，除林木需求外的高端市场需求不足；经营模式以农户小规模粗放式分散经营为主，竹产品加工企业规模偏小，技术含量和原料利用率较低；研发投资力度不大，技改突破难度大，产品升级步伐较慢，主要竹产品档次偏低；品牌化意识不强，盈利模式多以薄利多销为主，缺乏知名品牌。

（三）文化功能严重式微，文化体系亟须重构

森林文化本质上是一种生态文化，具有生态性、民族性、地域性和人文性，其本质体现了人和自然和谐相处的哲学意蕴。森林文化包括物质和精神两个方面，物质部分主要是物化的林业产品，精神部分包括与森林经营有关的法律法规制度、人们的森林观念、适应和回归自然的思想、对森林的情感、与森林相关的艺术作品等。因此森林文化体系包括理论层面的森林哲学、森林伦理学、森林美学和实践领域的经营文化、文学艺术、制度文化等。森林文化和其文化体系要求人们对森林要有正确的认识，应心存敬畏，善待森林，与自然共存。但实际情况是人们缺乏对生态规律的足够尊重，对森林资源保护不够，乱砍滥伐，片面重视了森林的经济效益，而忽视了森林文化的其他部分，短期的大肆攫取森林资源，已经对森林的可持续发展产生了严重的影响。

三　新常态下现代生态林业建设的对策

近年来，号称中国第一竹乡的安吉，也尝试着突破竹产业发展的瓶颈，但成效不是特别显著。在新的机遇和条件下，安吉竹产业需要秉承现代生态林业的特点和要求，在现代生态林业建设中更好地寻求突破和出路。

（一）多功能化发展

现代生态林业的功能包括诸多方面，如粮农产品供给、旅游休闲、生态保护、精神文化等。目前要充分挖掘林业的旅游休闲、生态保护和精神文明功能，并对其各种功能进行综合统筹。精神文化功能看似缺乏实体依托，但通过对其进行发掘利用，不但可以提升林农的精神文化素质，增强林农的环境保护意识，还可以丰富森林的产出效益，增加对生态休闲旅游的吸引力。安吉可以依托湖州深厚的人文底蕴，大力挖掘竹子所代表的君子文化，并和当地的民间传说、故事等地域文化结合起来，宣扬倡导以竹子为代表的现代生态文化，实现竹产业的经济、生态、文化功能综合协调发展。

（二）品牌化发展

我国林业面临着从传统向现代的转型，品牌化建设是现代林业的必然要求。对安吉竹企业而言，品牌建设意识相对薄弱，除少数龙头企业外，不少企业走的是 OME 路线。尤其是在品牌建设上，大多数企业采用的是传统的建设模式，企业规模小投入不足，人才缺乏等都使得在品牌规划和品牌营销方面止步不前。而品牌化建设对安吉竹产业的转型升级、增加竹农业收入、提升竹企业竞争力等都具有重要意义。

（三）创新化发展

较长时期以来，村村有竹的安吉竹产业陷入模仿和同质化的境地；竹工老龄化，竹产业低效益，半成品加工小、散、乱，资源配套不完善等问题日益突出，技术创新面临“瓶颈”，如竹子用现代工艺重组之后所产生的机理和密度已经可与稀有木材相媲美，然而自重组工艺之后，安吉竹创新再无大的突破，这与竹子技术突破的难度大、周期长有一定的关系。但是竹产业的转型升级要求必须进行创新，必须改变边际效益递减的问题，安吉竹产业需要通过自主创新走创新驱动的经济增长模式。① 在新常态下，竹产业可持续增长的核心是依托技术进步，使劳动力、竹资源、存量资产等流向更高生产率的企业。高效率企业的产生和扩张通过竞争机制进一步淘汰落后和低效率的企业，把竞争引向创造新产品、新技术、新商业模式，形成企业在产品或成本方面的决定性比较优势，以恢复和提升竹产业和竹企业的边际效益。

（四）融合化发展

传统意义上的竹产业主要是指以竹子为原料而生产的初级加工产业，其特点是科技含量低、附加值不高、以大量消耗原材料来获取经济效益。现代意义上的竹产业除传统意义的竹产业外，还包括竹子的延伸产业。比如竹炭产业、竹纤维产业、竹醋产业、竹盐产业和竹文化旅游产业。竹炭产业衍伸出竹炭口腔护理、竹炭洗涤日

① 陈清泰：《经济转型与产业升级的几个问题》，《中国软科学》2014 年第 1 期。

化、竹炭家居、竹炭食品等行业；竹纤维产业衍生出袜子、毛巾、服装、创伤用品等行业；竹醋和竹盐产业又衍生出健康保健、农业肥料等行业；竹文化旅游产业衍生至养生、餐饮、动漫、休闲旅游等行业。其主要特点是产品附加值高，市场容量大，不以牺牲资源为代价，变废为宝，极大地提升了资源效能，获得极高经济效益。[①]安吉竹产业应进一步延长生态和产业链条，放大林产业的综合效应，依托得天独厚的自然和生态资源优势，推动大林业、乡村旅游、美丽乡村建设的融合发展。

（五）商业化发展

我国林业由于原料价格较高、生产规模偏小、生产成本较高、流通环节过多等原因导致林业产品市场竞争力不高、产品附加值较低；加之中国林业的组织形式依然以小规模林农为主，市场信息反馈与掌握的不对称等，使竞争主体的竞争能力较弱。安吉竹产业也是如此，在竹产品的商品化、生产的集约化、组织的规模化等方面程度均不高，即竹产业的商业化水平不高。[②] 而从国际经验看，现代林业的发展趋势之一就是商业化。因此，安吉竹产业应提升以市场交易为生产目的的理念，建设较完备的产业体系、较健全的服务部门，进行一定组织规模下的现代化与集约化生产。进一步培育成熟的市场、功能完善的中间服务部门。引导林农适度地联合经营，规模化发展，减少大型配套企业的垄断利润空间。

① 焦自伟等：《当前我国农业困境的原因与对策分析》，《国家行政学院学报》2014年第2期。

② 刘利花、尹昌斌：《对中国农业商业化发展的思考》，《生态经济》2014年第1期。

第二部分　美丽乡村建设与农村综合改革研究

“两山”重要思想转化路径研究

——基于安吉县的调研

课题组*

一 “两山”重要思想的深刻背景

社会历史的发展，是矛盾对立统一斗争的结果。绿水青山与金山银山之所以是一对矛盾，并在当前成为一对主要矛盾，是中国经济社会发展特殊阶段的内在必然，也是“五位一体”总体布局和建设美丽中国系列决策的现实依据。安吉之所以成为生态文明建设的先锋和“两山”转化的样本，离不开上述时代背景，更得益于浙江、安吉这一丰厚的政策土壤和特殊的因缘际会，由此构成“安吉模式”诞生的内、外因条件。

（一）时代呼唤

改革开放30余年，中国从一个贫穷的发展中国家迅速地成长为一个经济大国。经济总量、制造业规模、进出口总额、外汇储备、贸易额占比、部分省市人均GDP水平等指标均证明中国是一个名副其实的经济大国。但是，中国不是一个经济强国，国内生产总值质

---

* 本课题组由安吉县农办楼成、王桔组成。

量和效益、人均生产总值国际水平、科技创新实力和品牌影响力等与世界强国、与高收入国家仍存在较大差距。中国更不是一个绿色生态强国，单位物质财富生产所消耗的自然资源和生态环境资源量明显偏高。2015 年，中国经济总量约占全球的 15.5%，却消耗了全球 22.88% 的能源，排放的二氧化硫、氮氧化物、碳排放总量居世界第一。中国的环境保护投入、绿色财富生产不足。人民群众需求正在从“求温饱”向“盼环保”、从“求生存”向“求生态”转变，希望能喝上干净的水，呼吸上清新的空气，吃上安全放心的食品，生活环境优美宜居。中国经济要保持中高速增长，环境承载能力已经达到或接近上限，同样面临“成长的烦恼”和“制约的疼痛”。不仅面对传统人口红利逐步消失、“刘易斯拐点”加速到来的严峻考验，而且面对从经济大国迈向经济强国可能遭遇的资源约束型“中等收入陷阱”考验，需要经济发展方式绿色转变、现代化模式绿色转型。从党的十六大提出科学发展观、十六届四中全会提出建设社会主义和谐社会，到党的十八大提出“建设美丽中国，努力走向社会生态文明新时代”。这是把握问题导向、顺应时代发展要求的必然举措，也是中国全面建成小康社会、基本实现现代化的新要求。

（二）风气之先

“两山”重要思想提出之时正是浙江省遇到保护生态环境与加快经济发展的矛盾日益尖锐和激烈冲突的时期。改革开放以来，浙江省走过了一条拼环境、拼资源、拼能耗的传统工业化之路，成长的烦恼、先天的不足，使浙江省最早意识到靠高投入、高消耗、高排放换取经济增长，资源支持不住，环境承载不下，发展难以持续。正是在这种情况下，习近平同志甫到浙江，就将建设生态省、打造“绿色浙江”纳入“八八战略”，相继开展了三轮“千村示范、万村整治”工程，打出了一系列生态环境治理组合拳，生态建设和生态经济发展走在全国的前列，引领全国风气。正是这样的实践，为习近平同志提出“绿水青山就是金山银山”重要思想提供了源头活水。2005 年 8 月 15 日，时任浙江省委书记的习近平同志到安吉天荒坪镇余村考察时提出了“绿水青山就是金山银山”的生态战略思想。之后，习近平同志在国内、国际多个场合，深刻地阐释了“两山”重要思想的科学内涵和实践意义，特别是党的十八大以来，习总书记站在建设生态文明、建设美丽中国战略的全局高度，进一步丰富、发展了这一重要思想，形成了“绿水青山就是金山银山”的理论体系。“两山”重要思想的提出，深度改变了浙江，深刻影响了中国，已经成为习近平同志治国理政思想的重要组成部分。

（三）实践样本

安吉县是浙江省的一个缩影，更是“两山”理论的坚定实践者。安吉县地处浙北山区，属太湖流域重点源头地区，是著名的中国竹乡、中国白茶之乡。安吉曾一度走上了先污染后治理的老路，到 20 世纪 90 年代末被迫转型，开始生态自觉，率先于 2001 年提出了“生态立县”战略，并同时开展村庄环境治理行动。自时任浙江省委书记的习近平同志在安吉首次提出“绿水青山就是金山银山”重要思想以后，安吉县坚定不移践行“两山”的发展路径，不断护美绿水青山、做大金山银山，推动“两山”重要思想在安吉落地生根、结出硕果，实现了从环境污染负面典型到生态文明样板示范的转变，实现了美丽乡村建设从地方经验到国家标准的提升，并先后获得了首个国家生态县、首批全国生态文明建设试点、首个国家水土生态文明保持县等荣誉称号，2012 年被授予中国第一个县域联合国人居奖。2016 年在浙江省首批美丽乡村示范县考核中名列第一，并获批首个环保部“两山”理论实践试点县。2005 年至 2015 年，全县财政总收入增长了 47.88 亿元，地方财政收入增长了 28.39 亿元，年均增幅达到 21.7%、21.8%；城镇居民人均可支配收入、农民人均纯收入分别增长了 26444 元、14262 元，年均增幅达到

10.8%、11.7%，其中农民人均纯收入已连续12年高于省均水平，县域经济竞争力和发展潜力跻身全国百强。安吉的实践充分证明了习总书记“两山”重要思想的强大生命力。

二　安吉“两山”之路的探索历程

“两山”思想体现了发展实质、发展方式的深刻变化，体现了发展观、生态观、价值观、政绩观的转变提升，是新常态下发展的一种更高境界。回顾安吉近年来的发展之路，很好地诠释了人们对“两山”重要思想的一个认识过程，人们的认识以及由此决定的发展实践经过了三个阶段：

（一）绿水青山换取金山银山

安吉县曾经是一个省级贫困县，为摘掉贫困县帽子，20世纪80年代，安吉开始走“工业强县”之路。受地理位置、交通条件、经济结构等诸多因素的制约，安吉引进和发展的多是资源消耗型或环境污染型企业，如造纸、化工、印染、建材等。20世纪90年代末，安吉经济虽然跃上了一个台阶，成为全省小康县，但依靠高强度开采和高资源消耗、高强度破坏生态环境的增长方式，无法实现全县经济可持续发展。工业废水直接排放造成水质严重污染，生态多样化锐减；林木、矿产等资源的过度开采造成严重的水土流失。安吉被国务院列为太湖水污染治理重点区域，受到“黄牌”警告。1998年至2002年，安吉县痛下决心关闭了占县财政1/3左右的孝丰造纸厂，加强环境保护，突出污染治理，如建设生态公益林，开展西苕溪（太湖、黄浦江的源头）流域治理等，获得了全国第二批国家级生态示范区的称号。

（二）既要金山银山，也要绿水青山

太湖“零点行动”后，安吉已经意识到：再走先污染、后治

理，先强县、再富民的路子，对拥有太湖和黄浦江源，地处山区半山区、"七山一水两分田"的安吉是死路一条。要推进农业增效、农民增收、农村繁荣，必须向生态要效益，既要青山绿水，也要富民强县。经过长期调查和认真研究，安吉县委县政府决定把改善生态环境放在首位，利用优势农业资源，深入挖掘"三片叶子、一把椅子"的传统优势产业，大力发展竹子、茶叶、桑蚕生产与加工，鼓励发展无污染的转移生产，形成主导产业。在"千村示范、万村整治"工程推开后，安吉进一步全面展开生态县建设行动，以"五改一化"（改"路、厕、水、房、线"和环境美化）的村庄环境整治为切入点，大力推进环境整治与生态建设。2006 年安吉成功创建全国首个国家生态县，生态创建与环境保护走在了全省乃至全国前列。为因地制宜落实中央社会主义新农村建设的要求，2008 年，安吉率先启动"中国美丽乡村"建设，围绕"村村优美、家家创业、处处和谐、人人幸福"，开启了生态文明指导下的新农村建设新模式。2009 年，农业部向全国推出了社会主义新农村建设的"安吉模式"。国家标准化委员会把安吉作为全国新农村建设标准化示范县。安吉多年来坚持生态立县不动摇的发展模式，得到上级部门与社会各界的充分肯定。2011 年，美丽乡村创建行动成为全省"十二五"大战略之一。2013 年，全国各地掀起了美丽乡村建设的热潮，而作为这项工作的发源地，安吉成了名副其实的美丽中国的鲜活样本。

（三）绿水青山就是金山银山

2012 年，伴随美丽乡村的深入推进和经济社会的快速发展，安吉新一届县委县政府适时提出了建设"富裕、美丽、幸福"三个安吉的新目标，实现生态文明建设新跨越。几年来，安吉县继续坚持"生态立县、生态环境是生产力、绿水青山就是金山银山"的发展理念，创新载体，启动“520”区域环境综合治理[①]，深化“山青水净”三年行动计划，从单一治理走向系统治理，统筹推进“三改一拆”“四边三化”和“五水共治”等重点工作，深入推进环境治理和生态建设，收到显著成效。目前，安吉县生态环境优美宜居，植被覆盖率达75%，森林覆盖率达71%。同时，安吉因地制宜，发挥优势，创新机制，变“田园、竹海、溪流、山野”等生态资源为宝贵的生态资本，依托生态优势，大力发展民宿和旅游业，成为上海、杭州的后花园。突出把休闲旅游产业作为县域经济支柱产业、现代服务业主导产业和农民增收的致富产业，大力推进旅游业发展。按照“泛自然博物园”“四季家园、安吉景区”布局，全力打造县域大景区。引进推进一大批优质高端的重大休闲旅游项目，形成以省级灵峰旅游度假区为核心，总投资超过200亿元的19个重大休闲旅游项目集聚的25公里高端休闲产业带。2015年全县接待国内外游客1475.2万人次，旅游总收入174.3亿元，仅门票收入就达到3.7亿元，旅游产业对GDP、地方财政收入和第三产业的贡献率分别达到了12.5%、11.5%和48%。

三　安吉“两山”转化的重要举措

（一）保持定力，咬定“绿水青山”

坚持把生态建设放在与经济发展同等重要位置，自觉把生态理念贯穿于经济社会文化发展各方面，十数年如一日，认真践行“绿水青山就是金山银山”重要思想。

1. 思路一以贯之

太湖治污“零点行动”中，安吉不惜断腕，对全县74家水污

---

① 参见《中共安吉县委办公室 安吉县人民政府办公室关于统筹区域环境综合治理暨开展520行动计划的实施意见》（安委办发〔2013〕8号）。

染企业进行强制治理，顶住压力关闭了当时全县第一利税大户孝丰造纸厂，关停并转20多家小造纸、小化工企业。重新审视，安吉意识到自身最大的优势是拥有良好的自然环境，只有依托良好的生态环境，变环境优势为经济优势，安吉的发展才会有出路。1999年初步确立了"经济生态化"的理念；2001年正式确立了"生态立县——生态经济强县"的发展战略；2003年以来，逐步确立了"生态立县、工业强县、开放兴县"战略，先后作出建设全国生态县、中国美丽乡村等重要部署，走出了一条山青水净、美景富民强县的山区科学发展新路子。

2. 突出规划引领

坚持将生态文明建设融入各项规划，编制《安吉县生态文明建设纲要》，完善《生态县建设总体规划》《生态功能区规划》《循环经济发展中长期规划》，制定并严格实施矿产开发、山林开发、水资源利用等控制性详规，完成15个乡镇和100多个行政村的生态乡镇、村建设规划，初步形成横向到边、纵向到底的规划体系，系统推进全县生态文明建设。

3. 班子层层接力

坚定生态立县战略不动摇，连续四届县委、县政府换届不换方向，在不同时期创造不同载体，一届接着一届干，一任干给一任看，届届交叉不断线。尤其是2008年以来，安吉以中国美丽乡村建设为"主载体"，着力打造"村村优美、家家创业、处处和谐、人人幸福"的安吉新农村建设样板；以生态县创建指标体系和小康社会综合指标体系为基础，着力构建生态文明建设考核指标示范体系；以打响中国美丽乡村综合品牌为重点，着力推进生态文明建设的环境支撑、产业支撑、品牌支撑"三大支撑"，初步形成了主题鲜明、体系健全、支撑有力的生态文明建设"安吉模式"。

（二）创美环境，养护"绿水青山"

坚持生态环境保护，按照"体制改不了改机制，机制改不了改方法，方法改不了改措施”的思路，不断以更高的标准、更严的要求来养护绿水青山。

1. 统筹治理保护自然美

抓住浙江省委、省政府打出“三改一拆”“四边三化”“五水共治”、治气治霾等转型升级组合拳的有利契机，坚持“寸山青、滴水净，无违建、零污染”的更高标准，统筹区域环境综合治理，不断创美生态环境。全面开展“山青水净”三年行动和区域环境综合提升行动，以人大决议的方式设立包括“三改一拆”“四边三化”“五水共治”工作在内的每月一次环境综合治理“集中推进日”，声势浩大推进环境整治，打出区域环境整治“组合拳”，连续29次在每个月的第四个星期三开展“集中推进日”活动，累计拆违378.8万平方米，完成河道环境综合治理175.8公里，完成5条垃圾河、黑臭河治理。在全省首创基层国土规划联合办公、森林公安与地方公安联动执法、矿产资源统一管理、五级河长制联动治水等监管防控机制，创新实施以“限药、减肥、禁烧”为重点的农业面源污染治理，推行乡镇分类考核、生态责任审计、生态补偿和转移支付，大力推动发展理念和方式从“靠山吃山”向“养山富山”转变。西苕溪流域的所有商业采砂行为被禁止，30多年的西苕溪商业采砂史宣告结束，十多年未见的太湖白鱼等鱼种回游西苕溪上游。荣获全省首批“清三河”达标县，成功创建全省首批“无违建先进县”。全县现有16家机制砂加工企业80%的原材料已取自城市建筑废弃基础料，实现了砂石资源集约化利用。

2. 三级联动打造整体美

按照县域大景区·泛自然博物园定位，精心打造“全县一幅画”的美丽格局。坚持以城带乡、以乡补城、城乡互动，加速推进生态建设、新农村建设和新型城镇化建设融合发展，着力构建美丽乡村、风情小镇、优雅竹城三级联创的立体格局。在美丽乡村行政村全覆盖基础上，重点推进美丽乡村向自然村延伸、向精品示范村提升，变点上盆景为线上风景，让一时一地生活美景成为城乡居民的生活常景。已完成了21个高起点规划、高标准建设的美丽乡村精品示范村建设。初步形成10个"宜居、宜业、宜游、宜文"风情小镇：天荒地老·爱情小镇——天荒坪镇；自在小镇·休闲报福——报福镇；阅乡村·悦生活——山川乡；黄浦江源第一镇——章村镇；昌硕故里·休闲鄣吴——鄣吴镇；天目慢谷·幸福上墅——上墅乡；天赋杭垓·静心小镇——杭垓；恬美小镇·幸福皈山——皈山乡；白茶故里·明媚溪龙——溪龙乡；千年古镇·孝子故里——孝丰镇。在此基础上，启动"重点培育示范风情小镇"行动，着力建成5个具有历史记忆、文化内涵、区域特色、民族特点、望得见山水、记得住乡愁的美丽风情小镇，成为长三角的最佳旅居地、品位高雅的文化高地、全国乃至国际风情小镇品牌。在调整中心县城管理体制、设立四个街道基础上，深入开展优雅竹城管理提升行动，着力在规划管理、建设领域、畅通工程、人居环境、市容市貌、城市安全、人文素质七个领域开展整治提升，进一步实行精细化管理，展示中国第一竹乡城市品位。

3. 全民参与共建人居美

坚持人人都是富裕美丽幸福安吉谋划者、参与者、分享者的理念。拓宽群众参与渠道，在县主流媒体开设"美丽乡村监督哨·美丽安吉找不足"曝光台专栏，开展"寻找不可游泳的河""寻找还未拆除的违章"等栏目，建立了查找、发现、整改、提升、巩固、监督的全流程保障机制，充分发挥市民和媒体的监督作用，助推美丽安吉建设。普及生态文化理念，将生态文明理念和要求，编入"生态安吉县民守则""小学课本""村规民约""家规家训"，实现从"山上有生态"向"心中有生态"的提升，形成家家挑起护美担子，人人都是护美使者，共同呵护"中国美丽乡村·世界绿色人居"品牌的浓厚氛围。

(三) 抓实项目，转化“绿水青山”

把项目建设作为推进经济社会发展的重要载体，源源不断地把绿水青山转化为金山银山。

1. 规划引领与项目支撑相结合

坚持把全县作为浙江泛自然博物园来规划建设，作为大景区来经营管理，全县一盘棋。严格执行《安吉县生态文明建设纲要》《生态县建设总体规划》等纲领性规划，不断完善生态农业、生态工业、生态旅游、生态文化、生态人居、生态城市等专项规划，形成科学系统完善的生态文明建设规划体系。在此基础上，强化项目主引擎地位，把经济社会发展的目标，落实到项目规划的空间坐标，明确到量化的土地指标，把任务分解到年度、落实到季度、每月督查检查，步步为营，久久为功，通过一个一个具体项目建成运营，把规划蓝图从纸上落到地上变成现实。

2. 功能区划与项目准入相结合

围绕《安吉县环境功能区规划》，严格环境准入制度，大力推进规划环评，完善规划和项目环评审批联动机制，深化公众参与环评监督机制，项目引进，宁缺毋滥，有所不为，三年来否决招商引资项目达 73 个，涉及引进资金 22.1 亿元。突出“中国四季家园·安吉景区”目标定位，规范旅游项目投资管理，建立旅游投资负面清单、旅游项目评估预审等机制，严控一般性休闲旅游开发项目进入。引导品牌性好、带动性强，综合效应明显的大型旅游项目向省级灵峰旅游度假区主平台集中发展，形成以省级灵峰旅游度假区为核心，总投资超过 200 亿元的 19 个重大休闲旅游项目集聚的 25 公里高端休闲产业带。引导有特色、有主题、精致化的国内外乡村度假品牌酒店进入重点旅游乡镇和乡村旅游特色村集聚发展，挖掘盘活当地存量土地和闲置资产，建成帐篷客、老树林、墨林院等一批知名乡村旅游品牌酒店。

3. 产业提升与项目质量相结合

项目的质量，关乎产业发展的质量，关系绿水青山转化为金山银山的质量。狠抓项目质量，在实行项目建设"亩均产出率""建筑容积率"和"开工投产率"三率考核抓质量基础上，深入开展企业资源要素市场化配置综合改革，创新企业效益综合评价机制，进一步突出亩均税收、单位能耗导向，淘汰"低小散"，主攻"大好高""精专特"。近年来，安吉引进的项目，体量、质量节节攀高。提升项目服务，深入推进省级行政审批改革试点，在浙江省率先推出工商、质监、国税、地税四部门"一窗式"联合办证窗口，实现国地税联合办税，实现工商执照、组织机构代码和国税、地税登记证"三证合一"，着力提升服务效能和发展环境。成为全市唯一拥有海关和商检办事处的县区，建成浙北地区最大的集装箱内河码头。2015 年，全县完成进出口总额 26.15 亿美元，与"一带一路"沿线 95% 的国家发展了贸易往来。全县三次产业比值从 2005 年的 13.1∶49.4∶37.5 调整为 2015 年的 8.6∶46.2∶45.2。

（四）惠及民生，共享"绿水青山"

始终坚持把富民便民惠民作为发展的出发点和着力点，用心经营美丽，创造美好生活。

1. 美景富民

以产业联动的理念、景区景点的标准经营美丽乡村，推动美丽乡村从建设美丽向经营美丽转变发展。目前，全县已有 15 个行政村创建乡村旅游示范村，3 个行政村被评为 3A 级景区，1 个乡镇（山川乡）被评为全国首个全乡域 4A 级旅游景区，建成 3 星级以上农家乐 109 家，建成农林生产与休闲观光融为一体的现代农业园区 85 个。乡村旅游呈现蓬勃发展态势，帐篷客、老树林等乡村度假酒店（特色民宿）客房提前数周就预订一空，全县 8 家星级酒店平均出租率在 90% 以上，天荒坪镇、山川乡、报福镇等地农家乐更是一房难求、餐饮爆满。美景富民增收渠道不断拓宽，基本实现从卖石头向卖风景的转变，天荒坪镇余村如今旅游年收入已达到1500万元，是10年前开采石灰矿的5倍多。

2. 设施便民

按照“县域大景区·泛自然博物园”定位，加快构建服务方便、设施配套、交通有序、环境清洁、安全保障、主客共享的公共设施。全省首个外迁省城的重大文化设施项目省自然博物院全面启动建设，东部地区首个综合性生态博物馆、全国最大的文化名人纪念馆昌硕纪念馆相继建成开馆，安吉有史以来最大旧城改造项目总建筑面积35万平方米的九州昌硕广场城市综合体一次整体建成开业，浙江科技学院（安吉校区）中德工程师学院建成交付并顺利开学，以及凤凰山公园、龙山体育场、公共自行车等一批公共设施投入使用，城镇建设品质不断提升，居民多元化需求不断得到满足。杭安长高速开通，商合杭高铁开工，以及县域交通环线、省际交通干线等一批道路基础设施快速推进，安吉区位交通条件持续改善，群众出行更加方便。

3. 成果惠民

坚持把良好的生态环境转化为公共产品，增加民生福祉。全力打好“三改一拆”“四边三化”“五水共治”、治气治霾组合拳，确保群众喝上清洁的水、呼吸干净的空气，吃上放心农副食品。深入推进美丽乡村标准化建设，以安吉为样板的《浙江省美丽乡村建设规范》成为全国首个地方标准，安吉领衔制定的《美丽乡村建设指南》国家标准正式发布，使全国美丽乡村建设从定性的、号召性的方向性概念走上了定量的、可考核的标准化道路，同时也使群众得到看得见、摸得着的实惠。全省率先开展农村垃圾分类减量试点工作，在133个行政村全面推开，全覆盖乡镇达到11个。大力推动城镇公共服务不断向农村基层延伸，在13个全覆盖的基础上，实现省地医院联合办医，成功创建全国义务教育均衡发展县，农村文化礼堂建设全省先进，农村数字电影院全国示范。建立“安吉幸福指数"指标评价体系，在2013年新华社联合发布中国美丽乡村安吉幸福指数的基础上，2014年新华社又以安吉为范本，发布了"中国美丽乡村（安吉）幸福指数"，进一步把提升群众的幸福感作为干好各项工作的动力和最大目标。

四 安吉"两山"转化的主要特点

安吉的"两山"转化之路是在科学发展观和生态文明理念的指导下，以良好的资源禀赋为基础，以建设现代文明与生态文明相融合的美丽乡村为总载体，以经济转型升级为路径，以全民素质提升为目标，走出的一条生态与经济、农村与城市、农民与市民、农业与第二、第三产业融合发展的道路。

（一）切准载体推进

一是找准美丽乡村这一切合安吉实际的工作载体，打造全国性的美丽品牌。2007年下半年，县委县政府抽调政研室、党校、农办4名骨干"闭门造车"三个月，研究出"四项目标、四度架构、四美原则、四大工程"一整套的创建体系，计划用十年时间（2008—2017年）建成"中国美丽乡村"。事实上，通过5年努力，美丽乡村的影响力已经覆盖全国，上升为国家政策层面的全局性工作。二是利用好"国家生态县"创建这一载体，做足"利用环境"和"改造环境"文章。开展"全国试点"工作，安吉乘势而上，站在美丽乡村建设的大舞台，做深做强"经营环境"和"享受环境"的大文章，提出生态文明"2年省级示范、5年全国示范"的目标，2016年又启动"两山"重要思想实践示范县和国家生态文明建设示范县的创建工作，不断创新成为安吉生态文明建设的动力源泉。

（二）加快转型升级

安吉多年来始终坚持实施生态立县战略不动摇就是推进县域经

济的可持续发展。一方面，积极推进生态经济化，在生态建设中引入市场机制，依靠现代科技和管理，使生态环境释放经济效应，实现生态资源的经济化。另一方面，大力推进经济生态化，通过传统产业的生态化改造，推行清洁生产，发展循环经济，使资源的利用率达到最大，环境的污染降到最小，实现县域经济的生态化。例如，安吉竹产业是一个超百亿元、覆盖1700多家企业的传统产业，推动转型升级着眼点就在基础加工环节，主要特点是低小散多，有520多家，废水量少但浓度高，平均COD浓度达3.46万毫克/升，国内无成熟工艺，简易处理无法稳定达标排放。安吉县2006年联合浙大技术攻关，2008年开始集中整治，整合为200家左右基本标准化加工企业，每家企业建成统一收集装置，成立专门运输车队。2009年建成竹废水专业污水处理厂，日处理300吨，相当于2万吨城镇污水处理厂，采用的大型厌氧罐技术，填补了国内空白，年削减COD 400吨以上。

（三）突出创新引领

守住绿水青山是前提，转化绿水青山是关键。实践中，安吉紧紧依托生态资源，实施创新引领，架起了绿水青山向金山银山转化的桥梁。2009—2015年，安吉县的研究与试验发展经费支出占GDP比重由0.73%增加至2.17%；人均本级科学技术支出由107.20元/人提高至308.12元/人；高新技术产业增加值占工业增加值的比重由6.63%增加至35.15%；专利申请授权量由679项增加至3005项，其中发明专利由10项增加至182项。实施“科技型企业梯度培育”计划，已培育省科技型企业241家，规模以上企业中建有县级以上研发中心达到118家。实施科技部“安吉县农村生活污水处理技术集成示范”、财政部“毛竹笋竹林高效生态经营技术的示范与推广”、农业部“茶叶标准园”等国家级科研项目12个。已建成“浙江省椅业区域创新服务平台”“安吉县工业设计中心”和“安吉县竹产业研究院”3个公共创新服务平台。其中，科创园一期被科技部认定为国家级科技企业孵化器。同时，结合安吉特色和优势，积极探索"互联网+""科技+金融""公司+农户+农场"三种"星创天地"模式，积极打造"三农"版众创空间。科技金融结合紧密，通过科技银行、小微企业风险基金池、科技担保、专利质押等多种渠道，累计为中小企业解决融资3.02亿元。

（四）强化政策支撑

安吉早在2003年就专门设立2000万元生态建设专项资金，主要用于生态建设各项创建的"以奖代补"和生态项目的"以奖促治"。2008年开展美丽乡村创建，县乡镇两级财政投入以奖促治达1.5亿元，民间资本投入也随之逐年增加，如竹木制品高浓度废水处理、农家乐生活污水技术等一批全国领先的新型环保实用技术在安吉广泛应用。2012年开始设立2000万元的生态文明专项考核资金，对乡镇实行分类别、差异化年度绩效考核。加强美丽乡村人才合作，培育1000多名生态建设实用人才，加快生态文明建设进程。

（五）倡导全民共建

建设生态文明，对社会意识有引领作用，对生产生活方式转变有促进作用，对政府部门决策有影响作用。安吉把"生态立县"的战略推向了社会。通过持续13年的"3·25"生态日和"6·5"世界环境日活动，圣氏生物、良朋中学等一大批绿色企业、绿色学校、绿色社区蓬勃发展，徐佰成、任卫中等一批民间环保卫士的不断涌现，滴水公益、生态公益协会等一批环保民间志愿队伍的纷纷诞生，为推进生态文明建设注入了新鲜的血液和不竭的动力。

五　安吉"两山"转化的动力机制

（一）思想生态化是安吉模式的基础

安吉"两山"转化的过程，就是生态经济的发展历程，经历了

“环境资源化、资源生态化、生态经济化”三个阶段。三个阶段的阶梯式发展，鲜明地反映了安吉人思想观念和发展理念三次重大“突围”，三次大转变，使安吉人摆脱了“小富即安、不富也安”的思想束缚，突破了群山小路的“瓶颈”制约，走出了绿色如何生钱的困惑。安吉县充分认识到自身独特的地方历史人文资源所具备的生态价值，在对其进行个性化生态定位后，通过各种社会活动营造良好生态建设氛围的同时，进一步提升全民生态文明意识。

（二）行为生态化是安吉模式的实施路径

安吉在创新发展生态农业、大力发展生态工业、加速发展生态旅游业的基础上，建立了第一、第二、第三产业结合的现代化生态生产体系，实现了以生态文明为主线的第一、第二、第三产业融合发展模式。安吉的自然条件、生态环境、区位特点决定了发展绿色产业是最好途径。安吉是著名的“中国竹乡”“中国椅业之乡”“中国竹地板之都”和浙江“农家乐”的发源地。围绕竹子、白茶、蚕桑这三个农业主导产业，安吉大力发展第二、第三产业，做到了农业“接二连三”。同时，安吉县委县政府大力打造县域经济整体品牌优势，形成了“中国竹乡”“中国首个生态县”和“中国美丽乡村”三张亮丽的名片，进而使农业在“接二连三”的同时实现“跨二进三”，变农业资源为农业资本，在要素重新定价、重新分配中占据主动，实现三农跨越式发展。

（三）制度生态化是安吉模式的重要保障

安吉通过建立高效的行政管理机制、构建多元投资机制、实施个性化考核机制、完善生态补偿机制等全力保障生态文明建设，实现“两山”转化。建立高效的行政管理机制。加大行政体制改革，整合有关部门职能，设立矿资办，统筹全县砂石、矿产资源的保护、利用与开发。成立县旅委和旅游发展集团公司，提升生态资源的整合力，大力发展休闲旅游业。成立灵峰旅游度假区，全力打造综合展示生态文明建设成果的核心区。构建多元投资机制。充分发挥财政杠杆的调节和激励作用，财政每年安排专项资金1.2亿元，实行"以奖代补"，提高生态文明建设的参与热情和建设质量。同时，大力引进社会工商资本参与生态文明建设，共建共享共赢。实施个性化考核机制。按不同乡镇功能定位，分别设立A、B、C三种类型，变单一的经济考核为综合考核。生态功能型乡镇强化生态建设，取消工业经济考核，真正将生态文明建设与干部实绩考核挂钩。这一考核机制打破了以往"大镇稳坐钓鱼台"的常态。完善生态补偿机制。加大财政转移支付力度，对B类、C类乡镇按照生态文明建设考核成果予以奖励。不断完善排污指标有偿使用和排污权交易制度。加大生态公益林补偿力度，逐年提高生态公益林补偿标准。探索企业环境污染责任风险金制度，逐步全县推广。

六　安吉"两山"转化的路径分析

（一）转变发展观念，树立正确导向

政府的价值取向直接影响当地的战略发展，党委政府树立正确的生态价值观、发展观和政绩观。在确定发展思路、发展目标时体现生态特色，将高品质的生态环境作为稀缺要素和重要生产力，引导经济社会科学发展。充分认识经济生态化和生态经济化绝不是排除发展、消极地保护生态，不能就生态论生态，而是以生态文明建设为重要载体的科学发展。安吉的实践说明，生态文明建设一方面促进了人与自然、人与人、人与社会的和谐共生；另一方面促进了经济社会又好又快发展，实现了人民群众生活水平的不断提高和生活质量的持续改善。此外，在推进经济生态化和生态经济化的过程中，正确的政绩观也是至关重要的，在生态文明建设实践中，不走拼资源、拼环境的老路，理性地处理"金山银山"和"绿水青山"的关系，明确"绿水青山就是金山银山"，努力找准科学发展与发

挥生态优势的结合点，把握生态保护与开发的平衡点，培育生态经济增长点，在科学保护的前提下，在环境承载力的范围内，积极促进经济社会永续发展。

（二）创新政策举措，建立支持体系

完善循环经济技术支撑政策。技术创新是推动循环经济发展的必要和关键条件。政府加大对技术创新的支持力度，建设完善的技术支撑体系。科技部门制定出循环经济的技术发展规划和实施方案，构建循环经济技术创新的政策体系。鼓励并引导高校、科研机构结合生产需要和市场需求，对循环经济技术进行开发和研制，积极引进国内外成熟的技术，为企业提供技术支持。建立完善多元投入体系。建立国家、集体、个人、金融、企业等多渠道、多层次、多元化的投入体系。按照“谁投资、谁经营、谁受益”的原则，鼓励不同经济成分和各类投资主体以独资、合资、承包、租赁等多种形式参与生态环境建设、生态经济项目开发。鼓励支持银行等金融部门试行“绿色信贷”，对生态文明建设、生态环境保护、生态文化发展、农旅结合项目、文旅结合项目、林权抵押贷款等给予优惠政策。完善主体责任制度。一方面，要着重完善产业经营者的责任制度，在传统法律责任制度的基础上，建立生产者为主的延伸责任制度，通过使产品制造者对产品的整个生命周期负责特别是对产品的回收、循环和最终处置负责来降低产品的环境影响，增加生产者在节能环保中的义务，从根本上对企业主动进行节能环保产生激励和约束。另一方面，要完善产业监管者的责任制度。要明确规定政府在促进经济生态化发展中的各项责任和义务，对于盲目进行产业安排和发展造成严重污染和浪费资源等环境问题的行为，要严格按照法律程序追究相应的法律责任。完善土地、环保、监察、项目审核以及行业管理部门的职责，确保各部门各司其职、密切配合，明确信息共享、监管协调机制，并落实问责制。

（三）调整产业结构，促进有机融合

政府制定有利于促进产业结构调整和优化升级的产业政策，进而构建起循环经济产业体系乃至全面的生态经济体系。打造安全高效生态农业。有效整合丰富的农业资源，进一步优化调整产业结构，优化提升传统农林业，积极推进循环经济，促进生态、产业互补双赢。构建集约节约的低碳工业。巩固与调整传统优势行业，限制或整改一批高消耗、低效益产业，强化和优化工业企业的规模效益，培育和引进高新技术企业，形成竞争优势较为明显的特色制造业基地。以规划为指导，统筹安排产业、城镇和生态三大空间，依托工业园区等产业载体，构筑"产业集聚发展、污染集中处理、优势集约体现"的工业发展格局，达到"资源—废弃物—再生资源"的循环整合，从而提高资源利用，形成区域优势、规模优势和集聚优势的同时有效降低工业污染和环境影响，促进工业的健康发展。做大做强休闲旅游产业。生态旅游是"生态经济化、经济生态化"的重点，将生态旅游业培育成为支柱性龙头产业，构建休闲生态旅游产业发展体系。充分发挥区位、产业、资源、生态等方面的优势，突出放大品牌效应，强化经营村庄、经营基地、构建大景区理念，着力加快推进生态休闲产业发展。在项目引进方面，根据休闲旅游业的发展方向和产业布局，招商引资的休闲旅游项目突出休闲性、参与性和体验性，做出特色产品；在合作方向上，积极引进战略投资者，组团式开发建设商务休闲、度假养生、宗教文化、康体运动、文化创意等一批高端休闲旅游项目，形成重量级拳头产品集群。

（四）提供补偿激励，激发内在动力

促进经济生态化和生态经济化，按照生态亦是资源的理念，推进生态资源产权界定工作，探索建立使用生态资源付费制度，推进生态补偿机制建设；同时，在保护生态的前提下，积极推进生态衍生资源以及与生态资源具有密切联系的相关资源的开发利用。建立

生态文明建设激励引导机制。设立生态文明建设专项资金，通过以奖代补、以奖促治，加强财政资金对生态文明建设的奖励、补助。加大公共财政的环保投入力度，确保财政对环保支出的增幅高于经济增长速度。完善县域生态建设政策、生态乡镇（村）创建政策、中国美丽乡村创建政策，形成生态文明创建工作政策体系。加大土地、资金、人才、科技、财税、管理等要素资源向生态文明建设集中、集聚，把更多的有限资源用于生态项目建设、生态环境改善、生态经济发展。在每年的“实事”项目计划中要重点安排生态文明建设项目，保证年年有项目带动、有资金保障生态文明建设。建立生态效益补偿体系。全面推进排污权交易制度改革，探索化学需氧量交易、二氧化硫交易、水资源使用权交易。健全生态公益林补偿机制，推行一户一卡制度。坚持“谁开发、谁保护，谁破坏、谁恢复，谁使用、谁付费”的原则，巩固对环境进行补偿的排污收费政策，制定资源价值补偿制度，保证生态资源环境的永续利用。探索“资金横向转移”补偿模式，工业经济重镇通过财政直接向生态保护乡镇进行财政转移支付，通过横向转移改变地区间既得利益格局，实现地区间公共服务水平的均衡。建立使用生态资源付费制度。生态资源的过度使用和开发将造成生态环境的破坏，为保持生态系统自身的可持续循环，可结合实际，逐步出台环境资源的有偿使用政策，明确各类主体功能区的环境资源使用最高限额、超限额环境资源的有偿使用最低价格，建立健全资源消耗补偿和排污权交易市场体系和机制，构建市场化的环境资源转移支付制度。

七　安吉“两山”转化的经验启示

安吉县的“两山”转化之路是依托一个生态的品牌（中国美丽乡村），用生态的理念，发挥生态的优势，大力发展生态经济，走出了一条生态文明与经济发展相统一的路子，实现了生态保护与经济发展的良性循环。

（一）正确处理经济发展与生态建设的关系

经济发展和生态建设这对矛盾既是经济后发地区面对的主要矛盾之一，也是经济后发地区科学发展难以回避的现实课题。安吉推进科学发展，始终牢固树立生态建设与经济发展互促共进、互为补充、互相依存的和谐共赢关系，坚决摒弃两者的对立矛盾论，扬生态之长解决长远发展问题，补工业之短解决当前发展矛盾，提开放之速解决步伐动力问题，把这三者有机统一起来，推进生态经济化、经济生态化两者高度融合，从而实现了经济快速发展，实力快步提升、生态保护良好、人居环境优越、百姓富裕殷实。

（二）坚持因地制宜发展生态产业

不同地区有其独特的生态资源优势，应该准确定位，选择符合自身特点的发展道路。只有着力拓展生态系统的生态与文化的功能，充分利用生态资源优势，向生态产业和文化产业等方面转移，才能不断拓展生态系统的多重服务功能，实现生态环境根本好转和长期保持。安吉的实践告诉我们，山区县的资源在山水，潜力在山水，山区县的发展完全可以摒弃常规模式，让绿水青山变成金山银山，走出一条通过优化生态环境带动经济发展的全新道路。

（三）坚持城乡统筹协调发展

城乡统筹重点在"乡"、难点在"统"，城乡统筹要注重顶层设计与规划引领，要始终把城市和乡村作为一个整体，统一规划、同步建设，扭转重城市、轻乡村的建设倾向，真正实现新农村建设与城镇化发展双轮驱动。在"四化同步"发展中，必须坚持以缩小城乡差距为根本取向，重视改善农民福祉，让广大农民均等地享受发展成果，使农村发展得更好、更快。首先是统筹城乡规划与建设投入。在城乡发展一体化规划的基础上，重点加大向农村倾斜力度，推进农村面貌显著改善。其次是统筹城乡产业发展。统一规划产业布局，推动现代农业、农产品加工业、休闲农业和农村文化产业集聚发展。最后是统筹三化同步发展。按照“宜工则工、宜农则农、宜游则游”的原则，建设各具特色的小城镇，通过产业与镇村融合发展，改变农村面貌、繁荣农村市场、推动农村社会发展。

（四）坚持群众路线取得群众拥护

习近平总书记指出：“良好生态环境是最公平的公共产品，是最普惠的民生福祉。”“两山”转化离不开群众的支持，必须充分发挥群众的力量。比如美丽乡村建设中涉及广大农民的切身利益和大量建设项目，特别是垃圾、污水处理，村庄道路和庭院改造等和农民日常生产生活息息相关，只有充分发挥农民的主体作用，坚持尊重民意、维护民利、由民做主原则，注重由农民群众自己决定村庄整治建设等重大问题，着力解决农民最关心、最直接、最现实的利益问题，充分协调和保护好农民群众的积极性、主动性、创造性，组织和引导广大农民参加美丽乡村建设，变“要我干”为“我要干”，才能真正形成“一呼百应”，建设美丽乡村的生动局面。要加大宣传教育力度，引导群众转变观念，尤其是要不断增强群众服从规划管理的自觉性、维护环境卫生的责任感以及参与美丽建设和美丽经济的积极性，并充分发挥广大农民的聪明才智，为生态环境保护和生态经济发展做出最大贡献。

生态文明视角下美丽乡村全域化景区建设模式研究

——以安吉山川乡为例

陆　韵*

从10多年前的“千村示范万村整治”工程启动至今，浙江省美丽乡村建设取得丰富成效。步入“十三五”时期，城乡统筹和生态文明建设要求全面提升，美丽乡村建设应结合经济发展新常态，以创新、协调、绿色、开放、共享五大发展理念为先导，加速转型升级。安吉县山川乡是浙江省最美乡村之一，于2015年1月获批全国首个全乡域4A级旅游景区，成为全域化景区建设的经典范本，本文将在生态文明视角下分析山川全乡域景区建设模式，为美丽乡村的深度变革提供创新实践思路。

一　安吉山川全乡域景区建设的必要性和可行性

乡村全域化景区建设，是指在县、镇或村的全范围之内以景区标准加强规划、建设、管理与经营，构建生态良好、盈利充分、功能多样的综合性大景区，实现当地社会、经济、文化发展和城乡统

* 陆韵，硕士，讲师，湖州师范学院社会与发展管理学院。

筹发展。作为美丽乡村高层次发展阶段的创新举措，其必要性在于:美丽乡村建设是一个需长期探索的实践过程，初期以环境整治、资源保护、乡容改善为主要内容，通过加强基础设施建设呈现人与自然和谐共处的良好态势；随着城乡一体化要求的提升，后期建设转向宜居、宜业、宜游等多样化功能开发，通过强化经营和整合资源，将分散于各点的生态优势转化为财富优势。同时，单个村落各自为政的小规模发展局面不利于乡镇生态资源的整体开发，且乡村风貌的同质化也影响投资效益，导致部分资源浪费。全域化景区建设有助于丰富美丽乡村建设载体，创新生态经济的经营模式。

美丽乡村景区全域化力图打破景区内外的界限，营造处处是风景的乡村旅游体验，这一理念对政府公共服务能力、基础设施建设、经济基础条件有较高要求，只有基础条件成熟的地区才可能完全实现。[①] 安吉县山川乡位于湖州市的最南端，因山川广布而得名，46.72 平方公里行政区域内涵盖 6 个行政村，43 个村民小组。从 2003 年开始，山川乡围绕“生态立乡，旅游强乡”的战略推进生态环境建设，通过“五改一化”和“双百千工程生态村建设”，大力改善乡容乡貌、配备完善服务设施，将高家堂村、马家弄村等建成典型示范村。山川全乡拥有 91.3% 的植被覆盖率，优美生态成为十年山水变迁的缩影，曾被评为中国美丽乡村精品乡和新浪浙江十大旅游目的地。2013 年，山川乡接待游客达 50 万人次，直接旅游收入 6800 万元。生态环境的优化、休闲项目的落地、绿色经济的兴盛，再加上知名度的扩大和游客量的递增，都为山川乡实现景区全域化奠定了基础。

① 郭探微:《正确理解全域景区化的概念》,《中国旅游报》2014 年 4 月 4 日。

二　安吉山川全乡域景区建设的实践模式

景区开发是依据当地条件，投入适当资金，通过科学的调查、评价、规划、建设、经营等，使未被利用的资源得以利用，已经被利用的资源在深度和广度上得以加强的过程。① 山川乡凭借美丽乡村建设的前期优势，于2010年提出4A级大景区建设，2012年开启生态建设之路，落实空间规划、资源挖掘、产品设计、产业推动等，依据时间维度，可将山川全乡域景区建设模式归纳如下：

（一）目标定位与战略规划

全域化景区建设的首要环节是进行合理的定位与规划，在目标选择和价值判断的基础上预测景区开发的任务、内容和成果要求，对景区要素进行统筹部署，促进资源与市场的匹配。

1. 以“浪漫山川”为目标

寓意深刻、特征鲜明的形象主题是一个景区的标志，构成规划与经营的核心目标。山川乡依托自然环境优势创立“浪漫山川”生态文化品牌，作为全乡域景区的灵魂。“浪漫”无论在城市还是农村，都是满足生存需求之后的高层次精神需求。“浪漫山川”在生态优美的基础上更为强调人景交融，旨在将美丽乡村打造为情缘的起点，心灵的归宿。因此，景区功能定位是多样化的，除休闲娱乐外，更为注重人文体验。同时，作为美丽乡村深化改革的举措之一，以“浪漫”旅游产业的经营增加当地村民收入，提升生活幸福感，也是景区开发的重要目标。

2. 以“一区两带两组团”为战略

随着美丽乡村的升级，山川兴起大批休闲旅游项目，仙龙峡漂

① 牟红：《景区规划与经营》，科学出版社2012年版，第6页。

流、芙蓉谷景区、老树林度假酒店、品园山庄等精品点已经成为该乡景区创收的增长极，也是人文和谐的中心点。经济学家纳·松巴特提出“生长轴”，认为空间极化不仅只出现在若干点上，也会出现在连接各点的重要交通干线及其沿线的线状地带。[①] 山川乡提出“一区两带两组团”的建设模式，其中“一区”是指山川乡域大景区；“两带”是指高家堂村和马家农村沿溪一带、大里村和船村沿溪一带；“两组团”包括美丽乡村示范村和精品度假项目群。通过点线面结合的战略布局，借助各个旅游产业精品点的优势带动整个乡村旅游经济的增长。

3. 以“人与自然和谐共生”为宗旨

山川乡景区建设遵循“绿水青山就是金山银山”的发展理念，以人与自然和谐共生为宗旨，不以牺牲乡村原生态为代价发展旅游业，投入大量资金和技术力量加强环境整治和基础设施建造。首先，加大资金投入。在道路建设中投资534.5万元、河道整治中投资1000万元、林荫道路建设中投资315万元。其次，重视污染治理。关停多家造纸厂和竹拉丝工厂，搬迁公墓和散坟，建成农村垃圾中转站，引入美国阿科蔓生态处理技术治理水源污染。生态保护型的景区开发模式使生态文明与绿色经济同步发展，村民通过环境改善提高生活质量，依靠绿水青山发财致富。

（二）资源整合与品牌塑造

旅游资源的丰富多元是游客产生独特体验的必要条件，生态文明视野下全域化景区建设需兼顾效益丰厚与生态良好的统一，围绕形象品牌的塑造与传播，整合、优化乡村景区资源。

1. 鼓励乡民参与建设

全乡域景区建设直接影响当地村民的日常生活，景区开发务必

---

① 徐福英：《基于城乡统筹的旅游业发展研究：模式建构与类型分析》，南开大学出版社2013年版，第137页。

要考虑村民需求，充分发挥他们的积极性与创造性。山川乡景区提供大量就业岗位，使村民成为旅游环境的改造者、景区业态的参与者、旅游服务的从业者和最终的受益者：村民入股旅游公司，如高家堂村有100多户村民是景区股东；400多名“50、60”人员实现家门口就业，遍布景区检票、导引、安保、物业、电修等岗位；工匠艺人重返竹编行业，激活景区手工艺品市场；更有七八十岁的老人向游客展示手工豆腐、年糕等的现场制作方法。人居环境的改善和村民收入的增加使全乡域景区经营变成常态，家家户户为景区建设贡献力量。

2. 绿色高端招商选资

适度引入社会资本，有助于最大化开发和整合乡村旅游资源，依托项目运作实现大景区建设。山川乡经历了从引资到选资的转变，按照景区建设需求和生态文明准则有选择地挑选项目，严格落实项目审查制度，保持山川乡原始风貌。2011年至今，引进项目20个，总投资近10亿元，创建既能体现本乡特色，又能推动山川发展的休闲旅游项目，如仙龙峡、七星谷、落伽山、林清轩、老树林等。同时，山川乡积极鼓励社会资本投入高端民宿建设，以先进的民宿经营理念，将自然生态与时尚家居相结合，借助新媒体加强营销，满足都市白领阶层需求。

3. 加速文化品牌传播

乡村生态旅游的开发必须与文化融合才能形成品牌，品牌必须经营才能鲜明，必须经历产品营销、精品营销和文化营销后才能稳定。[①]“浪漫山川”生态文化品牌的经营依赖于丰富的景区实体，如“五坊六艺”民俗区、“清灵佛禅”感悟区、“山水乡村”生活街区、“安逸隐世”住宿区、“山民生活”体验区；还有多元的活动载

① 王军：《试论乡村生态旅游文化品牌的营销》，《农业现代化研究》2008年第1期。

体，如按照12个民俗节日推进美丽乡村深度经营，使游客于每个月份都能体验不同节气的乡村风情，在亲子游戏、农事体验、团队协作、体育活动中放松身心。此外，旅游品牌的传播离不开媒介，“浪漫山川”通过标志设计、网站建设、专题拍摄、新闻报道等综合形式不断扩大知名度。

（三）环境维持与深度经营

全乡域景区建设意味着乡村旅游资源的重新整合与均衡发展，这是一个动态的、持续的过程，伴随资源的消耗、更新和重组。为此，需依据景区容纳能力和旅客需求变化，维护景区环境、优化经营管理策略。

1. 科学调控维持景区环境

全域化景区提供高品质的休闲旅游服务，有效避免了交通堵塞和景区拥挤，但其空间承载力并不是没有上限的，一旦游客人数超越接待能力，就会降低旅游品质，增加环境负担。为此，山川乡特意邀请省内外旅游业专家进行评估测算，综合生态环境承载力、游客体验效果等因素核算出最适宜的日接待旅游人次为3000人，景区严格按照这个标准控制接待人数。同时，为了维护全域化景区创建成果，山川乡制定了《4A级景区精细化管理实施办法》，由乡村干部依据精细化标准进行卫生督察，发现问题及时整改，促进全乡域大景区长效管理制度化、保洁队伍职业化、垃圾分类常态化。

2. 着力提升生态文化品位

单凭自然山水无法吸引源源不断的游客，文化是景观的灵魂，体现品牌核心价值。乡村全域化景区的建设离不开内涵的挖掘与品位的升华，在旅游项目开发过程中充分运用传统农耕文化、乡土文化知识、民族文化遗产等传统“三农”旅游资源，新建成或恢复了江南威风锣鼓、大里双龙、竹马灯、鳌鱼灯等一批民间文艺队伍，并融合了当地竹、茶、孝、民族、书画等丰富的文化元素，使每一处景观都能渗入人的主观意识。同时，山川乡注重乡民原创文化的培育，如“爱在山川·礼待自然”生态家庭演出活动展现了乡村人民的别样风情，在生动有趣的文化演出中传递生态理念。

3. 广泛吸纳内外合作力量

全域化景区并不是一个僵化封闭的空间，它与外界存在广泛的资源与信息共享交换。一方面，在乡村内部需充分发挥当地政府、企业、农民的合力，山川乡在“政府引导、村级主体、企业带动、农民参与”四位一体的协调机制作用下建立起“村企合作发展乡村旅游双赢模式”①；另一方面，景区积极开展对外联络，不断丰富旅游品牌营销策略。山川乡与浙江旅游学院开展校地合作，依托高校社会服务平台和专业研究队伍，共同实施旅游业态人才培养、旅游品牌特色创建、乡村旅游服务提升等多项工程，探讨全乡域景区规划建设与经营发展的新理念、新模式和新问题，不断推动全乡域景区的深入经营。

三 美丽乡村全域化景区建设模式运行需遵循的原则

作为首个乡域国家级4A景区，山川乡自2015年至今，加强景区项目经营，全长6.1公里的旅游环线即将形成，巴伐利亚风情酒店、宋院南禅精品酒店、零碳度假营等项目相继落实，各项基础设施进一步完善。山川乡创新实践为其他地区提供了样板，全域化景区建设在实际操作过程中需遵循以下原则。

（一）继承性与创新性相结合

全域化景区建设走精品化路线，景观与产品的设计开发需充分符合受众需求。乡土特色是全乡域景区高品质要素之一，景区开发

---

① 吴宴：《美丽乡村样板村的兴旅之路》，《湖州日报》2014年11月11日。

要注意就地取材，发挥当地独特景观资源的作用，尤其注重村民原有的生活方式，保护与继承优秀的乡土文化。山川的百年老宅和古巧栈道等人文景观，以及威风锣鼓和竹马花灯等民俗活动，形成别具一格的地方特色。同时，随着越来越多的城市人在闲时赶往乡村享受度假生活，景区项目设计还应与时俱进，跟上现代步伐，不断创新思路迈向精致化。山川乡轻奢型民宿建筑将乡村的淳朴和城市的现代相融合，做到既亲近山水又彰显现代生活品质。

（二）异质性与整体性相统一

美丽乡村在打造全域化景区时需有一套完整的体系，这与景区的目标定位和品牌塑造息息相关。全域化并不意味着乡村内每一处都要有景点，而是由几个精品点、几条精品线相互衔接而成的若干景区要素的最优化组合，每一种景区要素都有着独特的功能特性和视觉特征，从不同角度服务于景区形象主题。整体功能大于部分之和，这是全域化景区形成的重要原理。山川乡大景区以“浪漫山川”为目标，推出 11 条精品旅游线路，设置观光区、采摘区、展示区、休闲区等多个模块，各种休闲项目设计均体现人与自然的和谐共生，在异质性与整体性的有机统一中实现全乡域景区的浪漫风情。

（三）形式与意境的交融统一

随着城乡统筹一体化的推进，乡村景区功能也经历转型升级，从单纯的身心放松逐步演化为文化渗透、寓教于乐和性情陶冶。游客除了欣赏山川美景、呼吸新鲜空气之外，更希望返璞归真、重享儿时乐趣、寻回人生真谛。为此，景区项目的规划建设应充分考虑现代人的情感需求，通过设计丰富的旅游活动，使游客在景区内享受审美、休憩、体验学习、情感增进等多项功能。山川乡大景区依靠自然生态优势实现空间视觉美学效果，同时更为强调自然生态与乡土文化的结合，举办系列亲子活动、情侣活动，做到乡村景区“形”与“意”的交融统一，提高旅游景观的文化品质。

（四）吸引力与承载力相协调

具有吸引力的景观项目虽然给乡村带来了可观的旅游收入，但是仍会引起自然资源的消耗和生态平衡的打破。因此在规划设计过程中就要充分考虑景观项目与乡村原始风貌之间的相互作用和影响，以生态保护为重要原则精选投资项目，合理布局景观要素，将对乡村环境的破坏和村民生活习惯的影响降到最低。随着大景区建成之后游客量的增加，势必考验景区接待力和环境承载力，这需要当地政府对旅游经济效益和乡村生态环境之间进行理性取舍，运用专业力量科学计算景区承载力，制订合理的开放运营计划并严格实行，兼顾乡村的经济效益、社会效益和环境效益，最终谋求旅游与自然、文化和人类生存环境的协调发展。

乡村复兴视角下美丽乡村建设的实践与探索

——以德清为例

课题组*

中国是一个农业大国，自古以来就有以农治国的传统。传承数千年的农耕文明在中国历史文化进程中一直占据主导地位，使乡村地域构成了支撑整个国家经济和社会结构的基本面。20世纪80年代前期，因农村改革创造出的一次性制度变迁效应，曾出现过短暂的农村经济繁荣，但很快就成了明日黄花。改革开放之后的30多年，城乡差异快速拉大。积重难返的城乡矛盾构成了中国城镇化与现代化问题的基础与核心。中央连续多年以“一号文件”形式推进农村改革与发展，新农村建设运动在全国各地展开。近年来，德清县坚持以“创新、协调、绿色、开放、共享”五大发展理念为指导，努力践行“绿水青山就是金山银山”重要思想，深化县域生态文明建设，全力打造“美丽中国德清样板”，尝试探索走出一条让乡村能够形成价值回归、社会认同、自身造血、重塑繁荣的复兴之路。

一　乡村复兴的内涵和意义

“乡村复兴”是一个系统性概念，它所包含的内容非常复杂，

---

* 本课题组由德清县农办王国树、姚建强、蔡加星组成。

涉及乡村空间、产业、文化等多方面的复兴，目前国内还未对这一概念有统一的解释标准。张京祥等（2015）提出，完整意义上的乡村复兴应该包括两个方面的基本内涵：一是从外在而言，乡村在城乡聚落的连续谱系中具有独特而又显著的地位，让乡村回归乡村，在文化传承、生态维育、食品供应等方面具有不可取代的作用，对城市形成平等互补、互相支持的关系；二是从内在而言，在前述的城乡平等的互补关系下，乡村内部能在经济、人居、治理、农民生计等方面实现自给与繁荣。① 乡村复兴是在扭转乡村单向追赶城市的认识误区，重塑乡村文化产业等发展内生动力，挖掘其不可或缺的价值的基础上，实现乡村与城市的平等互补，而不再是城市的简单附庸。

乡村复兴是在建成全面小康的美丽乡村之后的新要求、新目标和新任务，是更高层次、更高水平的美丽乡村。乡村复兴不仅是中国乡村的一次重大变革与涅槃重生，也是实现中华民族伟大复兴的必要基础和前提。正如习近平总书记所强调的："中国要强农业必须强，中国要富农民必须富，中国要美农村必须美。"

二　德清乡村复兴发展实践成果

德清县以打造美丽乡村升级版为目标，通过政府主导、政策驱动，科学规划、分步实施，强化整合、统筹协调，不断完善美丽乡村建设的体制机制，在总结前期建设经验的基础上，按照高起点谋划、高标准建设要求，编制完成《德清县美丽乡村升级版战略规划（2016—2020）》，指导新一轮美丽乡村升级版建设。全县按照战略

① 张京祥、申明锐、赵晨：《乡村复兴：生产主义和后生产主义下的中国乡村转型》，《国际城市规划》2014 年第 5 期。

规划开展了“绿美乡村、共富乡村、人文乡村、智慧乡村、乐活乡村、善治乡村”六村行动计划，取得了不俗成效。

（一）大力提升农村人居环境，建设生态农韵的绿美乡村

围绕“县域大景区”的构想，按照“点上出彩、线上成景、面上美丽”的总体要求，“点线面”结合全面提升县域美丽度。

1. 开展美丽乡村特色精品村和示范乡镇创建

成功创建11个县级精品示范村、107个市级美丽乡村、11个省级以上美丽宜居示范村和6个美丽乡村示范乡镇。

2. 打造美丽乡村风景线

按照“串点连线成片、整体耐看可游”的要求，高标准建设环莫干山异国风情景观线、中东部历史人文景观线、蚕乡古镇景观线、防风湿地景观线、水梦苕溪景观线5条各具风情的景观线，把美丽乡村“盆景”串成“风景”。

3. 改善农村生态环境

以“五水共治”“四边三化”“三改一拆”、大气污染防治为抓手，打出一系列环境整治“组合拳”，有效改善城乡环境面貌、优化生态环境，成功创建全国生态县。创新实践“九法治水”，全面落实“河长制”，完成“清三河”治理任务。积极开展“三改一拆”，无违建县创建先进县复评通过。坚持“一根管子接到底”，大力开展农村生活污水治理，实现治理村全覆盖，在全省首创县、镇（街道）、村、农户及第三方“五位一体”长效运维管理模式。坚持“一把扫帚扫到底”，全面实行城乡一体的环境卫生管理体制，城乡垃圾收集覆盖率和生活垃圾无害化处理率达100%。

（二）大力发展美丽经济，建设共创共享的共富乡村

践行“绿水青山就是金山银山”重要思想，依托美丽乡村发展多种业态的美丽经济，推进“美丽田园”建设，促进“美丽农业”发展，带动村级集体经济发展壮大，实现农民共创共富。

1. 推动都市型高效生态农业发展

德清大力实施农业“两区”建设，积极推动产业集聚发展、产业全链发展、功能融合发展，农业现代化综合评价居浙江省各县（市、区）第一位。培育壮大现代农业经营主体，现有县级以上农业龙头企业124家、农民专业合作社259家、农民专业合作社联合社2家、经工商登记的家庭农场数276家。打响“讲道德·更健康”农产品诚信品牌，列入国家农产品质量安全县创建试点。

2. 提升新型业态发展水平

乡村民宿业蓬勃发展，培育了以裸心谷、法国山居等“洋家乐”为代表的350家特色精品民宿，带动了76家休闲观光农业园区，2015年度实现农洋家乐经济营业总收入7.05亿元，获评全国休闲农业与乡村旅游示范县。

3. 实施“富民强村”工程

县财政每年安排1000万元专项资金用于集体经济薄弱村的帮扶转化、村级集体经济创收项目建设，提升村级组织的“造血”能力和整体服务功能。实施低收入农户收入倍增计划，按照“一户一策”的要求，提升收入水平。2015年，农村常住居民人均可支配收入24934元，同比增长9.3%，城乡居民最低生活保障标准提高到每人每月615元，低保覆盖实现应保尽保。

（三）弘扬农村文明乡风，建设文化为魂的人文乡村

深挖德清特色文化，充分发挥历史文物、文化风俗的文化价值、景观价值和经济价值，积极培育历史文化与现代文明有机结合的美丽乡村。

1. 推进乡村文化建设

德清县在全国首创农村“和美乡风馆”，并大力推进农村文化礼堂建设，建成农村文化礼堂70家，实现乡村文化从“送”到“种”。

2. 积极筹划敬农文化节

以“崇农、爱农、兴农”为主题，展现德清美丽乡村和现代农民风采，挖掘德清农业文化深层内涵，筹划“中国（德清）敬农文化节”主题活动，全面塑造美丽乡村的敬农文化主题，强化“中国（德清）敬农文化节”的思想理念。

3. 加强历史文化村落保护利用

大力开展民国风情——燎原村、爱情小镇——蠡山村、防风古国——二都村3个历史文化重点村建设，编撰完成德清县历史文化村落故事集，建立“千村档案”。

（四）大力推进农村信息化，建设“互联网+”智慧乡村

抓住信息化和互联网时代到来的契机，启动“美丽乡村+互联网”项目，让美丽乡村插上互联网的智慧翅膀。

1. 大力发展农村电子商务

以农村电子商务发展带动“大众创业、万众创新”，建成淘宝“德清馆”农产品销售平台，大力培育电子商务特色村，全县行政村以淘宝商店和丰收驿站为主的电子商务平台全覆盖，完成农村电商服务站192家。

2. 大力发展智慧农业

推进“互联网+现代农业”，大力发展智慧农业。全县落实智能化农业生产园区2个、物联网示范点6个，德清绿色阳光农业生态有限公司建成高档花卉生产温室实施智能化控制系统，用手机APP实现管理，小根鲌鳜渔业示范区等组成的德清新港省级现代农业综合区智慧渔业的示范生产区，给农业园区、鱼塘连上“智慧”翅膀。

3. 大力发展“互联网+”农村基础公共服务

把互联网用于农村基层公共服务体系建设，着力创新机制、整合资源、完善程序、健全制度，努力打造“高效、快捷、便民”的新型乡村公共服务模式，实现各类服务“一卡通”。

（五）推进城乡综合配套改革，建设城乡联姻的乐活乡村

德清作为全省唯一的城乡体制改革试点县，承担农村集体经营性建设用地入市、赋予农民对集体资产股份权能改革等14项国家级、25项省级改革试点，取得明显成效。

1. 深入推进“新土改”

以产权制度为核心的农村改革，通过确权、赋权、活权、保权，将农村死产变为活权、活权变活钱，切实助推农民收入增加、改变生产生活。全县土地（林地）承包经营权100%确权，宅基地100%确权发证；全县农户100%完成农房所有权颁证；村（社区）集体经营性资产股份制改革100%完成。村土地（林地）股份专业合作社100%完成组建。同时打造全省首个四级联动的农村产权交易示范平台，在全国率先敲响“农地入市”第一槌，撬动农村沉睡资产。

2. 积极开展“新金改”

以省金融创新示范县建设为抓手，在农村产权全面确权的基础上，通过推动金融下乡、发展普惠金融等途径，为农民致富、农村发展提供强有力的信贷保障和高水平的金融服务。成立浙江省首家“道德银行”，根据道德积分对农户实施信用评定和政策倾斜。12家金融机构累计发放“三权”抵押贷款2962户，共计金额8.47亿元。

3. 持续深化“新户改”

2013年9月，在全省率先建立了城乡统一的户口登记制度，全面梳理以不同户口性质划分而区别实行的公共服务类型，共涉及12个部门33项政策全面并轨，逐步消除了依附于户口上的城乡差别待遇。

（六）巩固社会和谐成果，建设服务臻美的善治乡村

持续深入推进“平安德清”建设，全力构建法治、德治、自治“三位一体”社会治理模式，持续深化“驻村连心”“返乡走亲”

等行之有效的活动载体，创新推行“乡贤参事会”“便民36条”等基层自治的好做法，进一步提高社会治理能力，实现了平安建设的“十一连冠”。

1. 开展美丽家庭创建活动

以“立德、立言、立业、立境、立信”五立评价标准实施美丽家庭创建活动等为载体，开展美丽家庭创建活动，落实美丽乡村“共建共享共美”的建设机制。

2. 开展“十线百村”党建提升工程

深入开展“十线百村”党建提升工程，软弱落后村“一村一策”整改转化到位，县镇村党组织书记抓基层党建责任清单全面落实。

3. 开展全民道德教育

深入开展全民道德教育，设立全国第一个“公民道德教育馆”，创新推出“百姓设奖奖百姓”，根据道德模范感人事迹编排成越剧《德清嫂》登上国家大剧院的舞台，形成公民道德建设中独特的“德清现象”。

三　乡村复兴之路上德清面临的问题

（一）美丽乡村建设覆盖不全面，发展不平衡

德清县已完成了第一轮“和美家园”创建的全覆盖，乡村环境在综合整治之后得到了显著的提升，但细节的打造依然不够全面和完善，离村村美、处处美仍有一段距离，加之资金投入、地域差异、人才队伍等问题，全县美丽乡村建设整体并不平衡。从城乡对比来看，乡村的公共服务和治理能力与城市相比还存在一定差距，仍需要进一步加强。从地域对比来看，西部山区依托生态环境优势和莫干山民宿品牌优势，美丽乡村建设水平要明显高于中东部平原

地区。此外，一般村与精品村之间的差距也比较大，急需实现县域美丽乡村建设的全受益和全覆盖。

（二）精神和物质文明协调发展有待进一步推动

自“和美家园”创建以来，德清美丽乡村建设得到了快速发展，农村的基础设施和生态环境得到极大改善，在全省居于领先地位，可谓成绩斐然，但农村精神文明建设却没能够同时发展、稳步跟进，在全县轰轰烈烈搞建设的过程中出现了一些不和谐的现象。农民文化素质普遍较低，以及历史遗留下来的不好习惯已经成为困扰当前乡村精神文明建设的一大难题。尽管德清县过去十几年的农民培训工作取得了一定成效，但依然有不少农民仍停留在过去的“小农意识”里，道德文化素养和人文素质都亟待提高。

（三）乡村产业发展内生动力有待进一步激发

乡村复兴关键在于培育壮大乡村产业，重塑乡村发展的内生动力。不同区域的乡村应根据自身的内在因素和外部动力、充分挖掘产业发展潜力，找到新的经济增长点，立足长远定位相应的农村产业组合模式，培育多元产业结构。美丽乡村创建提供了绿色可持续发展的生态资源，为德清乡村产业的发展提供了新的空间和平台。但是，这一成果转化的效果还不够明显，“美丽乡村＋互联网”、“美丽乡村＋旅游”等“美丽乡村＋”系列的组合多元化发展模式还需要进一步探索和深化。

（四）乡村文化挖掘和传承有待进一步强化

如果产业是为乡村复兴“塑形”，那么乡村文化则是为其“塑魂”，是乡村永葆魅力，彰显独特价值的核心所在。古来乡情之所以这般厚重，也正是因为有了文化的承载。因地制宜地保持乡土文化的多样性，最大限度地挖掘和传承丰富多彩的地域文化，并且将其有机渗透到乡村现代生产与生活之中，是在乡村实现古代文化与现代文明相得益彰的必由之路。为此，德清县投入了大量的精力重塑乡村文化魅力，构建乡土文明，虽然取得了一定成效，但依旧任重而道远。

四　乡村复兴视角下德清美丽乡村建设的思考与对策

近年来，德清以打造“全域美丽、城乡一体、乡风文明、生活美好”的美丽乡村升级版为目标，全域谋篇布局，取得了显著成绩，为推动德清在乡村复兴的道路上先行先试奠定了坚实的基础。一定意义上，乡村复兴与美丽乡村升级版的创建目标是高度一致的，全力推动美丽乡村升级版的顺利实施就是当下德清的乡村复兴之路。“十三五”期间，德清县将以三个重点工程、一个保障机制为主要抓手，加快推进美丽乡村升级版建设，为乡村复兴之德清实践再增添助力。

（一）以美丽乡村建设全受益全覆盖为目标，全力推进“个十百千万”工程

1. 一个美丽乡村示范县创建工程

在县委县政府的领导下，德清人民群策群力，打造精品线、精品示范村，彰显地域特色，共建美丽家园，成功入选浙江省首批美丽乡村示范县。下一阶段，德清的美丽乡村建设将深入贯彻落实县委十三届九次会议精神，坚持以五大发展理念为指导，继续加快推进美丽乡村升级版建设，打造更高标准的美丽乡村，争创全国美丽乡村示范县。

2. 十条美丽乡村升级版的精品线打造工程

通过新建、提升、延伸等途径，全面推进十条美丽乡村景观线建设，覆盖137个行政村，每条景观线上打造一个生态环境优美、个性特色明显、文化内涵丰富、产业高度融合、乡风文明和谐、辐射带动能力强的乡村小镇，辐射带动周边区域同步发展、共享共赢。形成主题突出、特色鲜明、形象亮丽、可憩可游的“德清十线

十镇十景”。

3. 百个美丽乡村精品示范村和特色提升村建设工程

在全面惠及全县150个行政村发展的基础上，重点规划百个示范村和提升村。按照“农旅结合、以农兴旅、以旅促农”的思路，从资源禀赋、文化底蕴、产业基础、发展条件等实际出发，通过深入挖掘资源，客观评价现状，根据各村特点，因地制宜地打造出一批各具特色的农业生产型、产品生产加工型、农村电子商务型、乡村休闲旅游型、综合精品发展型村庄。

4. 双千新型农业经营主体培育工程

通过营造“大众创业、万众创新”的良好氛围，发动群众参与美丽乡村的经营，培育壮大民宿和农家乐经营主体，推进家庭农场经营向特色庄园经营的转型，促进农民专业合作社的规范化和联合建设，促进农业企业的产业融合、全产业链发展和品牌化营销，以新型农业经营主体的数量增长、实力提升和组织体系优化为抓手，全面提升现代农业经营主体水平。力争到2020年，全县培育1000家以上的规模化的家庭农场、合作社和农业龙头企业，1000家以上的民宿和农家乐经营主体。

5. 万个美丽家庭创评工程

在创建美丽乡村和景观线的同时，通过氛围促动、活动带动、机制推动等方式引导广大家庭参与创建与美丽乡村外部环境相协调的“五立”的美丽家庭。通过创建万个美丽家庭的目标，落实美丽乡村“共建共享共美”的机制，提升德清美丽乡村建设的内涵，打造由外在美延伸到内在美的美丽乡村，实现美丽乡村的转型升级，使德清乡村焕发由表及里、由外而内的美丽。

（二）以切实提高农民道德和文化素养为突破，稳步推进农村素质提升工程

1. 加强农民科学文化教育

统筹兼顾、稳步推进农村基础教育和成人教育。在保障农村青少年义务教育的基础上，健全和完善农村职业技术教育和成人教育体系，加大对农民培训专项资金的补助力度，坚持技能培训和素质培训并重，将农村文化教育和科技教育培训结合起来。同时，加强市场和民意调查，充分调动农民积极性。以市场为导向，切实满足农民对生产技术的需求，按需施教，加快农民培训成果的效益转化，使农民由“要我学”变为“我要学”。

2. 加强农民思想道德教育

一是加强农民理想信念的教育。创新方式方法，以“乡音党课”等形式强化对农民的党情、国情和形势政策教育，及时把党对“三农”问题的决策传达给农民，使农民牢固树立中国特色社会主义共同理想。二是加强农民道德规范的教育。营造出“整洁文明”的生活氛围，“修德光荣”的德育氛围，“家和事兴”的家庭氛围和“与人为善”的人际氛围。通过开展“文明户”“平安家庭”“文明村民”等评选活动和农民读书活动，弘扬民族的传统文化和美德，营造文明乡风。

3. 加强农民法制素质教育

一是做好与农民关系密切的基础法律知识的宣传教育，加强农民的民主法治意识。多渠道、多形式、多层次、多角度、全方位地宣传，使法制宣传教育贴近农村实际，让农民爱听、爱用。二是加强对农村干部的法律教育。基层干部是农民的旗标，其素质的高低影响当地乡风和农民的素质，关系美丽乡村建设的顺利推进。对农村干部进行系统的农村法制教育，造就一代新型的农村干部和农村劳动者至关重要。

（三）以持续深化农村改革为动力，加快推进农村产业发展工程

1. 推进“三位一体”改革试点

加快“三位一体”农民合作经济组织体系建设，强化镇（街道）农合联组织服务能力，设立1000万元农民合作基金，指导农合联农民合作基金规范运作。

2. 健全农村产权交易体系

以打造镇（街道）农村产权示范交易平台为抓手，增强服务能力，扩大农村综合产权流转交易范围，重点是水利设施所有（经营）权流转交易信息发布和流转交易。通过产权的交易流转，充分发挥市场在资源配置中的决定性作用，促进农村经济的快速发展和农民收入持续快速增长。

3. 稳步推进国家、省级专项改革

重点是农村集体经营性建设用地入市改革、农村集体资产股份权能改革和农村土地承包经营权抵押贷款改革试点，探索推进经营权流转处置的工作机制，引导金融机构不断适应新型农业生产经营主体的新需求，推出新产品，取得新突破，为德清美丽乡村升级版的打造注入新的活力。

4. 全面推进农村产权制度改革

围绕“三权到户（人）、权随户（人）走”，进一步深入农村产权制度改革，加快推进农村宅基地跨镇、跨村异地置换和有偿退出，农村集体建设用地改革，撬动农村沉睡资产，推动农村资产资本化，有力激发农业农村发展活力，助推德清美丽乡村建设的成果转化。

（四）以精准护航美丽乡村建设为助力，严格落实保障机制

1. 组织领导保障

成立由县委县政府主要领导任组长，分管农业、建设的副县长及县人大、县政协相关领导为副组长的领导小组，明确相关部门职能职责，落实“三农”工作“一把手牢牢抓手上、分管领导靠前指挥”的工作机制。领导小组下设办公室，负责日常工作。办公室根据建设村和重点项目，统筹确定每年的建设行动，明确相关部门、镇（街道）工作职责。镇（街道）建立到村到户、责任到人的工作联系和落实制度。选配政治坚定、能力过硬、作风优良的干部到基层工作队伍中来，强化基层党组织和领导班子建设，优化人才队伍结构。

2. 规划引领保障

强化全域规划理念，按照“点上出彩、线上成景、面上美丽”的总体要求，高起点编制《德清县美丽乡村建设“十三五”总体规划》。根据总体规划的要求，坚持从空间布局、自然条件、生态环境、资源禀赋、文化底蕴等实际出发，按照“一镇一品牌、一村一特色、一域一景观”要求，高标准编制美丽乡村升级版的景观线、精品示范村等专项建设规划方案。同时，召开建设规划实施方案评审会，严格把关，确保规划的科学性。按照一村一名规划师的部署要求，统筹考虑县域战略规划、专家规划意见和村民建设意愿，与民主决策有效结合起来，强化各村的规划引领和指导性，进一步完善美丽乡村提升计划。

3. 要素供给保障

按照党委政府主导、社会企业参与、部门通力合作、市场化运作的要求，让市场机制在资源要素供给中起决定性作用，进一步整合资源，多渠道增加资金、土地、人才等要素投入。政府在资金投入中发挥主导作用的同时，要积极拓展融资渠道，引导金融机构增加信贷投入，引导企事业单位、社会团体和个人等社会资金以多种形式参与建设。建立更强有力的以工促农、以城带乡的机制和政策导向，大力推进资源环境管理制度的创新，盘活农村“三资”，增加农户和集体的财产性收入，努力探索“两山”化“两美”的德清实践。

4. 考核评价保障

按照常态化、制度化和规范化的目标要求，细化完善考核指标，将美丽乡村升级版建设列入对镇（街道）的综合考核、“三农”工作考核和“五好”服务型镇（街道）考核。每月开展村庄建设管理的评比，形成你追我赶的倒逼机制。年终对所有的镇（街道）和村进行综合考评，按照美丽乡村升级版指标体系，进行全面的考核评估和量化排名，把美丽乡村升级版的考评作为综合政绩考评的最重要内容，使考核评估发挥指挥棒的作用。

湖州市农村生活污水处理现状及长效运维管理机制研究

课题组*

近年来，浙江省持续推进生态省建设，全面加强水污染防治和水环境保护。2014 年年初，浙江省委、省政府作出关于全面推进“五水共治”的重要决策部署，同时明确需将农村生活污水治理工作作为重中之重来抓。同年，浙江省人民政府在《关于全面实施河长制，进一步加强水环境治理工作的意见》中率先提出了深入开展“美丽乡村”建设，全面治理农村生活污水的目标。湖州市市委、市政府围绕十八大关于“大力推进生态文明建设”的战略部署，以全国生态文明先行示范区建设为契机，制定了《湖州市水环境综合治理实施方案》，提出农村生活污水治理村覆盖率 60% 的近期目标；在《关于全面深化农村生活污水治理的实施意见》文件中明确提出：到 2016 年年底，实现农村农户收益率达到 75% 以上的目标。本课题组通过对湖州市农村生活污水治理工作的调研，在此基础上分析湖州市农村生活污水治理项目长效运维管理存在的问题，进一步提出保障农村生活污水处理长效运维管理机制的对策建议，为推进湖州市农村生态文明建设尽绵薄之力。

---

* 本课题组由湖州市农办人员组成，执笔人：邢斌。

一　湖州市农村生活污水治理总体情况及污水处理技术简介

课题组从本研究项目实施开始密切联系湖州市农办、湖州市建设等相关单位，多次实地考察调研，及时了解湖州市农村生活污水治理情况并进行整理。由于农村生活污水处理技术涉及生物、化学等相关专业知识，为了更有效地研究湖州市农村生活污水处理运维管理长效性的对策，课题组成员在前期的调研中主要是从湖州市农村生活污水处理较常用的工艺模式着手，对各工艺模式原理及优缺点进行学习。

（一）湖州市农村生活污水治理工作总体情况

经过 2014 年、2015 年两年多的有效整理，全市已完成农村生活污水治理 563 个，新增受益农户 159453 户。2016 年全市计划开展行政村治理 184 个，新增受益农户 49438 户。截至 2016 年 11 月，全面完成年度治理任务。全市三年累计完成治理行政村 747 个，新增受益农户数将超过 21 万户，行政规划区以外的行政村和规划保留自然村治理覆盖率均可达到 100%；农户受益率（加上 2013 年以前中央环境连片整治项目受益农户数）达到 78. 3%。湖州市在近三年的污水治理项目实施中，主要工作特点总结如下。

1. 规划先行定目标

一是编制规划。组织县区邀请专业机构编制《县域农村生活污水治理总体规划》，摸清治理现状，制订三年行动计划，提出各年度目标值、治理模式。二是明确目标。湖州市下发相关文件，对推进农村生活污水治理的目标任务、基本原则、推进机制、保障措施等作出安排。三是下达任务。在省定任务的基础上，结合县区规划成果，每年度下达治理任务，并纳入为民办实事任务，围绕任务抓推进、抓落实。

2. 加强领导强推进

湖州市委、市政府在总体部署的基础上，定期召开现场推进会议。2014 年以来，市委市政府已召开现场推进会 10 次。为强化个人责任，市、县区分管领导和农办系统领导全面建立“农村生活污水治理个人保证金”制度。市“五水共治”办、市治污办建立工作进展统计通报制度，对重视不够、推进不力的地方，通过约谈教育，督促整改。如 2014 年，吴兴区委书记对 5 个乡镇党委书记集中约谈；南浔区委书记分别对 5 个镇党委书记约谈。长兴县还建立微信群平台，开辟工作进展、问题整改、排名通报等栏目，在全县营造保质量、抓进度、创优良工程的良好氛围。

3. 坚持标准抓质量

一是把好项目设计关。要求每个项目按照要求做好施工图设计，督促做好实地核对、专业审查、开工前技术交底等工作。二是把好主材质量关。明确要求主材由县区统一招标，建立抽检制度，杜绝由施工单位自行采购和劣质材料使用。三是把好现场施工关。如德清县共聘请 300 多名村老干部、老党员进行跟踪监督；安吉县、吴兴区邀请村级监督员进行全程督察。四是把好检查验收关。按照“不放过一个问题项目、确保已建项目质量达标”的要求，突出把好县区综合验收、市级项目核查关。2014 年、2015 年共实地核查了 185 个村、370 个自然村、1850 户农户，对农户污水接入、收集管网、处理终端进行认真查看，客观评价各县区工作实绩。

（二）湖州市农村生活污水治理主要工艺模式简介

湖州市各县区在经过多方面考察和比选，同时充分考虑治理村庄的地形地貌、人口规模、环境容量以及功能区划要求等因素，因地制宜确定排放标准和技术工艺，目前湖州市农村生活污水治理主要采用纳管进厂处理和自建集中、分散式污水处理设施两种模式，其中自建集中、分散式污水处理设施主要选用以下七种处理工艺：

1.“A/O + 人工湿地”处理技术

该技术具有占地面积小、效率高、技术成熟稳定等特点，在冬季可以通过调节曝气停留时间增加处理效率；缺点是运行管理操作技术相对较为复杂。目前全市使用该技术的终端占29.5%。案列介绍：吴兴区妙西镇石山村，采用组合型“A/O + 人工湿地”处理技术，接入农户74户，终端建设投资2500元/户，总投资8050元/户。

2.“厌氧 + 人工湿地”处理技术

针对部分居住较为分散、接管不易的农户采取的一种污水处理方式。该技术的优点是投资少，操作简单、运维费用低廉；缺点是占地面积大、脱磷除氮效果较差，尤其是冬季处理效率低。目前全市采用该技术的终端占24.6%。案例介绍：德清县钟管镇蠡山村三仙桥，接入农户28户，终端建设投资3000元/户，总投资8000元/户。

3. PKA湿地污水处理技术

吴兴区、南浔区在2014年大规模采用了该技术工艺。该技术具有投资费用省、运行成本低、维护管理简便的优点，但是建设占地面积大，运行和设计不当时容易堵塞，布水时异味过重，不适宜健在离农户过近处。案例介绍：南浔区南浔镇柏树村周家浒，接入农户40户，终端建设投资1600元/户，总投资7200元/户。

4. 日本净化槽污水处理技术

该技术优点是处理效率高，运行稳定、管理方便；缺点在于建设成本高，维护专业化程度高，需要专人进行设备管理和维护。目前全市有7.1%的自建终端使用该技术。案例介绍：长兴县水口乡村徽州庄村，接入农户5户，终端建设投资7500/户，总投资10050元/户。

5. 复合介质生物滤池污水处理技术

该技术优点是污水处理效率较高，维护简单，投资少，占地面积小；缺点是夏季异味较大，并且需要定期更换滤料。目前南浔区双林镇全部采用该技术。案例介绍：南浔区双林镇花城村武庄兜，接入农户 60 户，终端建设投资 1600 元/户，总投资 7100 元/户。

6. PEZ 高效污水处理技术

主要建设于安吉县地区，主要关键点是亲水性强且易于流化的悬浮物生物载体。优点是处理效果较好，同时可以结合景观设计，美化周边环境，但是需要一定的运维费用，填料要定期更换。目前使用该技术的建设终端占 2.8%。案例介绍：安吉县报福镇洪家村，接入户数为 102 户，终端建设投资 3500 元/户，总投资 8100 元/户。

7. MBR 污水处理技术

该技术主要在南浔区、安吉县进行小范围试用。该技术具有土建设施少、占地小、出水水质效果好且稳定特点，是重要水功能区污水处理的首选技术。但是该技术能耗高，设备购价高、生物膜易受到污染，且具有一定的使用寿命，需要定期更换，运行受外界影响因素多，运行维护管理要求专业性强。案列介绍：南浔区千金镇金城村姚家兜接入农户 36 户，终端建设投资 2500 元/户，总投资 8500 元/户。

二　湖州市农村生活污水处理设施运维管理情况及长效运维管理存在的问题

近年来，湖州市坚持把农村生活污水治理作为打造美丽乡村升级版的重要抓手，按照“重长用、重长效”的要求，在以破竹之势推进治理工程的基础上，从责任体系、管理模式等方面入手，注重构建长效运维管理机制，取得明显成效。截至 2016 年 11 月底，湖州市共建成农村生活污水治理终端 6193 套，移交 5698 套，移交率 92%，运维移交率居全省第一。

（一）当前农村生活污水处理设施长效运维管理工作的总体情况

2015 年，湖州市委、市政府明确由建设部门作为农村生活污水处理设施长效运维管理的主管部门。一年来，建设部门在完善责任体系、创新管理模式等方面做了大量工作，并取得了明显成效。

1. 完善运维管理责任体系

在全省范围内率先出台了《湖州市农村生活污水处理设施运行维护管理暂行办法》，将农村污水运维管理主体责任、管理体制、模式等内容层层明确，并纳入各级政府综合考核条目。同时，以“问题清单”为导向，对县区管网维护、终端运行等开展地毯式排查，严格落实整改一个、合格一个、移交一个，确保了5698个移交项目无缝隙对接、无带病运行。

2. 创新运维管理工作模式

根据农村生活污水处理设施规模大小、技术工艺、运维要求等特点，因地制宜选择村级自我运维、专业公司运维和复合运维管理三种模式，全市5698个运维设施均落实了第三方运维管理机构。积极开展系统巡查，建立智能化平台6个，对10吨以上处理终端进行全时段督查。在此基础上，建立了全省首个市级农村污水运维平台建设。同时，德清县五四村铜官桥1号、南浔区善琏镇和平村、吴兴区妙西镇稍康村3个站点设置了在线水质监测系统，进一步强化全时段监管、实时性传输。建立健全“第三方机构自查、县区巡查和市级督查”的三级督查工作模式，对运维管理体制构建、设施管理等多方面，采取定期督查、不定期抽查与重点复查的手段，确保设施平稳运行。

（二）当前农村生活污水治理设施长效运维管理的主要问题

湖州市农村生活污水治理取得了很大成效的同时也积累了很多经验。湖州市是浙江省运维管理抽查中没有乡镇、街道进入红牌、黄牌治理村的地级市之一，但是由于运维管理时间不长、借鉴不多，也存在从长计议不足、后续管理乏力，和重建设、轻管理等情况，运维管理水平还存在较大的提升空间。课题组成员利用省、市“回头看”要求的契机，走访湖州市各县区农村生活污水治理现场，通过与农民面对面交流及各县区“回头看”资料的整理，将农村生活污水治理运维管理存在的问题整理如下：

1. 治理设施存在运行不顺利现象

课题组通过现场考察，参考湖州市建设局水质抽检反馈结果，发现已建项目特别是2014年度建设的治理项目存在的问题较多，主要表现在：2014年度项目在隐蔽工程、接户工程、终端工程中均存在不少质量问题，一些项目存在管网、检查井破损严重，终端池体开裂下沉，管网池体淤积堵塞，进出水水量不正常，农户接户漏接虚接现象。案例：吴兴区龙泉街道芦山村在2016年上半年的排查过程中发现有雨污混流、管网漏水现象。南浔区双林镇徐家角村在排查过程中发现检查井有污泥，池体漏水现象。2015年度部分项目存在路面破损未修复、终端绿化未补植、问题整改未到位等问题，县区综合验收、项目审计决算等工作未能及时跟上，项目扫尾有待加快。另外，农村环保技术力量较为薄弱，更缺乏环保专业人员，仅靠乡镇、村一级工作人员和兼职管理人员难以提供治理设施运维管理所需的技术支撑。

2. 基层干部及村民存在认识障碍局面

农村生活污水治理既是农村环保公共服务事业，也是新生的环保基础设施建设。个别乡镇在进行污水处理工程的开展过程中，遇到了各种阻力。例如，有些村民不能理解治理的重要性，认为产生污水量不多，传统的思维意识不能转变，觉得不需要处理；也有村民不希望排水管道或者处理设施等经过自己家门前或者占用自家土地，在工程施工过程中，屡屡给施工队制造麻烦；甚至有些村民在终端电表上私拉乱接进行偷电，用以浇灌农作物、建造房屋、运行搅拌机等。少数农村基层干部习惯于传统管理模式和经营方式，主观上害怕会弱化集体组织权力，会触动群众敏感问题，不同程度存在一定的观望态度。在运维管理过程中，乡镇村作为业主单位可以督促终端供应商对不符合质量要求的终端进行整改，但是在具体实施中，书面形式递交至乡镇村的终端问题反馈表，个别乡镇村分管领导拒绝签字，整改效果不理想。

3. 县区治理水平与成效存在不平衡现象

农村生活污水治理缺乏统一的考核评价标准和监管机制，具体表现为各县区污水治理工作水平与成效不平衡。2016 年各县区新建治理项目在推进过程中进度不一，大多数县区在项目设计、主材招标、施工监理招标项目开工等环节早于2015 年同期，但也有个别乡镇到3 月底仍未完成主材和施工单位的招投标。有个别县区认为经过前两年的治理，已积累一定经验，思想上存在松懈现象，监管力度有所放松，一些项目设计不够深入。此外，课题组在调查中发现，湖州市各县区运维档案记录有待加强，其中安吉县 60% 检查村缺失运维相关记录和台账；长兴县近 50% 检查村没有水质监测报告，运行监督疏忽。检查项目村均无运维相关记录和台账。由此可见运维管理的有效评价机制和科学合理的监管考核机制急需完善，从而促进运维管理的长效型。

三　湖州市农村生活污水治理项目长效运维管理的建议

“三分在建、七分在管”。当下湖州市农村生活污水处理正进入决战阶段，作为一项政府为民办实事工程，必须尽早研究出台具有可操作性的实施办法，对管理体制、管理内容、资金保障、考核评价等作出进一步规定。通过一系列规章制度和考核机制来约束运维管理行为，以此杜绝治理工程建成后不管用、不能用的现象，杜绝“短命”工程、“花架子”工程。根据湖州市农村生活污水处理的现状，课题组从管理体制、管理内容、资金保障、监管考核等方面提出了保障湖州市农村生活污水处理运维管理长效性的对策建议。

（一）管理体制

1. 明确职责，建立行政体制

建立健全市、县（区）、乡镇（街道）、村各级分层负责、职责明确的农村生活污水治理设施运维管理行政体制。将农村生活污水治理设施运维管理工作纳入生态文明建设和美丽乡村建设的重要考核内容，明确县区为运维管理的责任主体、乡镇（街道）是运维管理的管理主体、行政村是运维管理的落实主体，各级主体层层负责，确保设施正常运行。

2. 责任到人，规范日常工作

农村乡镇（街道）应明确具体管理责任部门和专职管理人员指定运行维护管理的日常工作制度，规范设施档案管理，组织落实运维管理机制和具体运维单位，开展定期指导、监管指导、督促村级组织、农户开展日常运行维护管理，筹措落实好运行经费、负责治污设施维修。行政村要在乡镇指导下，落实专人负责设施日常运维管理，加强对设施运行入场巡查，负责或参与对具体运维单位和人员的监督考核，配合具体运维单位开展监测、维修和设备更换等；完善村规民约，引导、监督新建农村污水顺利接入，组织村民自觉管理房前屋后污水管网，清扫井及周边环境卫生等。

（二）管理内容

1. 保障终端设施运维管理工作常态化

建立运维管理制度，按照治污设施日常化、常态化运行的要求，制定农村生活污水治理设施运行维护标准和相关技术规范，完善管理服务体系。定期对污水处理设施的相关设备进行全面的巡视检查；定期对终端进出水水质、水量进行观察记录与监测；定期检查电气设备和电力电缆运行情况，及时阻止村民私拉乱接设备现象；定期检查生活污水治理设施生态环境，关注人工湿地植物生长状况，开展病虫防治，及时补种，及时清理杂草、垃圾，确保治理设施的优质生态环境。

2. 建立健全运维管理日常记录制度和反馈制度

业主单位应督促运维单位做好相关记录，主要包括巡查时间、范围、点位等基本信息，重大故障、严重问题报告及处理结果记录，水质、水量观察记录，年度检修测试记录等，做到台账资料完整，以备各项事务的记录查询。对于有隐患问题的治理终端应及时上报上级部门和运维管理机构，并保障信息反馈，实现各部门、各机构信息对称。特别是在自然灾害、人为因素等可能影响终端污水处理系统正常运行的事项，需要业主单位给予协调解决。例如，在2016 年台风“鲇鱼”到来之前，湖州市组织各级单位对生活污水处理设施进行巡查，做好巡查记录，并按照记录实际情况做好相关应急预案。安吉县报福镇中张村水家弄 32#井被淹，但由于各业主单位信息上报及时，各突发情况应急预案较科学完善，使此次自然灾害对生活污水治理设施的影响降到最低。

3. 建立健全运维管理人员培训制度和人力保障机制

针对村镇管理人员专业知识缺乏的矛盾，着力培养一批管理“土专家”，并将运维管理逐步纳入长效保洁管理范畴，探索建立高效服务制度，为农村生活污水管理奠定扎实基础。县区、业主单位要通过组织设计单位交底培训、委托技术单位专业培训、督促专业公司加强内部培训等途径，对运维管理人员进行培训，还可通过外出考察交流、印发专业知识手册等协助运维管理人员高效率掌握相关知识和技能，确保治污设施正常运行。培训工作需注重常态化、定期化，并注重各运维管理人员的工作交流，提供运维管理经验交流的平台，提高学习效率。目前，南浔区落实“清扫管理员、专业技术员、义务监督员”“三大员”612 名，确保农村运维设施“定期清理、定时送检、日常巡查”，促进了运维管理的长效性。

4. 加强组织宣传，提高环保意识

农村生活污水设施运维管理是一项新兴工作，需要社会层面特别是当地农民更多理解和支持。针对湖州市农村生活污水治理工程中呈现的政府推动、群众被动参与的局面，可以借助报纸杂志、电视广播、网络平台等媒介，结合社区橱窗、工地围栏，通过发放宣传册、实地观察等形式，解读宣传农村生活污水政策，引导全民主动支持并参与治理工作的开展落实，引导村民充分认识生活污水治理的必要性和紧迫性，鼓励村民主动投身生活污水处理设施建设与维护中。通过媒体宣传、村民会议等一系列农民容易接受的活动与措施，将环保责任意识融入农民日常活动中，调动农民作为"未来使用者"的主体意识，由此把运维管理由原来单一的部门管理转为社会重视、群众参与、共同推进的良好局面。

（三）资金保障

1. 科学预算

各县区要结合自身终端建设和运维管理实际情况做好运维管理经费的科学预算。市级财政视财力状况，并根据年度考核结果给予适当奖补。各级地方政府要把农村生活污水治理设施运维管理经费纳入年度预算，并积极探索拓宽资金筹措的渠道，做好宣传与解释工作，按规定向受益村民适量收取生活污水治理相关费用。

2. 筹措机制

完善资金保障体系，建立"政府扶持、群众自筹、社会参与"的资金筹措机制。农村生活污水治理属于社会公益性事业，建议各相关部门设立治理设施运管财政资金专项，并明确治理设施运管资金的政策。通过财政挤一点、治污费中切一点、村集体筹一点、农民收一点、美丽乡村资金安排一点等办法，千方百计筹措好运维管理经费。案例介绍：德清县采取终端运维费用财政负责，管网乡镇自行解决模式；安吉县采取县、乡镇两级财政各承担50%模式；国家级湖州开发区合理确定区、街道、村三级分担比例，区财政按市补资金1∶1配套，不足部分由街道、村承担，确保了运维管理的资金需求。以上县区在资金筹措的经验都值得借鉴。

（四）监管考核

把农村生活污水处理设施运维管理情况纳入各级政府综合考核、生态文明建设考核及新农村建设考核的内容之中，一级抓一级、层层抓落实。

1. 建立运维管理绩效考核体系

课题组通过问卷调查、访谈交流等途径选取了组织领导、资金保障、规章制度、设施维护、社会评价五类一级考核指标，按照指标对考核结果的影响程度赋予不同权值。例如，设施维护对运维管理绩效考核的重要性至关重要，赋予40%的权值。具体的考核操作中，需要将一级指标细化，例如在设施维护的指标考核中，可以将指标细化为管网畅通情况、接户井、集水井和检查井渗漏情况、终端运行达标情况、终端周边生态环境等二级指标。为了将指标量化，可按照指标实际情况实行扣分制，例如总管道、检查井发现一处堵塞扣2分，终端出水水质不达标扣2分等评分机制。

2. 健全运维管理考核评价机制

市级主管部门着重从运维管理的组织领导、资金保障、规章制度、设施维护、社会评价五类一级考核指标进行考核评估。采取查阅资料档案、不定期随机抽查治污设施运维管理状况的办法进行，其中治污设施运维实效考核结果根据每次现场督查检查情况累计平均计分，并纳入市对县（区）年度综合考核结果。考核实行百分制，90分以上（含90分）为优，80—90分（含80分）为良；70—80分（含70分为合格）；70分以下为不合格。县（区）要根据各地管理模式，围绕镇、村及专业公司的具体职责，统一制定设施运维监管考核办法，明确督促检查、运维规范、绩效评估、激励奖惩等具体内容。对督查中发现的因日常运维管理不到位而导致设施非正常运行问题，要及时督促业主单位或运维管理单位抓好整改，整改不落实的要采取相应惩戒措施，各县区根据考核结果给予适当奖补。

湖州市湿地保护管理的现状与对策研究

刘亚迪　冷华南*

湖州作为太湖边唯一因湖而名的城市，因湖而生，因湖而兴，因湖而美。她有着长三角区域保存最完好的原生态湿地。全市湿地资源丰富，共有4类17型（不包括水稻田），总面积47812公顷，占国土总面积的11.2%。湿地动植物资源分布广泛，各类湿地生物资源种类达到了1037种，呈现出丰富的物种多样性。

立足丰沛的湿地资源，湖州充分发挥想象力和创造力，利用生态优势，顺应结合湿地这个大自然的“治水师”，以事半功倍、永续发展的方式，推动地方“五水共治”，湿地保护与管理工作也取得了一定的成效。

一　湖州湿地保护管理取得的成绩

（一）建立了组织领导监管机制

自《浙江省湿地保护条例》颁布实施以来，湖州市就积极筹备建立和完善市县（区）两级协调机构，加大湿地保护的监管力度。2016年，湿地保护纳入全市“森林浙江”建设目标责任制考核。此外，大力开展湿地保护宣传，充分利用“世界湿地日”、“世界水

* 刘亚迪，博士，讲师，湖州师范学院中国生态文明研究院；冷华南，湖州市林业局。

日”和“野生动物保护日”等有效活动载体，推动省条例的执行；另外，摸清家底，开展湿地资源的普查工作，确定湿地保护名录，为实施有效保护提供第一手资料。德清县成立了县湿地保护工作领导小组与县湿地和野生动植物保护管理站，通过“爱鸟周”等科普活动，组织鸟类爱好者进校园，深入社区、乡镇等开展形式多样的湿地知识和法律法规宣讲活动，率先在全市开展湿地资源的保护性利用，积极申报国家湿地公园试点工作，2013 年下渚湖湿地获得“中国最美湿地”称号。

（二）编制了保护管理利用规划

湖州市林业主管部门依据《浙江省湿地保护条例》等法律法规，2007 年与浙江省森林资源监测中心共同编制完成了《湖州市湿地保护规划》，成为全省第一个地市级湿地保护规划，规划明确了湿地保护区划与分布、保护体系和重点建设工程等内容。2011 年各县区开展了湿地资源的二类调查工作，规划建设一批湿地保护区和湿地公园。吴兴区于 2014 年年初启动了《吴兴区湿地保护利用规划（2014—2020）》的编制工作，重点划定保护红线，统筹区划布局、综合治理和监管体系建设。长兴县制定了《长兴县湿地保护规划》《长兴仙山湖国家湿地公园总体规划》《扬子鳄自然放归总体规划》等，着力构建人与自然和谐的生态环境。经过几年的努力，湖州市已经建成并申报了 1 个省级湿地保护区、2 个国家湿地公园、1 个国家城市湿地公园（长兴扬子鳄自然保护区、长兴仙山湖国家湿地公园、德清下渚湖国家湿地公园、吴兴西山漾国家城市湿地公园），太湖度假区长田漾湿地公园正在积极申报之中。

（三）推进湿地生态修复

近年来，湖州市围绕“五水共治”等环境整治工作，推进湿地资源的生态修复和保护工程建设。开展渔资源增殖放养，对湿地进行生态平衡修复、净化水质，改善湿地水域的生态环境，保护资源的多样性；实施国际间湿地生物多样性保护科研与交流合作，以湿地保护为载体，开展野生物种自然繁育、湿地与气象、地质演变等项目研究，推进湿地保护和生态修复。南浔区根据水乡特征，以“林水资源、林水环境和林水文化”为基础，实施“水都绿城”建设，通过在河边造林、湖边建景，着力营造“林在水中、水在城中”的水城绿都风貌，达到人与自然和谐相处。全区结合新农村建设、农村生活污水治理、农村“双控双减”、渔民上岸工程、农业水产生态养殖、清水河道整治等一系列重点工程开展湿地保护工作，为湿地生态修复提供基础保障。长兴县则实施仙山湖国家湿地公园建设，完成退渔还湖、退耕还林，建设环湖湿地植被带、栖鹭岛鸟类栖息地植被恢复、针叶林阔叶化改造、种植和收割鲨植物、设置环境综合监测点等生态修复工作，积极申报浙江大荡漾修复工程项目，实施太湖流域水环境综合治理。

（四）促进保护资金多元化投入

湖州市各级把湿地资源保护作为环境治理的重要突破口，与“五水共治”、“四边三化”等环境整治工程相结合，通过积极向上争取项目，加大资金投入，建设一批国家湿地公园、城市湿地公园和自然保护区。德清县依托国家、省市相关扶持政策，2012 年和 2014 年分别申请中央财政湿地补助资金 400 万元，多年来已累计直接投入资金 2800 余万元，先后建成了朱鹮繁育中心、熊猫园、湿地科普馆、野生动物疫源疫病监测中心等一批保护设施。吴兴区围绕“维护湿地生态功能和生物多样性、促进湿地资源可持续利用”的主题，明确以保护湿地生态系统和改善湿地生态功能为重点，以湿地公园、保护小区建设及湿地保护长效机制为抓手，坚持政府主导、社会参与、突出重点、因地制宜、分步实施的原则，建设西山漾“漾落群”、水乡农渔结合的“稻鳖共生”等新型生态农作模式，打造“溇港文化”“桑基鱼塘”以及老虎潭水库等湿地保护利用的亮点工程，结合“三改一拆”，对湿地周围村落和居民进行迁移，保护和改善湿地原生态水域和原有农田水稻种植区域，营造原野生态肌理的“吴兴清远”唯美景观空间。太湖度假区自 2011 年起，启动实施长田漾湿地环境整治工程，先后投入约 3. 8 亿元，关停了三狮水泥、雀立水泥、鼎立印染厂等区域内工业污染企业，对湿地周边区域的喷水织机、农业畜禽及农村居民生活废物等农村面源污染进行了整治，西塘漾生态景观修复工程目前也已经完成了勘探、测量、方案设计等一系列前期工作。

二　湖州市湿地保护管理存在的问题

作为大自然赠予人类的瑰宝，湿地蕴含着丰富的自然和物种资源，与人类的生存、繁衍、发展息息相关，更是推动着人类文明的发展进程。由于她具有保持水源、调洪蓄水、净化水质、防治污染、调节生态平衡等多种生态功能，如何保护和利用好湿地已经成为生态文明建设的重要组成部分。

湿地的保护与可持续利用是一个地区生态文明建设水平的最重要的标志之一，湖州作为习近平总书记“两山”重要思想的诞生地，全国首个地市级生态文明先行示范区，一直坚持走绿色发展、特色发展之路，湿地保护工作也取得了阶段性成果。但通过调研发现，政府处于湿地保护的主导地位，而民众则一直处于被动接受的位置，环境改善了，欣然接受，主动参与却无处着手。要把湿地保护真正引入可持续发展的轨道，依然存在诸多问题和矛盾亟待解决。主要原因表现在以下几个方面：

（一）保护意识相对不强

从调查情况看，当前依法加强对湿地保护尚未形成全社会共识，湿地保护与合理利用、经济发展与资源保护之间的矛盾显现，湿地保护宣传教育大多停留在政府单位内部，深度和广度不够，全社会对湿地的重要性认识不足，湿地保护工作还处于起步阶段。

从政府层面看，主要倾向是重开发、轻保护，在现行土地分类中将一些湿地纳入了“未利用地”范畴，部分地方将湿地作为荒滩、荒地和待开发的土地予以对待，一些基层政府担心一旦保护，就会影响周边的开发，因而积极性不高。天然湿地面积减少明显，湖州市经过1995—2000年和2009—2011年两次湿地调查发现，天然湿地面积十年间减少约1200余公顷，占天然湿地的5.4%。湿地减少的原因主要是湖泊、池塘被侵占和填埋，特别是城镇化、工业化进程中，对湿地的侵占尤为突出，湿地保护难度进一步增大。部分湿地生态系统的完整性受到破坏，十年间湿地周边竹林减少较多。对照2000年影像图，竹溪省级湿地公园周边的竹林面积减少约1200亩，西苕溪沿岸竹林减少面积上万亩，这都极大影响湿地的生态功能，也影响了湿地的地域特色。

从企业层面看，尤其是一些小规模企业，为降低生产成本，在生产过程中随意向周边或过境水体排放污废水，倾倒、堆放或掩埋生产废弃物或垃圾，对湿地水体安全产生威胁。一些分散村镇生活污水的排放，对周边或下游湿地生态环境产生越来越严重的影响。由于部分湿地公园周围缺乏有力的控制管理，房地产开发力度过大，对湿地环境及野生物种造成极大的影响。吴兴区西山漾城市湿地公园周边住宅小区和交通干道的兴建，对湿地生物带来很大的扰动，同时也增加了环境的负荷。城市居民对湿地优良生态环境的渴求与自然生态环境平衡之间急需一个支撑点来平衡，这是社会各界需要，如此才能达到人与自然和谐发展。

从民众个人层面上看，目前仍有少数居民生活对湿地资源依赖程度较高，一些沿湖而居的村民，任意取水、养殖、捕捞、搭建构筑物等，不仅导致了湿地生态系统自然属性的降低，而且直接影响到陆地生态系统乃至水域生态系统的演替序列，民众对湿地概念、生态功能乃至保护意识的缺失使得湿地生态保护与民众生活利益间的矛盾日益激化。

（二）规划体系相对滞后

一是湿地保护缺乏法治保障。现在国家还没有制定出台相关湿地保护的法律，依法保护湿地缺少法律的支持。浙江省 2012 年 5 月出台了省湿地保护条例，但该条例原则性规定较多，可操作性不够强。二是湿地保护总体规划和控制性详细规划滞后。目前，刚刚启动总规和控制性详规的修编工作，湿地规划明显滞后于保护、管理与开发的需要。三是湿地保护配套政策不够细化。对基层组织和政府而言可操作性不强，目前存在湿地公园、保护小区认定标准不够具体、湿地监管执法主体分散等问题，保护区日常工作只能以监测巡护和宣传教育为主，一些破坏湿地生态环境和危害野生动物的违法行为难以打击和惩处到位，实际工作中有法难依、执法难严。四是湿地保护监测研究体系不完善。对湿地监测只局限于水文、水质、空气等及时数据信息，缺乏生态检测定位站实现对湿地资源、生物多样性长期系统的分析与研究。

（三）监管体制不顺

一是湿地资源保护体系不够健全。目前，湖州市湿地保护委员会虽已建立，但市、县区林业部门缺少具体管理机构，相关工作仅由其内设处室兼顾，力量、精力有限，横向部门难以协调，资源共享机制尚未形成，以致林业主管部门对湿地资源缺乏系统的基础资料，未能形成信息共享、联合行动、分工协作的高效工作体系，难以对湿地进行系统科学的管理。二是多头管理导致监管不到位。由于湿地及其资源类型的多样性、分布的广泛性以及湿地边界的不确定性，导致其保护管理、开发利用牵涉范围广、部门多（包括农林、水利、国土、建设、环保等），国务院明确湿地保护由林业部门牵头，但水域资源管理，根据水法、渔业法规定，水利、渔业行政主管部门是执法主体，致使湿地保护工作实施困难，难以形成良好的协调机制。三是考核机制不完善。目前县区、乡镇并未将湿地保护纳入到考核评价体系中，湿地保护长效约束性机制也未建立，湿地保护的科技支撑还十分薄弱，运行机制有待探索。

（四）人才资金不足

一是湿地保护缺乏人才支撑。市、县（区）的日常管理工作虽然明确由林业部门承担，但没有相应的处（科）室编制人员。专业人才的匮乏，执法力量的不足以及技术装备的不完善，使得对湿地保护的研究不够深入，保护实用技术力量不足，严重影响保护和执法工作的正常开展。二是湿地保护缺乏多元化投入保障。虽然市、县（区）在湿地保护方面的投入逐年增加，但与实际需要相比，缺口仍然较大。湿地保护管理、生态效益补偿等专项资金尚未列入市、县（区）两级政府财政预算，湿地生态保护管理的经费严重不足，融资受到制约，湿地监测、湿地生态补偿、污染治理、湿地科研与宣教、能力建设等方面缺乏必要的资金支持。据各地反映，由于保护管理经费等缺乏，基础设施建设滞后，湿地环境动态监测、湿地资源可持续利用、湿地生态功能恢复等基础工作举步维艰。

三　进一步加强湖州市湿地保护管理的对策建议

围绕全国生态文明先行示范区建设的总体要求，湖州市湿地保护工作任重而道远。积极推进湿地依法保护，健全完善湿地保护管理体系，充分发挥湿地在保障生态安全、改善生态环境中的重要作用，需要政府民众联动，全民参与，社会动员。

（一）科学制定湿地保护利用规划

《浙江省湿地保护条例》第十二条明确规定：设区的市要根据国民经济和社会发展规划以及上一级湿地保护规划，组织编制湿地保护规划。建议按照省条例的规定，科学制定湿地保护利用规划。一要进一步摸清湿地家底。进一步完善全市范围的湿地资源摸底调查，全面掌握湿地资源的历史信息和现状，调查动植物资源种类和分布，建立健全湿地资源信息数据库、湿地监测和评价指标体系。二要分门别类制定制度规划。结合“十三五”规划，把湿地保护纳入经济社会发展的战略布局，修编完善全市湿地保护专项规划。进一步建立健全湿地规划制度、保护与修复制度、开发利用许可制度、生物多样性管理制度，搞好湿地保护规划与土地利用、城市建设、生态功能区等规划的衔接，科学划定湿地保护区域的界限范围，划定湿地保护红线，实行分类管理，落实湿地保存量的总量控制。三要加强规划实施的监督指导。明确湿地保护的目标、任务和措施，有序开展湿地保护工作，加大监督检查力度，严格规划实施步骤。完善湿地监测机制，落实湿地保护管理责任制，逐步形成以自然保护区为主体，国家湿地公园、省重要湿地等多种保护管理形式并存的湿地保护管理体系。建立健全覆盖重要湿地的保护和监测网络，掌握湿地生态的季节动态变化，将实施抢救性保护、生态修复、生态补偿等重点区域列入保护名录，定期向社会公布湿地调查、监测和评价结果，对造成严重湿地资源破坏及危害的，追究行政、法律责任。

（二）增强资金人才投入保障力度

根据省条例和湿地保护规划中湿地保护管理经费和湿地生态效益补偿经费列入财政预算的规定，一要建立财政保障机制。尽快出台湿地保护管理办法，将湿地保护与修复纳入基本建设计划，并确保湿地保护与修复工程建设项目地方配套资金足额到位，湿地保护专项经费纳入财政预算，加大湿地保护投入。二要落实湿地生态补偿机制。建议比照退耕还林补偿办法和生态公益林补助机制，建立湿地生态补偿机制，保障湿地生态安全。对因保护而使资源所有者、使用者合法权益受到损失的单位和个人，给予相应补偿。对因未经申报审批，擅自在湿地保护区发展种、养、旅游等产业而破坏湿地资源的企业和经营者，除依法予以打击外，实行资源破坏补偿机制，按相关政策收缴破坏湿地自然资源补偿费，形成长效保护机制。三要拓宽资金渠道。积极构建政府部门与社会各界共同参与的多渠道湿地保护投入机制，积极争取上级资金，整合相关职能部门和单位的项目、资金资源，广泛吸纳社会资金，按照“谁开发、谁保护、谁投资、谁受益”的原则，建立健全适应市场经济规律的投入机制，通过一些产业项目的引进，融入溇港、桑基鱼塘等文化旅游元素，真正让民众受益，实现生态效益、经济效益和社会效益相协调。四要加强湿地保护专门人才培养与培训。搭建政企研校多方合作平台，加强湿地科研课题研究和基础研究，提高湿地保护科技水平，深化湿地保护的技术合作，加大科技项目的试验、示范和推广。政府职能部门加强机构职能建设，制定灵活的用人政策，配备专业人员，加大综合执法力度，同时加强相关专业人才的培养和培训，全面提升湿地的保护管理及监测能力水平，为湿地保护永续发展提供智力保障。

（三）标本兼治加快湿地生态修复

一是坚持“管控为先、修复为要、治理为重”的思路，综合治标与治本、兼顾当前与未来，结合深化“五水共治”“四边三化”“三改一拆”和四大水利工程建设等行动，积极实施湿地生态修复、湿地生物多样性保护等工程，有计划地实施退耕还林还草还湿，修复水生植物，形成稳定的水生植物群落，促进氮磷养分形成封闭的、功能齐全的面源氮磷流失生态拦截系统，提升生态系统自净能力，改善湿地水体和周边环境品质。二是开展富营养化水域生物治理，修复湿地生态功能，逐步恢复自有生物群落系统。对已退化和面临退化的湿地，通过补充湿地生态用水、污染控制、植树造林、修堤防护等措施，加快推进湿地水生生物多样性保护修复工作，有效提升湿地生态系统的健康活力及生态完整性。三是有计划地开展不同类型和规模的人工湿地建设，通过河湖、漾荡清淤，淤泥种植水生植物，有效吸收水体氮磷。

（四）努力营造齐抓共管、全民参与保护的浓厚氛围

一是建立落实县区政府年度考核责任制，建立健全市县区湿地保护组织管理机构，进一步明确各级各部门在湿地保护管理上的职责，加强湿地保护管理工作的统筹协调。二是坚持山水林田湖综合治理，围绕湿地统一监测、信息互通、综合治理技术共享、基础设施共建共享、联合执法检查与处罚、预警和应急处置、流域生态补偿等方面，形成反应灵敏、高效科学的联动机制。三是综合运用法治、市场、技术和必要的行政手段，加大对湿地生态职能及保护利用相关法律法规的宣传，切实增强全社会的法治观念和保护意识，增强各级协同保护的理念，加强对青少年湿地保护教育，开展湿地科技生态修复进课堂活动，推动湿地保护宣传教育，做到标本兼治。四是在政府主导下，广泛动员社会力量，引导、发挥好社会组织和群众在湿地保护中的作用，从保护身边的水体环境做起，责任群体细化到街道、社区、村镇，鼓励民众自发组织保护湿地活动，积极调动广大群众的积极性、主动性和创造性，使湿地保护、管理成为全社会的自觉行动。

农村集体经营性建设用地入市改革思考

——基于试点县德清的调查

课题组*

党的十八大和十八届三中、四中全会提出，要赋予农民更多财产性权利，完善农村集体经营性建设用地产权制度，夯实农村集体土地权能，建立城乡统一的建设用地市场，全面激活农村土地资产，加快释放改革红利。为探索农村土地制度改革，2015 年，中共中央办公厅和国务院办公厅联合印发了《关于农村土地征收、集体经营性建设用地入市、宅基地制度改革试点工作的意见》。这标志着我国农村土地制度改革即将进入试点阶段，湖州市德清县被列为全国 33 个农村土地制度改革的试点县（市）之一。自 2015 年以来，德清县在牢牢把握“土地公有制性质不改变、耕地红线不突破、农民利益不受损”三条底线的前提下，大胆探索、审慎求证，集体经营性建设用地入市试点工作取得了阶段性成效。2015 年 9 月 8 日下午 3 时 25 分，浙江省农村集体经营性建设用地使用权拍卖的第一槌在德清县敲响。德清县洛舍镇砂村 20 亩村级集体土地 40 年使用权，从 957 万元起拍，经过 24 轮举牌竞价，最终以 1150 万元的价格成功出让。这次拍卖会的成功举行，标志着浙江省农村土地制度改革试点工作实现重大突破，也标志着浙江省农村土地制度改革试点工作走在了全国前列，具有里程碑式的意义。

---

* 本课题组由德清县农办的蔡加星、何汀源组成。

一　德清县农村集体经营性建设用地入市的试点做法

为了有效推进集体经营性建设用地同权同价、同等入市，德清县以实现好、维护好、发展好农民土地权益，切实提高农民改革获得感为目标，积极稳妥推进试点工作。

（一）摸清家底，明确产权

土地作为农村的一项资产，是农民财产性收入的重要来源。农村集体经营性建设用地入市改革关乎农民的切身利益，它的顺利推进实施将为农民财产性收入的增加提供切实有效的途径。摸清家底是改革的基础和前提。德清结合图上作业、无人机航拍和实地勘测等多种手段，对县域内存量集体经营性建设用地进行了全面普查，共摸清 1881 宗 10691 亩的存量底数，并将所有地块落实坐落、四至、权属，纳入国土资源“一张图”管理，每一宗地有唯一身份编码，明确产权所属。同时，为了把好入市的准入关，德清结合全国“多规合一”试点工作，共厘定出符合就地入市的地块 1036 宗 5819 余亩，其余则结合浙江省“三改一拆”“五水共治”等行动，纳入异地调整和整治入市。为了确保试点工作的规范有序运行和入市改革的系统性、严谨性，德清推出了“一揽子”的政策设计，建立了“一办法、两意见、五规定、十范本”的入市政策体系①。

① “一办法”是指《德清县农村集体经营性建设用地入市管理办法（试行）》，这是德清县集体经营性建设用地入市政策体系的总纲，对入市相关政策进行了原则性规定。“两意见”是指农村土地民主管理机制的实施意见和鼓励金融机构开展农村集体经营性建设用地使用权抵押贷款的指导意见。“五规定”是指德清县集体经营性建设用地使用权出让规定、出让地价管理规定、异地调整规定、土地增值收益调节金征收和使用规定、入市收益分配管理规定等。“十范本”是指在农村集体经营性建设用地入市操作流程过程中涉及的集体经营性建设用地入市申请书、审核表、决议、核准呈报表、核准书、使用权招标出让公告、出让须知、成交确认书、出让合同等范本。

（二）农民主体，民主决策

集体经营性建设用地的所有权属于农村集体经济组织，农民和农民集体既是改革的受益者，也是参与者。在全面完成集体土地所有权确权登记发证的基础上，德清县根据入市需求设计了“自主入市、委托入市、合作入市”三种实现形式，并结合农村产权制度改革，成立股份经济合作社（实行工商注册登记，独立核算、自主经营、自负盈亏，具有独立法人资格），对所有经营性资产量化到人、发证到户，让农民成为股东，赋予农民享受分红、股权处置的权利和农民集体的市场主体资格。为了确保入市改革工作的透明度和公众参与度，德清县将集体经营性建设用地入市涉及的宗地情况、入市方式、交易形式、起始地价、合同条款、收益使用等入市重大事项纳入全程公开、民主管理范围，把参与权、选择权、决策权赋予农民和农民集体。

（三）市场配置，规范入市

建设城乡统一的建设用地市场，以政策制度保障为前提，由市场挖掘农村集体经营性建设用地的价格。德清县实行统一的交易平台、地价体系和交易规则，将农村集体经营性建设用地纳入县公共资源交易中心，明确每个地块必须选择两家评估公司进行评估，并鼓励实施“招拍挂”的公开交易形式，引入价格竞争机制，如首次拍卖的20亩集体经营性建设用地，经过4位竞买人24轮竞拍，拍得1150万元的高价，溢价率达到20.2%，与国有建设用地价格基本一致，实现了同权同价入市。同时，德清县将集体经营性建设用地纳入不动产统一登记范围，发放了首本《不动产权证书》，并率先试点实施了集体经营性建设用地使用权抵押贷款，目前已有18宗地进行了抵押贷款，抵押总额4570万元。结合“简政放权、放管结合”要求，德清县全面做好平台搭建和审批监管等工作，引入第三方机构服务机制，培育了一批中介机构，为集体经营性建设用地入市保驾护航。

（四）合理分配，收益共享

实现土地增值收益在国家、集体和个人之间的合理分配，既体现所有者权益，又兼顾社会公平正义，既让农民有获得感，又能兼顾长远收益，分好、用好、管好入市收益是关键。德清县以“同权同价同责”为出发点，确定了“按类别、有级差”的调节金收取模式，按土地成交价款的16%—48%不等比例收取。乡镇集体入市收益用于辖区内农村基础设施建设、民生项目等支出；村集体入市收益不直接分配，追加量化农户股权，年底享受收益现金分红；村民小组收益的10%作为村集体提留，其余可在成员之间公平分配。为了加强资金流向监管，堵塞管理漏洞，确保农民入市收益安全、保值、增值，德清县开发了“农村集体经营性建设用地入市一体化信息管理平台”，将资金征缴、分成、缴库、支出等各个环节纳入系统统一管理，实行“成交价款依申请代收、调节金依申报代扣”，实现了财政、国土、农业、代收银行间联网互通、信息共享。

二　农村集体经营性建设用地入市试点的阶段成效

从实践运行和社会反映来看，德清县在全国实现了首宗集体经营性建设用地入市，相关配套政策制度也比较全面稳妥。涉及的农村集体经济组织和农民通过入市都获得了切实的利益。成效主要体现在以下几个方面：

（一）体现土地价值，构建了城乡统一的建设用地市场

长久以来，大量农村土地被闲置搁置，价值得不到体现。自德清县试点实施农村集体经营性建设用地入市改革以来，这一现象得到极大改善，沉睡已久的农村土地被唤醒，并表现出极大的价值和潜力。根据十八届三中全会精神，德清县建立了城乡统一的建设用地市场，在符合规划和用途管制的前提下，允许农村集体经营性建设用地出让、租赁、入股，与国有土地同等入市、同权同价。在参照国有建设用地出让经验的基础上，德清建立健全集体经营性建设用地入市管理和保障机制，实现了与国有建设用地“统一的交易平台、统一的市场规则、统一的服务监管”。在改革路径上，从农村突破，从局部突破，扩权、规范同步推进，初步建立起城乡统一的建设用地市场，促进形成公平的竞争环境，增强经济发展活力。同时，集体经营性建设用地市场价值的显现也增强了农村农民珍惜土地资源的观念意识、促进了节约集约用地。

（二）促进农民增收，增强了农村改革的获得感

农民是改革的先锋和主体，改革的成功离不开广大人民群众的拥护与支持，改革的成果也理当由他们共享。德清县在集体经营性建设用地入市试点改革中，坚持以维护好、发展好农民利益作为出发点，让老百姓共享发展成果。以群众乐于接受的租赁方式推进入市，将农民从私下出租引导转向正规入市，让群众实际获得收益上涨65%—160%。在洛舍镇砂村地块拍卖出让之前，当地村民每股股价价值为5500元，地块入市收益返还后，每股价值增加到8000元，增幅达到了45%。同时，政府从农民的长远利益考虑，将入市收益统一列入村集体公积公益金进行管理，并可通过对外投资、购买政府债券等低风险类产品，实现保值增值，为农民群众谋求长远稳定利益。对政府部门提取的增值收益调节金也明确用途，主要统筹用于城镇和农村基础设施建设、农村环境整治等支出。积极调动镇（街道）的工作积极性，将对入市的商服类用地征收的40%、工矿仓储类征收的20%收益调节金安排给镇（街道）用于基础设施等民生类项目支出，通过直接、间接的方式反哺农村、发展农村，切实提高农民的获得感。

（三）服务大众创业，增加了产业升级用地新渠道

在产业转型升级的背景下，对于民营企业比重大、中小企业数量多的浙江而言，土地是其中非常关键的一环。《土地管理法》第六十三条明确规定：农民集体所有的土地的使用权不得出让、转让或者出租用于非农业建设。长久以来，集体存量建设用地闭塞，缺少流转通道，使企业的用地得不到保障，尤其是小微型企业。集体经营性建设用地入市改革试点的推行，为企业的发展和转型升级提供了新的渠道。德清县在摸清家底，分类确定入市途径的基础上，为企业发展明确了用地前景。针对小微型企业资金缺少的特性，德清县推出了操作灵活、群众也乐于接受的租赁方式，可以每 5 年或 10 年一交，极大地降低了企业前期土地资金投入。同时，德清县还着力推动金融机构对小微型企业的创业资金支持，集体经营性建设用地使用权享有与国有建设用地同等的抵押权，实现了“同等抵押”。企业也更愿意放心大胆地进行升级改造，拆除破旧厂房，升级机器设备，形成良性循环，促进经济转型升级。经过初步测算，已入市的 81 宗土地，新建和追加投资将达 8 亿元以上。

（四）规范基层治理，提升了群众民主议事积极性

集体经营性建设用地的所有权主体是农村集体经济组织，农民和农民集体是入市改革的重要参与决策者。为了充分调动村民的主动性、积极性和责任心，在推进农村集体经营性建设用地入市改革试点的过程中，德清县不断强化民主议事意识，通过开展农村土地民主管理“十村示范、百村共建”活动保障入市改革的公正公开。活动以“全域共建、示范引领、梯度推进”为工作布局，在全县 150 个行政村开展示范创建和探索创新工作。通过开展活动实现“基础管理有强化、农村土地制度有创新、农民利益有提升”的三大目标，促进农村集体经济壮大及农村土地管理秩序的完善。农民在享受到改革带来的巨大红利和实惠之后，积极性得到充分调动，都踊跃参与到民主评议、决策和监督的过程中。

（五）积极先行先试，提供了修法立法实践支撑

基层是改革的先行区和试验区，为国家的改革创新提供土壤。

国家为基层实践提供大力支持和科学指导，基层则为国家改革方针进行最为关键的实践检验，这是一个既自上而下，又自下而上的过程。成功的基层改革实践，将为国家修法立法打下坚实的基础。过去的一年多以来，德清县在全国率先实现集体经营性建设用地使用权抵押贷款第一单，并实现县域内银行业金融机构该项业务的全覆盖，为国家银监会和国土资源部联合出台抵押贷款管理暂行办法提供了实践支撑。同时，德清县提出的“按类别、有级差”的土地增值收益调节金征收模式也被吸纳到财政部和国土资源部联合发布的调节金征收管理办法中。在省级层面，2016 年 5 月 1 日实施的《浙江省农村资产管理条例》将德清县集体经营性建设用地入市收益分配做法写入第 27 条。

三　农村集体经营性建设用地入市存在的问题

随着改革的深入，德清县集体经营性建设用地入市改革工作进入了攻坚期，一些问题也开始显现，主要表现在以下几个方面：

（一）报批备案问题

由于调整入市无法进城乡建设用地增减挂钩系统，调整入市区块在土地卫片执法中如何作为合法确认，需要明确相关政策。

（二）合同管理问题

集体经营性建设用地入市涉及主体众多，德清县有 2996 个村、组集体经济组织，各权利主体对合同的权利义务要求各不一样，特别是期限届满时地上建筑物的处置等问题，情况复杂。同时，由于出让期限较长，加之集体经济组织成员的变动性，尤其是村民小组一级组织不稳定，容易对后续管理带来不稳定的因素，留下隐患和纠纷。

（三）批后监管问题

与国有土地出让不同，农村集体经营性建设用地在法律层面上会遇到监管主体的问题。国有土地是由国务院及各级人民政府代表国家行使权力，所以主体地位明确。而集体经营性建设用地出让的主体是村级集体经济组织，政府监管的依据和措施有较大差别，政府、集体和企业相应的权、责、利法律关系尚未完全厘清，像闲置土地、延期缴纳等问题，需要法律层面予以明确。

四　农村集体经营性建设用地入市的对策建议

德清县自农村经营性建设用地入市试点运行以来，取得了显著成效，初步形成了城乡统一的建设用地市场，基本实现了“土地增效、集体壮大、农民增收、产业升级、基层治理加强”的目标。下一步建议从以下几个方面继续深化农村集体经营性建设用地入市改革：

（一）探索入市主体的多元化

针对镇、村、组三类集体经济组织的不同形态和发育程度，进一步完善“自主入市、委托入市、合作入市”三种实现途径，重点结合扶贫攻坚，鼓励偏远欠发达的集体经济组织与集中入市区块的集体经济组织合作，探索建立土地股份合作社，实现资源互补、共同入市、收益共享。

（二）拓展入市途径多样化

拓展农村集体经营性建设用地入市途径，根据各集体经济组织不同需求和区位差异，允许通过“调换土地所有权自行入市、建设用地复垦指标交易入市、集体经济组织之间合作入市、镇级统筹整体规划统一入市”等多种途径实现入市。

（三）探索入市合同规范化

分析梳理前期入市地块合同样本，借鉴国有土地出让合同管理经验，完善适应集体经营性建设用地入市的合同范本，探索以“委托监管”的形式实现城乡建设用地的统一高效监管，建立集体经营性建设用地入市合同履约机制。

（四）完善交易规则统一化

着眼于构建一个城乡统一的建设用地市场，进一步完善“五个统一”，建立健全市场交易规则和服务监管制度，全面做好平台搭建和审批监管等工作，实行“申请、审批、交易、颁证”全程服务60日办结。

湖州市农村社区开放式协商机制研究

——以德清县乡贤参事会为例

课题组*

承载着破碎的历史传统与近代巨变的当代中国乡村，应当建立怎样的新秩序？这既是新农村建设的重大课题，也是国家治理体系现代化的关键环节。习近平主席于2014年在庆祝人民政协成立65周年大会的讲话中就曾明确指出："要按照协商于民、协商为民的要求，大力发展基层协商民主，重点在基层群众中开展协商。"德清县作为具有深厚道德文化、游子情节的浙北名县，其"乡贤参事会"①已成为农村基层民主建设的一块特色品牌，并获得了民政部"2014年度中国社区治理十大创新成果"提名奖，"小事找乡贤，大事找政府"的理念深入人心。

本课题拟通过考察德清县乡贤参事会的政治制度安排与运作机制，产生三方面的意义：一是探寻德清乡贤参事会的政治文化基因，如当地乡贤文化之传统、乡土社会之存续、选贤与能之观念、乡绅自治之传统、济世安民之抱负等；二是通过考察德清县乡贤参事会的运作模式，分析其利害得失，以一种"滴水见沧海"的方

* 本课题组由湖州师范学院姜亦炜、陈传锋、吴坚、湖州市台办陈旸、湖州市统计局吴旭红和浙江大学万斌组成，课题组组长：姜亦炜。

① 政府考虑到乡绅、士绅、士大夫等名词有些老旧，尤其是近现代以来人们观念里所形成的对士绅、乡绅的负面印象（土地革命就是打倒土豪劣绅），因而不用这些名词表述。用乡贤这个概念予以表述既有历史根据，又能突出其特定的现实价值，同时又不至于引起人们的误解。

式，从个案研究到找寻出一条可供复制的农村社区开放式协商机制，真正使基层协商民主运转起来，并在技术层面提高可操作性；三是通过梳理国外政府在“基层协商民主”实践过程的具体做法和政策措施，采用比较研究法总结出有效经验，供资政参考。

一 文献回顾

自20世纪80年代以来，以罗尔斯、哈贝马斯、科恩等为代表的政治哲学家倡导公共决策中公民的对话机制和理性沟通，协商民主就成为继代议制民主及参与式民主之后较为新兴的民主理论。

按照哈贝马斯的论述，商议性政治的程序构成了民主过程的核心。民主程序建立起实用性考虑、妥协、自我理解性商谈和正义性商谈之间的内在联系，并为这样一个假定提供了基础：只要相关信息的流动和对这种信息的恰当处理没有受到阻塞，就可以得到合理或公平的结果[①]。这一观点被弗朗西斯·福山深化，他在新近出版的《政治秩序与政治衰败：从工业革命到民主全球化》一书结尾部分说，其实，无论雅典的古典民主，还是托克维尔赞赏的新英格兰市政厅会议，公民都能就自己社群的共同利益进行直接的对话，在交往中妥善地解决问题，只要保证信息均等、规则公平，不同意见的人只要有三十分钟面对面的讨论，就会在高度敏感的议题上改变原有的看法，达成一致[②]。

综观中外理论界关于基层协商民主的研究主要包括以下几方面：

① 哈贝马斯：《在事实与规范之间——关于法律与民主法治国的商谈理论》，三联书店2014年版，第368页。

② 弗朗西斯·福山著：《政治秩序与政治衰败：从工业革命到民主全球化》，毛俊杰译，广西师范大学出版社2015年版，第442页。

（一）国外研究综述

西方学者认为协商民主可能是对传统代议制民主的一种超越。他们认为，人们在沟通中能够对自身观点进行表述和反思，从而加深对公共事务本身以及对他人观点的理解，进而寻求共同利益。协商民主相对以往形式的民主的特色在于实现了两个民主的要素：公民参与和审慎商议（Fishkin，2009）。在两党两极分化日益严重，选民政治知识水平偏低的美国，不少西方学者对协商民主寄予厚望，认为它可以为问题重重的代议制民主赋予新的活力。从效果来看，许多实证性的检验证明了协商可以促进政府与民众的双赢：它既可以传达民意诉求，为政策合理制定提供重要参考，又可使民众对公共事务和公共利益更加关注（沃特·阿赫特贝格，2003）。

另一些学者也从政治学、传播学的角度对公民协商的运行机制和效果进行了实证研究。例如，对英国的协商民意测验研究发现，人们在协商后会对讨论事务了解加深，同时对政府决策的科学性以及自身参政能力的信任度提升（Luskin et al.，2002）。Barabas（2004）发现，相对普通的讨论，公民协商能够提供更多元的信息和观点，人们更容易达成理解，想法也更开明。而对政治讨论的人际网络研究则发现，那些经常与跟自己意见相左的人讨论的人，看待问题时会较为客观全面，较少偏激（Huckfeldt et al.，2004）。Gastil（2000）等持续研究了“俄勒冈公民倡议评论”，发现随机选出的普通人有能力在协商讨论后准确地总结出每条倡议的内容，为其他选民提供信息指南，因此，一个基本的共识就是：参与公民协商能够提高公民对政治的兴趣，增强社区意识，提高政治效能感，促进高质量意见的形成。

还有一些学者对协商的可行性提出了质疑。人们的社会经济地位不同、受教育水平不同，决定了真正平等的协商在现实中很难发生（Chambers，2003）。一个比较突出的现象是，男性、收入高、文化水平高的人通常更擅长表达自己的观点并说服他人，而女性则在讨论中相对沉默，观点容易受他人左右。同时，协商效果也面临着质疑，例如小组协商会使一些人屈服于集体的压力而做出他们并不情愿的决定。而当人们无法通过讨论达成一个理想的解决方案时，协商往往会积累焦虑和沮丧等负面情绪。Chambers（2003）甚至尖锐地指出，直接对话会进一步使得原本分歧太大的话题"加深争议，加剧竞争，使意见更极端"。Sunstein（2007）组织科罗拉多州的选民分别建立民主党小组和共和党小组讨论一些具有争议性的问题（如同性恋婚姻合法化）。讨论后，他们发现原本支持同性恋婚姻的人在讨论后更支持，而原本就反对的人们在讨论后更反对。这种情况的发生通常来源于同质化小组——意见本就相似的人在一起会互相肯定，变得更加坚定。

（二）国内研究综述

国内对协商民主的研究比较多元，目前比较成熟的研究主要集中于三方面：宏观视野中协商民主的制度设计和重大意义（林尚立、俞可平，2002、2004）；各个实践案例的分析，以及对基层协商民主的可能性路径、承担功能和程序设计方面的研究（陈家刚，2004）；中国协商民主实践的整体形态的内在结构，以及这一结构呈现出的理论特征（韩福国、张开平，2015）。而关于基层协商民主主要包括以下几方面。

1. 基层协商民主的兴起原因的思考

关于基层协商民主的兴起原因，相关学者进行了多重维度的辩论和思考，其中，有两种主流的观点，分别为"回应说"和"条件说"。回应说认为：我国基层民主建设面临现实困境，而协商民主是推动基层民主良性运行的必然选择（宁有才，2013）。条件说认为：我国现实的发展状况所提供的政治、经济、文化支撑，使我国基层社会已具备发展协商民主的条件（朱勤军、李贺林，2004、2008）。

2. 关于基层协商的案例研究

发端于 1999 年温岭的民主恳谈，发展出“对话型民主恳谈、参与式民主恳谈、工资集体协商民主恳谈”等多种形式（陈家刚，2004），初步构建出了以“党内民主、政党协商、人大协商、政府协商、政协协商、基层组织协商、社会组织协商”等基层协商民主体系（陈家刚，2012）。

3. 基层协商民主的实践路径探索

为建构更加合理的基层协商民主发展框架，相关学者从多元视角对其发展路径进行了深入的分析和探讨。铁锴（2010）从基层协商民主得以孕育的社会经济条件出发，主要涉及基层公民社会的培育等，提出要把解决基层民生经济问题与推进协商民主建设有机统一起来。基层社会经济的不断发展，大量民生问题的涌现，客观上激发了基层普通民众的政治参与愿望（苏爱萍，2013）。从基层协商民主所包含的协商要素出发，主要包括协商主体、协商议题、协商程序、协商平台、协商机制、协商结果等，提出搞好基层协商民主要素建设的重要性（李仁斌，2013）。从基层协商民主实现良性运行的顶层设计出发，主要包括法制基础和制度建设等，提出要在相关法律制度的健全和规范性文件的出台两个方面做好相关工作（陈鼎，2008）。

目前，除极少数的基层社会治理的案例比较重视协商民主的程序和技术方法外，基层协商民主研究一个突出特点就是追求“解决的结果重于协商的民主程序”，“形式的参与和参与的形式比实质是否参与协商更为突出”。另外，基层自治制度和基层协商民主的关系问题也值得进一步探讨。社区（村）委员会是基层民众通过直接投票选举产生，是人民行使当家做主权力的重要组织。而村民议事会等协商组织的成立，本质上也是为了保障基层民众的权力。二者在职能上难免重复，如何厘清二者关系，保证基层民主政治制度的良性运行，值得进一步思考，这也为本课题的研究提供了思考的空间。

二　传统乡村权威的构成与发展

哈贝马斯曾说，商议性政治与一个呼应这种政治的合理化生活世界情境之间存在着内在联系。依赖于生活世界的资源——依赖于自由的政治文化和开明的政治社会化，尤其依赖于形成舆论的各种联合体的——恰恰是用商议形式加以过滤的种种政治交往①。用通俗的话讲就是一方水土养育一方人，一定的政治制度设计往往与扎根于此的深层政治文化有着密切的联系。

为分析以德清县乡贤参事会为代表的中国式基层协商民主的文化土壤，我们应首先梳理一下传统中国乡村治理的权威构成与发展脉络，并据此思考在我国构建乡村社区开放式协商机制的历史条件与现实可能性。

"王权止于县政"是中国传统政治的基本规则之一。自秦汉"废封建、设郡县"之后，传统乡村社会逐渐形成了以保甲制度为行政末梢，以士绅为政府与乡村社会的纽带，以地主土地所有制为经济基础，充分利用宗族组织的整合控制作用，构建了一套完整的乡村治理秩序。这一基层治理模式与君主郡县、农副经济、伦理礼教及册封朝贡共同构成了传统中华体制的框架。大体而言，在近两千年的时间里，这一基层治理模式，尽管其间不乏具体的调整，但没有发生本质的变动。具体如图 1 所示。

族权：家族是乡村自治的主要组织实体。家族凭借族长、族规、祠堂、族田、族谱等一系列要素，形成了一套严密复杂的社会空间与规范体系；围绕各种"礼仪"的集体行动不断再生产，据此以塑

① 哈贝马斯：《在事实与规范之间——关于法律与民主法治国的商谈理论》，生活·读书·新知三联书店 2014 年版，第 374 页。

造每个族人的伦理行动规则、可能性及其限度。从社会结构的生成机理来看，以血缘与亲属关系为底色的族权（父权）是其他权威的基础与源泉①。

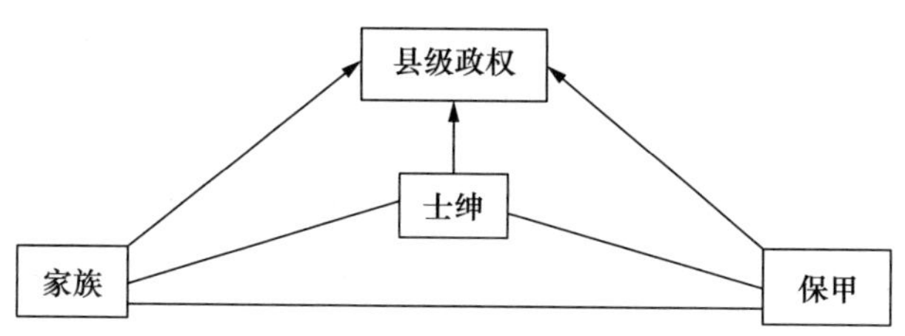

图 1　中国传统基层治理模式

绅权：士绅是传统乡村的中流砥柱。他们是国家学说在乡村的代言人与维护者，是“国家整合乡村秩序的主要力量”②，也是代表地方社区与政治系统沟通的力量。“功名—知识—教育”是士绅的权威基础，个人德行是士绅获得权威的核心要素。士绅是超越并统合保甲的行政权与族权的力量，地方政府一般都需要与士绅共治。

政权：保甲制度是国家政权在乡村社会的代理。在农业社会，乡村只需服从国家的大体规则与意志，国家既无必要也无力量直接深入乡村生活的细节③。因此设立非正式体制的保甲制度以示政权在场，税役、治安、决狱等是其主要职能④。

简言之，“血统”、“学统”与“政统”构成了传统中国乡村治

① 于建嵘：《岳村政治——转型期中国乡村政治结构的变迁》，商务印书馆 2001 年版，第 81 页。

② 张仲礼：《中国绅士：关于其在 19 世纪中国社会中作用的研究》，上海社会科学院出版社 1991 年版，第 3—7 页。

③ 徐勇：《岳村政治序言》，载《岳村政治——转型期中国乡村政治结构的变迁》，商务印书馆 2001 年版，第 8 页。

④ 瞿同祖：《清代地方政府（修订译本）》，范忠信等译，法律出版社 2011 年版。

理的基本要素，它们相互支持、相互节制、分工合作，其权重在动态中保持均衡，在实践中磨合形成了约定俗成的权利/义务边界，维持着一种超常稳定的治理秩序。

自1840年西力东侵以来，古老的“中华文化体”遭遇西方力量的全面入侵与渗透，延续数千年的中华体制在短短数十年之间一败涂地；中国也开启了“中华文明圈的宗主国”向“世界列国时代一员”的历史大转型。随着废科举、革旧制、做试验，传统稳定秩序走向破碎。主要体现在以下五方面：（1）科举制的废除与农业相对获利能力的持续下降，直接导致士绅阶层的急剧衰落，乡绅的成色与乡村的人文环境迅速陷入颓势。“原有社会凝聚机制急剧瓦解，社会成员从原有的生存结构中脱离出来，又无法被新的生存结构所吸纳，从而迅速‘游离化’。这种‘游离化’社会群体，引发急剧社会动荡。”[①]（2）政权逐步下沉，但未能有效确立权威。（3）强权凸显为乡村社会的主导力量。士绅的衰落直接导致乡村的虚空，豪强地主、劣绅、地痞流氓及会道门组织，借助地方军政势力的支持，侵蚀僭夺了乡村的主导权[②]。（4）族权在社会激变时期得到强化。（5）民权以动员式的农会为载体初登舞台。

简言之，在社会剧烈转型时期，政权持续下沉强化控制，原有的乡村治理秩序式微，同时各要素在乡村形成了混乱的斗争局面，革命运动与地方政权的频繁更迭使它们相互之间没有形成稳定的行事规则与权力界限，始终处在一种恶性争夺状态。

新中国成立之初，乡村治理秩序的剧烈变动前所未有。新政权怀着“消灭旧世界，建设新中国”的理想，以苏式体制为底色，试图全面改造乡村社会的治理秩序，彻底瓦解传统的伦理人格及相应的社会组织结构，在“去自我、去家庭、去血缘的基础上建立以一

---

① 于建嵘：《岳村政治——转型期中国乡村政治结构的变迁》，商务印书馆2001年版，第133页。

② 同上书，第138—141页。

个‘人民’概念为核心的共同体”[1] 这一阶段的特征比较明显，即政权对乡村实行直接管理，垄断统治权威，牢固确立一元化的治理体制，也由此引发了社会系统对政治系统积极或消极的抗争。在这一时期，新政权建立了高度一体化的“人民公社—生产队”体制。这一体制虽有一时之效，却非长远之计。人民公社的政治逻辑与残缺的产权制度，不能为乡村发展提供持久的动力。它“压抑农民创造热情，不仅不能为乡村社会的持续发展提供动力，反而造成了十分突出的社会问题，积累了农民对国家的不满”[2]。

20 世纪 70 年代后期的包产到户，即是传统村落自耕农社会的一种抗争。随着人民公社体制的瓦解，乡村出现了管理真空，“面对着乡村社会这种经济发展和政治失控的状况，国家需要确立适应新经济状况的乡村社会治理制度”[3]。国家政权既然允许相对自由的生产生活方式，那么行政体制与社会自治相分离的治理模式便是大势所趋。1982 年，国家以宪法形式确定了乡作为一级政权、村作为自治单位，1987 年出台《村民委员会组织法》，村民自治逐步落实[4]。此后，乡村的自由活动空间日益增长，诸种力量“因地制宜”地兴起，形成了多元权威并立的乡村治理格局。

综观整个乡村权威的构成及发展脉络，要真正建立起一套稳定、合理的乡村治理秩序，确实需要科学考察历史变迁的“变”与“不变”，衡量各种要素在社会结构与人心秩序中的力量与作用，用政治社会学的术语说，正视社会事实的“坚硬性”与“惯性”，才能真正走上所谓的路径依赖，沿着既定的方向不断得以自我强化。

较之以往，今天乡村社会呈现的多元权威并立的局面，其实是

① 应星：《村庄审判史中的道德与政治：1951—1976 年中国西南一个山村的故事》，知识产权出版社 2009 年版，第 2 页。

② 于建嵘：《岳村政治——转型期中国乡村政治结构的变迁》，商务印书馆 2001 年版，第 307—308 页。

③ 同上书，第 320 页。

④ 同上书，第 321 页。

历史转型过程中一种正常现象，这种权威的分化与流动应该称之为“进步”而非“乱象”。既然这是时代给定的不可逆的一个社会条件，就应当顺应、尊重这一“社会事实”。古人云：“为政以德，譬如北辰，居其所而众星拱之”，又“举直错诸枉则民服从，举枉错诸直则民不服”。今天乡村治理秩序的重建，或者说建立一个广大民众认可、认同的权威，其关键以德行与规则（法治）为平准。进而言之，坚持以村民自治制度为平台与框架，以普遍、开放、公正的自治规则为准绳，允许鼓励各权威要素按规则参与到政治协商中去，使政权、民权、族权、教权、财权等广泛参与其中，可以说是现今江南各地乡贤参事会普遍出现的历史必然。它对应的是我国乡贤文化传统的回归：乡土社会的存续；选贤与能的观念；乡绅自治的传统；济世安民的抱负等。

2014 年 9 月召开的培育和践行社会主义核心价值观工作经验交流会上，中宣部部长刘奇葆对乡贤有了新的诠释：农村优秀基层干部、道德模范、身边好人等先进典型，成长于乡土、奉献于乡里，在乡民邻里间威望高、口碑好，是“新乡贤”的主体①。乡贤，多是饱学之士、贤达之人，既有因品德、才学为乡人推崇敬重的本土精英，也包括因求学、致仕、经商而走入城市的外出精英，以及市场经济环境下在农村投资创业的外来精英，具有亲缘、人缘、地缘优势，具备丰富的经验、学识、专长、技艺、财富以及良好的文化道德修养。这基本符合中国传统伦理社会的权威合法性来源，大体而言，伦理人格形成的社会行动空间是“亲亲”“贤贤”“长长”“尊尊”，即对家人、有德行学问者、年长者、有体制官位者等人群的仁爱或敬畏；进而约束规定着中国人日常生活的行动轨迹，造就了亲长者（父老）、贤者（绅）、尊者（官）的权威。根据这种以

① 刘奇葆：《继承和发展“乡贤文化”建设美丽乡村》，中国网新闻中心，http：//www. china. com. cn/news/2014 -09/16/content_ 33528006. htm。

亲亲为基础的伦理人格，就可以理解为何乡贤能够在乡村治理中重新扮演起较为基础性作用的群体，并被官方称为“智囊团、连心桥、助推器、减压阀”①。

三　德清县的尝试：乡贤参事会

本课题研究主要针对农村社区开放式协商机制的研究，德清的乡贤参事会最具代表性。对其经验的总结将有利于我们对协商政治的文化根基，基层社会治理新模式以及基层协商民主机制的探索。

德清县取名于“人有德行，如水至清”，素被称为“德化风清”之地，自古人文荟萃，并以德行闻天下，俞樾、俞平伯，俞氏家族的学术文化；“谁言寸草心，报得三春晖”孟郊的游子文化；你侬我侬词下管道升的伦理文化，可以说乡贤参事会能够在德清生根发芽滋长，既有现实的需要，又有历史的影子。据不完全统计，清前期德清县每万人出举人以上人才 19 人，武康县 7 人，德清、武康两县人数远超其他各县（见表 1），1958 年德清、武康两县合并为现今之德清县，可以说其文化渊源深厚，文脉久远。

表 1　　清朝前期杭湖两府部分县举人以上人才密度表

州县	德清	长兴	武康	安吉	余杭	临安	新城
人数/万人	19	6	7	4	6	6	4

资料来源：余新忠、惠清楼所刊《清前期乡贤的社会构成初探——以浙西杭州和湖州府为中心》，其中武康县道光十年至三十年的数字缺，由同治《湖州府志》卷 12—15《选举表》补齐。

① 王力中、姚思思：《社区协商共建共享“乡贤参事会”：乡村治理的德清样本》，《湖州日报》2016 年 5 月 22 日。

截至2016年，德清全县151个村中已发展“乡贤参事会”56个，参事1756次，服务2338次，受惠群众达9万多人次。这样一个基层社区治理的创新成果，无怪乎引起民政部的重视并被提名“2014年度中国社区治理十大创新成果”。

（一）德清“乡贤参事会”的政治文化基因

现代政治文化理论研究的知名教授罗纳德·英格尔哈特曾这样概括他的政治文化理论：“经济、文化和政治转型作为有着内在联系的整体，它们相伴而来，以可以预测的方式改变着世界。”① 其核心意旨在于政治体系、经济体系、文化体系是一个相互支撑、相互交融的系统，如同人体行为需要肌肉系统、循环系统、神经系统等合力提供一样，任何一个系统都是无可替代的，任何一个系统的崩溃都会导致所有行为的终止。所以英格尔哈特教授认为西式民主并非现代化过程中的必然结果，虽然他也如马克思、韦伯这样相信转型是沿着可预测而不是随机的轨迹推进的，但是至少它应该是“非西方化的”、“非线性的”，更不是决定论的，在他看来不管是经济决定论、政治决定论还是文化决定论都过于简化了——因果关系趋于双向作用，他认为现代化进程讲究匹配，一个政治体系、经济体系必须有与之配套的文化体系，才可能长久维持。既然如此，德清的乡贤参事会有着怎样的文化基因就特别值得关注。

1. 道德文化形塑现代公民气质

德清县曾首创全国第一家道德主题馆，其重道德、讲德行的传统历久弥新，据官方宣传资料曾涌现出了如“2008感动中国”候选人陆松芳、全国孝老爱亲模范候选人高艳萍等先进典范，并被广为宣传。各大报道的用语大致为：“德清的能人贤士普遍关注民生福祉、热心公益事业，以自己的高尚行为，传播正能量，感染着周围

① 罗纳德·英格尔哈特：《现代化与后现代化——43个国家的文化、经济与政治变迁》，社会科学文献出版社2013年版，第1页。

的群众。”从这一系列话语体系里，我们深切感受到的是一种因“私德”而“公德”，主动参与民生、公益福祉的褒奖，以及用道德权威感染并影响身边人的社群主义精神。同时与托克维尔描绘的美国精神不谋而合：“喜好结社、喜欢过有组织的公民生活、关注公共话题，热心公益事业。”而众所周知，关心公共领域，而不是“独自打保龄”①，一贯被认为是现代民主的基本精神气质。

2. 文化礼堂构筑“公共领域”

再如德清县让旧庙堂“脱胎换骨”，进而“华丽转身”为文化礼堂。看似一个普通的娱乐、休闲场所，却让人产生无限遐想，无论是雅典的古典民主，还是托克维尔赞赏的新英格兰市政厅会议，都以一个公共交往的空间著称于世。文化礼堂无形中扮演了这样一种公共交往空间的角色。普通民众因为这个文化礼堂而有了协商议事的界面，在这个界面里，国家与社会、政府与民众共享信息、交流互动，共同组成了一个“公共领域”（Public Space）②，在这个空间里，一些言说者变成一群公众；而传媒则使这些言说即使一群公众没在场也能被听到。大众传媒将公共空间转变成具有专门功能的公共沟通系统，确保了公众中的沟通能够持续处理任何可能提出的论题。无论热心公益群众的形成，还是公共领域的出现，都为乡贤参事会的孕育提供了群众基础和沟通平台。

3. 游子情节力促权威回归

近代以来，持续的转型变革打碎了传统的社会结构与心性秩序。

---

① 罗伯特·帕特南在其经典著作《独自打保龄——美国社区的衰落与复兴》一书中，记录了过去两代人的时间里，美国人通过有组织方式相互联系和参与公共生活令人堪忧的衰退状况。美国人似乎不再愿意把闲暇时间用在与邻居一起喝咖啡，一起走进俱乐部去从事集体行动，而是宁愿一个人在家看电视，或者独自去打保龄球。

② 德国社会学者克劳斯·埃德尔在《理解公共领域》一文表达得比较清晰：“公共领域乃是国家与社会之间的一块空间。它既不是一种政治制度，也不是一种社会制度，而是一种场合（Instance），有此观察这些制度，沟通其意义（尤其是其合法性），而其方式可以是肯定的，也可以是批判的，因此可以把公共空间描述成为国家与社会之间的第三空间。”

政权、绅权、族权（父权）等传统权威或被革命，或式微，或转型。从现象上说，当代中国的乡村实际上处在一种权威弥散的状态，没有一种社会要素或一类群体能为民众所普遍认同、尊重与仰望。这也是今天中国社会治理成本如此高昂的根源。

始于20世纪80年代的中国城市化的进程中，农村大量青壮劳力进城务工，一些通过考试等出去到城市读书、谋职的农村精英很多也开始在城市定居，农村留居人口从数量和素质上呈下降趋势。特别是在那些“空心化”问题较为严重的农村，客观上都迫切需要权威回归，为其发声争权。

而中国自古以来有“告老还乡”一说，在外为官者到了年龄要回归故里，所谓光耀门楣，这些被公认的民意领袖、享有公共话语权，作为一种民间力量适时填补了官府行政能力的不足。而如今，拥有游子情结的德清乡里们，虽因求学、致仕、经商而走入城市，获得成功，但是仍愿意以项目回迁、资金回流、信息回馈、智力回乡、技术回援、扶贫济困、助教助学、做“和事佬”等形式反哺家乡。并通过各种渠道来发挥好加强文化教育、改良世道人心、维持基层自治、建设村容村貌等方面的作用，这也是乡贤参事会得以在德清扎根的又一文化基因。①

4. 自治文化王权止于县政

中国历代统治者治理乡村的具体方式是“皇权止于县政”，封建政权主要依靠乡村中有威望、有能力、有财富的贤达士绅来管理基层的税负、治安、户籍、教化等事务，此即是“乡绅治村”。而江南在清代开埠之前，即表现出一种浓郁的基层自治氛围，因个人

① 德清有浓郁的“游子”情节，是“游子”文化的发源地，从这里走出去的贤能之士多故乡情结。官方提供的案例颇多，如土生土长的禹越人沈国良，他在上海经商成功后，回到自己的家乡钱塘村创办了德清和顺拉链有限公司，为村里几十名村民解决了就业问题；又如新安镇下舍村村民沈世晨，捐资12万元为村里修建起一条800米长的乡村道路，让村民的出行更加便利……

品德、功名、才能、财富而跻身精英阶层的乡贤们实际掌握系乡村的话语权。

改革开放以后，国家权力从基层的理性后退为乡贤文化兴起创造了条件和机会。历史证明，“政经社”全能式的政府管理体制难以适应不断发展的市场经济。国家权力在下沉的同时，必须适应乡村社会的实际情况和经济发展的需要，在充分尊重地方自主性的基础上，形成参与式的民主治理模式。从“村民自治”到“扩权强镇”再到“基层治理主体多元化”，国家权力从基层逐步理性后退，让各种正能量有足够的空间和机会在推动基层社会发展上释放活力，形成合力，展现魅力。乡贤文化作为“具有悠久历史底蕴的一个地域的精神文化标记，是连接故土、维系乡情的精神纽带，是探寻文化血脉，弘扬固有文化传统的一种精神原动力”①，在破解乡村社会内生发展乏力、乡村公共参与有限、乡村社会共识基础不够等基层治理问题上发挥了独特的作用。这种政治基因为基层社会治理创新提供了空间。

（二）德清“乡贤参事会”的政治逻辑

乡贤参事会得以在中国的政治体制之下生根发芽，并日益茁壮成长，得益于其符合中国的政治逻辑，它得以形成和发展的内在动力来自于两个方面：其一是人民民主，强调人民拥有当家做主的权力，政府必须为人民服务；其二是群众路线，强调政府与官员必须深入群众，听取群众意见，反映群众呼声。②

目前社会层面的协商主要有三类：第一类是党、政府与基层社会互动所形成的界面，即基层群众自治；第二类是党、政府与各类人民团体互动所形成的界面，如工会、工商联、妇委会、青年联合会、留美同乡会等；第三类是党、政府与人民群众互动所形成的界

---

① 刘伟等：《乡贤回乡，重构传统乡村文化》，《人民文摘》2014 年第 10 期。

② 林尚立：《社会协商与社会建设：以区分社会管理与社会治理为分析视角》，《中国高校社会科学》2013 年第 4 期。

面，其典型代表就是本文将要谈及的“乡贤参事会”抑或之前更火的“民主恳谈会”。[①] 第三类是近年来才发育起来的，属于比较纯粹的“社会协商”空间，因为它就是党、政府与社会为了商讨事关双方和全局的问题而形成的商谈和沟通机制。可以说第三种类型的出现，是对既有社会协商的一种补足。它的基础机制是村民自治，它发端于村两委会的力量不足，发育于决策咨询功能的开发，成型于多元共治机制的出现。

德清县东衡村的新农村建设参事会可以说就是乡贤参事会的雏形。当时参事会的“补位”和“辅助”，有效克服了村“两委”成员少、任务重和村民代表人数多、意见难统一等问题，变少数人商议为众人决策，变千斤重担几人担为大家挑，使村“两委”在开展建设项目和决策过程中更加民主开放，既集思广益又赢得了群众支持，这也成了乡贤参事会的实践雏形。

从理论渊源看，早在2004年，浦兴祖已有论述，彼时学界对基层协商民主还少有论及，浦老先生将它概述为：有些乡村在实践中还有一种被称作“村民议事会”的非正式组织。这是一种由村民中少数精英人物组成的咨询性组织。[②]

它与村民代表大会不同，它不能从村民会议获得授权，不能行使村民会议的部分权力。从权力的来源看，村民议事会的代表产生更为多样化，既可以是选举，也可以是指定，或者两者结合。村民议事会的代表一般不对具体的村民负责，也不与村民形成授权和代理的关系；从运行方式上看，村民议事会强调议事和协商，而不像村民代表会议那样强调少数服从多数的原则；从权力的后果来看，村民议事会的决定对村务决策仅具有参考作用，最终决策由村民会

① 林尚立：《社会协商与社会建设：以区分社会管理与社会治理为分析视角》，《中国高校社会科学》2013年第4期。

② 浦兴祖：《中华人民共和国政治制度》，上海人民出版社2005年版，第503—504页。

议作出。村民议事会通过对社区各类精英人物的吸纳，让各方面的意见都有充分表达的机会，有利于平衡各方面的利益，从而提高村务决策的民意基础和权威性，维护乡村社会的稳定（见图2）。

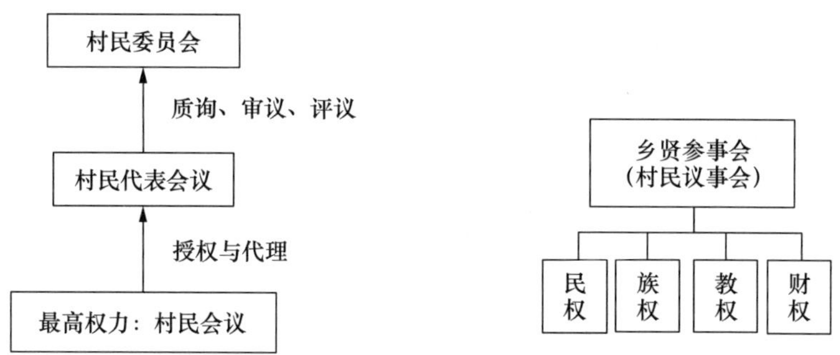

图2　村民委员会与乡贤参事会的权力来源

但是浦老先生在2004年就告诫大家，要警惕少数人组成的议事会凌驾于村委会之上，或实际操作村民自治，社会精英行动可能对基层协商民主产生不利影响。

（三）德清乡贤参事会的政治制度安排

德清乡贤参事会在几个不同层次的政治制度安排：第一是其权力来源，以及它与不同机构之间的权力关系，如与村委会、村党支部、乡政府等的关系；第二是其选举推荐原则，即哪些人能够成为乡贤参事会的成员；第三是关于实际操作中政治决策与咨询的制度安排，如如何做出决策与咨询的程序、步骤、成效。

1. 权力来源与权力关系

德清乡贤参事会的功能定位是以参与农村经济社会建设，提供决策咨询、民情反馈、监督评议及开展帮扶互助服务为宗旨，是一种公益性、服务性、联合性、地域性、非营利性的基层社会组织。

乡贤参事会从成立之初就表明是以章程为依据，在乡镇党委、村党组织的领导下开展工作，并接受乡镇政府、县民政局的监督管理和村民委员会的业务指导。它不同于村委会权力来源于村民代表大会的授权，它又不同于村党委会，是政党权力在基层的延伸。它的权力更多地来源于乡贤自身所代表的民权、族权、教权、财权等的威望。他们通过参与镇村开发建设；参与村级公益事业建设；帮扶农村弱势群体，扶危济贫；积极调处民间纠纷等手段凝聚人心，获得话语权。

在制度上，乡贤参事会必须申请备案或申请法人登记。符合备案的，由筹备组提出申请，经村党组织同意后，报乡镇政府备案；具备条件申请法人登记的，在征得乡镇政府书面同意后，按社会团体登记程序向县民政局申请登记。

2. 选举推荐原则：何人？为何？

由于上述乡贤参事会权力来源的特殊性，其代表产生更为多样化，既可以是选举，也可以是指定，或者两者结合。

分析德清乡贤大致可以分为："本土""外出""外来"三类乡村精英，如本村的老党员、老干部、复退军人、经济文化能人；如出生地、成长地或姻亲关系在本村的"返乡走亲"干部、企业法人、道德模范、持证社工、教育科研人员，如在农村投资兴业的外来生产经营管理人才（可参考表2德清县××镇××村乡贤参事会人员构成）。

表2　　德清县××镇××村乡贤参事会人员构成

序号	姓名	单位职务	参事会任职
1	高某根	德清县华翔丝绸有限公司总经理	乡贤参事会会长
2	朱某祥	钱塘村老村长	乡贤参事会理事
3	沈某平	恒惠丝绸有限公司总经理	乡贤参事会理事
4	罗某根	德清广纳无纺布有限公司总经理	乡贤参事会成员

续表

序号	姓名	单位职务	参事会任职
5	沈某松	县文广新局（体育局）副局长	乡贤参事会成员
6	吴　某	县委组织部	乡贤参事会成员
7	沈　某	县国土局	乡贤参事会成员
8	沈某龙	县司法局宣教科科长	乡贤参事会成员
9	费某金	县政协专委会主任	乡贤参事会成员
10	陆某虎	县委宣传部文明办副主任	乡贤参事会成员
11	杨某山	县老干部局局长	乡贤参事会成员
12	沈某红	县卫计局局长	乡贤参事会成员

注：为保护受访者个人隐私，姓名栏部分字隐去。

在具体程序上，会员入会前须经村党组织审核确认，会员大会选举产生会长、副会长、秘书长，任期三年，改选可与村民委员会换届同步进行，秘书长原则上由村支书或村主任兼任。会员30名以上的，应成立理事会，由会员大会选举产生理事成员，理事成员会议选举产生会长、副会长、秘书长。

3. 政治决策与咨询：竞争与合作

乡贤参事会的主要职责任务有：弘扬优秀传统文化、推进乡风文明，组织慈善公益活动、开展扶贫济困等活动，积极引智引才引资、助推农村经济社会发展，参与公共事务管理、为村“两委”提供决策咨询，推动实施村规民约、维护公序良俗，了解村情民意、反馈群众意见建议，承办政府和主管部门委托的其他事项。其在进行参事议事过程中一般以“共建、共治、共享”为标准，以“村事民议，村事民治”为宗旨，采取“三段八步法”（见图3），分事前精心准备、事中平等协商、事后成果转化三段来进行，并且其事前三定、过程监督充分显示了社会协商中的科学性与民主性。

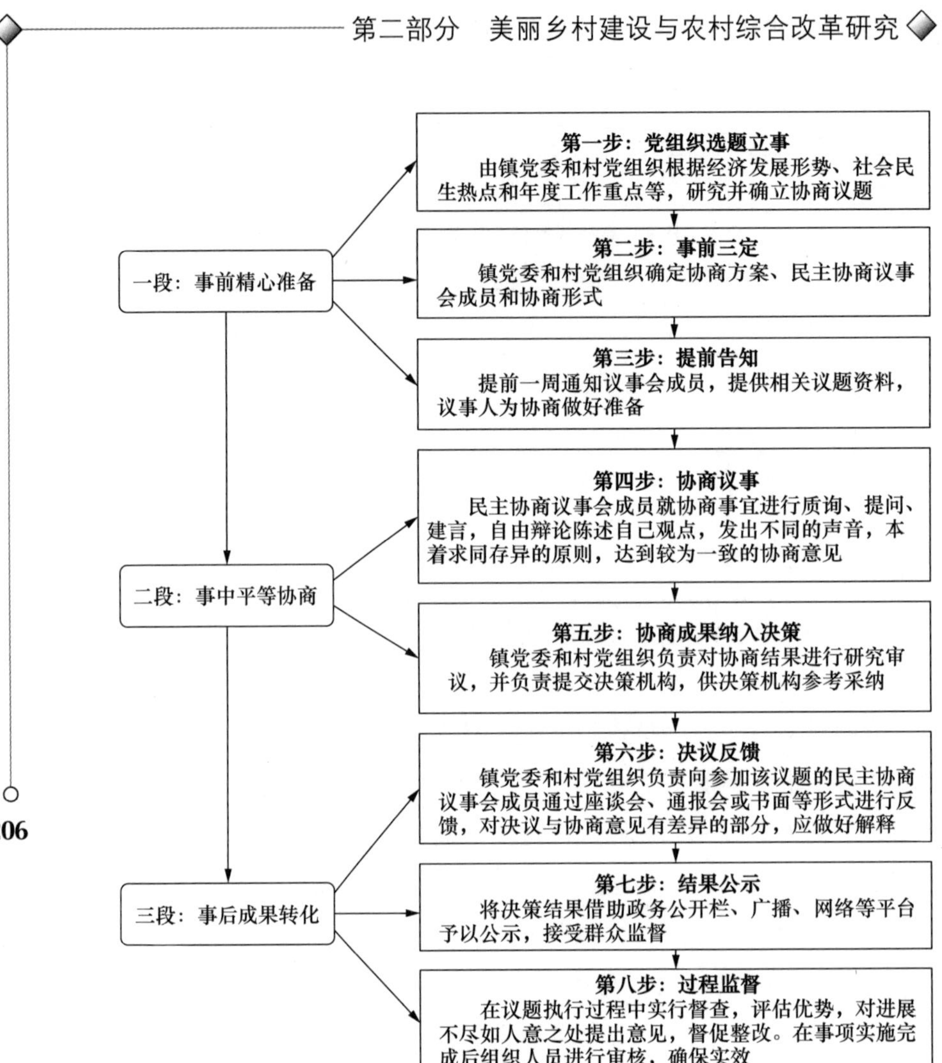

图3　乡贤参事会中广泛使用的“三段八步法”示意

四　德清县乡贤参事会的现实思考：处理好三对关系

结合德清县在各村实行乡贤参事会以来的经验，应该处理好三对关系：

一是民权与政权：乡贤治村与村民自治之间的关系。在当前体制中，村“两委”是乡村治理的主体。村委会是由村民选举产生的基层群众性自治组织，是地方共同体的“当家人”，但同时也接受国家基层政权的指导、支持和帮助。体制与民意的双重授权决定了其在村域的核心地位。村党支部则是党权的基层代理，其权威主要来自上级党委的认可与本村党员的选举。而乡贤则是乡村中有声望、有威信、有势力、有地位的群体。随着村民选举的开展与民权的觉醒，村“两委”与乡贤参事会的关系已经成为乡村治理秩序的一个重要变量，其中也折射出政权与民权关系的微妙变化。在实践过程当中，村“两委”与乡贤参事会关系处理的优劣，直接关系到村级治理的效果。在推进乡村治理过程中，首要问题是：如何在坚持村“两委会”主体地位的同时，把乡贤参事会作为一种重要而有益的补充，并在二者中间达到一种平衡。

二是传统与现代：传统伦理与现代治理之间的关系。乡贤治村是对传统“乡绅治村”的传承、拓展与创新，但是它必然包含着传统以家庭为核心的伦理人格，代表着传统以伦理人格形成的社会行动空间，近代以来，持续的转型变革打碎了传统的社会结构与心性秩序。政权、绅权、族权（父权）等传统权威或被革命，或式微，或转型。从现象上说乡村社会实际处在一种权威弥散的状态，没有一类群体能为民众所普遍认同、尊重与仰望。这也是今天中国社会治理成本如此高昂的根源。而现今想用乡贤参事会的形式整合各类要素、资源和群体，用一种现代化的语境“多元治理”来弥合乡村“空心化”趋势，任务艰巨。

进而言之，一种稳定的治理秩序（政治与社会秩序的统一），需要一种稳定的人心秩序与之耦合，相互支持、相互生产。中华文明圈时期形成的政权、族权与绅权三足鼎立的乡村共治秩序，之所以历经两千年而无大的变动，其重要原因即是它与传统以家庭为核心的伦理人格深度契合。

三是精英与大众：精英式协商与大众式协商之间的关系。精英与大众的关系问题，历来就是一个悖论。精英的集体行动，到底是增强了基层民众的政治参与，还是弱化基层民众的政治参与？这是一个一直困扰学术界的问题。一方面精英行动普遍提升了协商过程的有效性，并且加速了基层社会的民主化进程，同时还作为一个榜样的效应带动了普通民众的民主参政意识。但是另一方面精英行动也弱化了多元主体的平等性（话语权和决策权的中心化限制了协商民主的平等和自由，权力精英独有的执行选择权可能出现对公共利益的背离），甚至如奥尔森所说潜在的大集团永远无法战胜精英小集团，最终分利集团将对社会总福利产生侵蚀。①

乡贤，无论怎样改变自己的称呼，始终无法摆脱精英的本质，乡贤参事会的广泛兴起，会否柔化基层政权的力量，甚至干扰基层村级组织的决策？当国家政权强大时，没有问题，但是一旦国家政权弱化或者国家能力接受考验时，是否就会请神容易送神难？当民权与政权交锋，这是土豪劣绅的借尸还魂，还是乡贤治村的伟大复兴？这都需要我们用政治的智慧去考量。

五　西方主要发达国家的经验及启示

梳理国外政府在“基层协商民主”过程的具体做法和政策措施，美国的城镇大会、日本的市民会议及研讨会式协商、加拿大社区或公众集会的协商民主（Community or Public Meetings）值得借鉴。

（一）美国的城镇大会

美国素有乡镇自治的传统，并且地方市镇的政治生活是产生和维

① 曼瑟尔·奥尔森：《国家的兴衰：经济增长、滞胀和社会僵化》，李增刚译，上海人民出版社2007年版，第56页。

系一个成功的民主社会必不可少的催化剂。在《论美国的民主》中，托克维尔用大量篇幅为我们真实而生动地介绍了美国地方市镇的政治生活情况，再现了美国地方自治初期阶段的典型特征，而现如今美国的城镇大会就是一种起源于新英格兰市政会议的社会协商机制。

美国的城镇大会也称作大规模的协商大会，它的参与人数比美国公民陪审团的参与人数还要多。美国的城镇大会采用小组协商讨论与计算机联网技术相结合的办法，通过配额或简单随机的方式选择会议的参与者，并将参与者划分为若干小组（见图4），每个小组都从参与者中选出一名记录员。在开始讨论之前，每个参与者都可以将自己的观点写在活动面板上。小组讨论开始后，每个小组有30—40分钟的时间对议程中的问题进行讨论，每个参与者必须对争论的问题提出实用性的解决方法。各小组的记录员将每个参与者的意见、小组公认的观点和少数异议的看法输入电脑，然后以电子数据的形式将这些信息传输给由几名分析者组成的主题中心。主题中心将综合各小组的讨论结果，把所得信息分为几条主要的意见，并且将信息展示在大屏幕上。每个参与者都要提交他们的个人意见，其中重要的意见将被优先考虑。然后将个人意见分等级之后输入计算机，并且以直方图的形式显示在屏幕上，再通过讨论方式进入下一轮的协商，直至得到最后的协商结果。

城镇大会结束之后，为了使参与者继续关注这些议题，每个参与者将收到一份记载所有重要建议的初步报告。几周之后，他们将收到各自所在小组做出的一份最后分析报告。“在数月之后，再随机抽调100多名参与者，他们将被分成几个小组再次聚在一起共同商讨”①，继续为议题建言献策。讨论的结果将再次分发给所有参与者并且寻求他们的反馈。

① 姚亦亚：《西方协商民主研究》，硕士学位论文，四川省社会科学院，2007年，第18页。

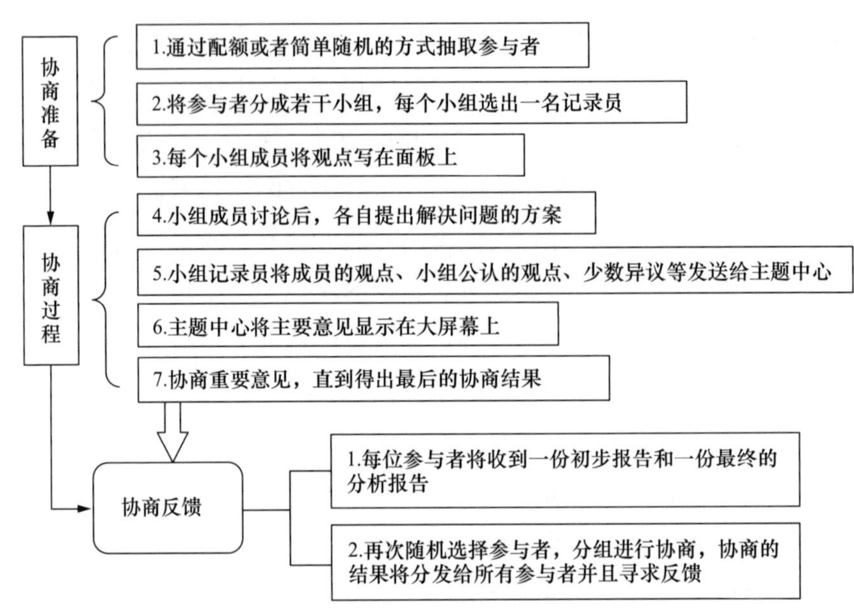

图 4　美国城镇大会的运作程序

（二）日本的市民会议及研讨会式协商

研讨会（Workshop）式协商是一种起源于欧洲的常见的协商民主实践形式，在欧洲被称为共识会议（Consensus Conference）、公共论坛（Public Forum）、或公民公开研讨小组（Citizens' Panel）。日本协商民主主要由基层自治体层面的“市民会议”或“市民委员会”通过研讨会的形式来进行。所谓“市民会议”由行政部门召开，通过邀请市民参与研讨会的方式对基层自治体的基本构想、环境基本规划、健康增进计划等各种条例进行讨论。讨论形成有关政策的共识最终多半会被采用。

研讨会式协商是日本特色的协商民主实践形态，还没形成统一的规范和准则。一般来讲，研讨会式协商须具有五大条件：（1）普通市民的参与；（2）普通市民之外的人员，如行政人员、学者专家、各种团体/协会的代表者、NPO 成员的“专业市民”、相关者或地方议员等的参与；（3）事务局的确立，“市民会议”的授权及跨部门的厅内体制的确立；（4）推进表的确定和目标设定；（5）市民会议规则的确立。

为了避免出现意见对立的情况，研讨会式协商原则上禁止批判或否认对方意见，体现了和为贵的特点。这与日本传统政治文化特色相符，同时更是日本“新政治文化”的表现。从市民“互动促进”（interactive - facilitate）和“协同”（collaboration）”等日本“新政治文化形式”到市民会议，是研讨会式协商民主的具体体现。

2010 年之后日本将研讨会式协商进一步延伸到网络，日本中央政府在互联网上推动协商民主的首次尝试是文部科学省（教育部）网站“熟议”（kakeai）[①]。“熟议”的运作机制如下：首先由文部科学省政务三役会在网站论坛上发表讨论议题，其次教育一线的相关者通过会员登录参与讨论。经过一个月的讨论，再由政务部门根据议论结果形成政策。到 2010 年 6 月底，已经将“学校考核标准”“导致我国研究经费难以使用的问题点”“未来的学校”等 11 个议题上线，收到回帖数将近 8000 件。文部科学省的协商民主实验在探索制定政策的新形式方面进行了有益的尝试，它超越了以往的党派对立和网络民粹主义，正在向其他政府部门扩展。

（三）加拿大社区或公众集会的协商民主（Community or Public Meetings）

1. 社区或公众集会的存在形式

一个社区或公众集会是一个政府制定公共政策的相关信息的输入平台。是由一个领导小组首先正式向公众介绍协商讨论的主题，然后给予公众适当的机会进行协商讨论，最后收集公众协商讨论的意见和建议。这些会议通常将会议地点选择在市区中心、教堂或者学校这些地方。

① 参见网站：http：//jukugi. mext. go. jp。

2. 社区或者公众集会的运作方式

社区或公众集会的具体运作方式取决于即将要协商讨论的问题的具体属性，预计与会者的数量规模，以及与会者对会议协商讨论问题深度的期望值。一般来讲，社区居民会不定期地聚集在一起讨论一些大家共同关心的话题，但是针对于社区或公众集会，则带有部分强制性，具体体现在，在会前，会提前下达强制性命令的通知，要求与会成员务必参加，并且要求提前做一些会议准备工作，培养公民对于会议的信任感。会议的具体运作方式包括：大组或者小组协商讨论；市政厅会议（Town - hall meeting）和圆桌会议（Panel/roundtable）等。会议要保证选择出一名公正的会议主持人，要确保每一名与会者都了解会议议程。会议的具体形式由与会人员的规模和会议讨论协商问题的广度、深度和会议举办方的公信力来决定。

一般来讲，一场社区或公众集会不应该连续超过几个小时，并且它的开会时间比较灵活，可以是在一天中的晚上或者在某一个社区居民比较空闲的时间。最常见的是选择在周末晚上，总之，依据问题的特性，不同地区的社区居民，可以考虑举行一系列不同的社区或公众集会。

社区或公众集会的有效用途比较明显：它可以作为一个公共信息广泛发布的平台；可以作为一个社区居民协商讨论问题的论坛，可以针对特定的问题寻求意见或者提出相关问题；它也可以给利益相关者们一个特定的机会来收集第一手资料，并且寻求大多数社区居民对于某一个问题的共识性建议。

社区或公众集会必须保证会议讨论和协商的话题集中性，并且保证它有足够的公信力来吸引社区居民参加。此外，会议必须在会前保证居民不是抱着一种敷衍了事的态度来参加协商讨论会议。

社区或公众集会这种协商民主讨论大会的会议成本相比其他会议来讲比较低，因为它的场地通常选择在社区中心、教堂或者学校这样一些公共场所，这样就显然节约了一笔场地成本。

社区或公共集会对于后续工作的要求没有其他会议对于后续工作的要求高，它在会议结束后，很少会产生一份后续的会议报告文件，但是，与会的社区居民会对会议讨论过的问题是否解决持续关注，他们自身会不自觉地关注政策立法的变化。

一般而言，社区或公众集会的潜在缺陷表现在如下几个细节：社区或公众集会的会议举办方可能会失去对会议的控制力，而让会议随时面临失控的风险；会议也有可能会被一些本来没有资格参加社区或公众集会的团体或个人占据垄断性位置，并且这些团体或者个人也不能对协商讨论大会提出一些建设性的意见；针对某一个参加协商讨论大会的个人，他最后没有发言导致一些潜在的有用的信息不能传递出去；人们有可能提出与本次协商讨论大会无关的话题。

六　农村社区开放式协商机制进一步改革与完善的方向

乡贤及其组织参与乡村治理，发挥着教化乡民、反哺桑梓、泽被乡里、温暖故土的重要作用，有利于凝聚人心、促进和谐、重构乡村优秀传统文化，是村民自治的有效方式，是探索创新基层社会治理模式、推进乡村治理现代化的有效载体，结合上述对乡贤参事会成效与问题的思考、国外经验的总结，笔者认为应从以下几方面进行改进与完善：

（一）加强基层党组织的核心作用

乡贤参事会作为农村优秀人才和社会精英的汇聚之地，是一种新的社会组织，必须要强化党组织的领导核心作用，加强统筹领导和具体指导。要通过对乡贤参事会的培育，及时把一些优秀乡贤发展到党员队伍当中来，甚至作为村级后备干部进行培养。要加强对会长、副会长、秘书长等核心人员的推选，指导乡贤参事会有序发展会员，量力而行办实事，合理推进参与乡村治理各项工作的开展。同时，针对乡贤具有一定的经济实力和公共话语权，镇村两级党组织要明确乡贤参事会的性质和定位，正确引导，防止个别乡贤借此名义谋取私利，或插手村级事务，干扰村“两委”正常工作的开展。

（二）建立健全乡贤参事会的运行机制

一是完善乡贤参事会成员构成。注重会员质量，坚持以德为先，逐步发展壮大乡贤会。在以外出乡贤为主的基础上，把其他各行各业的社会精英吸纳进来，包括在本土的优秀村民，丰富充实乡贤会的人员构成，特别是要把农村中一些品行好、威望高、热心社会工作的退休老干部、老教师、老专家充实进乡贤会。二是完善乡贤会功能定位。作为基层社会组织，乡贤参事会要以参与农村经济社会建设、公共服务、工作咨询、民情反馈、监督评议和帮扶救助为宗旨，坚持公益性、服务性、互助性。三是要完善乡贤会工作机制。进一步做好村乡贤会章程和运行制度的建立健全，明确会员入会条件和审核机制，制订年度工作计划，建立工作例会制度，规范资金管理使用，实施会务财务公开。

（三）规制乡贤参事会的行动权力边界

为了充分释放乡贤参事会的能量，建设乡村社区开放式协商机制，除均衡协商过程中各个主体的政治知识、技能水平外，还应对各类精英行动尤其是乡贤参事会中的精英行动权力边界进行有效规制，使权力精英的权力行使不至于过分地影响到协商民主制度的公平性和有效性。另外，通过制度体系建设，也能够减少因为时空变换而造成的参与程序、规则和效果的变化，从而降低制度转换成本。其中，应重点围绕以下三大机制进行相关制度的确立和完善：

第一，完善乡贤参事会召开机制。对乡贤参事会召开机制的规制可以尝试做好两大方面工作：一是细化协商议事主题的筛选标准（如类别、利益相关人数、公共资金数额等）；二是适度放开乡贤参事会的召集（推荐）权限，并设立具体配套机制对是否确实应该召开相应协商会议进行核查。

第二，完善协商预选决策方案拟定机制。改变乡贤权力精英在协商预选决策方案拟定中的主导地位十分必要，具体而言：一是应在协商会议告知和召开期间预留相应时间，便于社会公众思考相关方案；二是可以阶段性地设置部分奖励，作为对积极参与预选方案拟定的个体的激励；三是相关拟订方案出台后，除对具体做法进行描述外，还应就方案缺点进行系统陈述，使其他成员的协商参与更有针对性。

第三，完善相关乡贤参事会协商信息的传播机制。如能够确立全新的信息传播机制，部分地减少这种单向性特征，将可能实现对精英行动权力边界的有效规制。

（四）以乡贤参事会带动社会个体民主意识和能力增强

实现大众式协商民主，其根本是要逐步缩小当前精英与其他个体在知识、技能、决策经验等方面的差距，从而在协商参与中赋予社会个体较为均衡的影响力，为此通过乡贤参事会的民主议事带动社会个人获取必要的民主意识、能力及公共精神，推进政治社会化进程十分必要。

第一，培养个体民主意识，使其在制度框架内理性、有序地解决公共问题。以乡贤参事会为依托，进一步扩大其参与范围，并力图使协商议题的筛选、决策、实施都必须始终依照实现公共利益最大化的方向进行，共同体成员的偏好表达也必须依照民主的框架、程序进行。第二，增强个体政治参与的知识与技能，使其有序、有效地介入乡贤参事会制度运作过程。协商民主有效开展的前提是个体具备相应的知识、技能及经验。第三，激发个体公共精神，增强其对于公共利益与私人利益之间存在紧密相关性的认知。

（五）增强乡贤参事过程中精英与大众的互动性

在乡贤参事会的运行过程中，精英行动更直接地体现于协商决策过程，在这一阶段中，具有相应强势话语权的社会精英对公共决策施加相对其他社会成员更为显著的影响。如果决策过程缺乏互动，容易形成话语权的中心化，使公共决策仍然围绕精英展开，协商民主的价值也难以得到体现。着力增强协商过程中精英与大众的互动性，具有突出的作用。

第一，推进公共决策的话语权均衡化，促进公共利益的发现和实现。第二，促使社会精英对所想方案进行思考和完善，尽可能地吸收非精英成员的诉求。第三，逐步缩短各主体话语权强弱差距，以形式化民主推动实体性民主发展。民主化是民主理念、价值、知识、技能等要素逐渐得到普及的过程，这必然依赖于一定的民主实现机制。

（六）积极营造乡贤参与乡村治理的氛围

注重发挥乡贤反哺作用，在市、县两级成立乡贤（文化）研究会，挖掘整理乡贤文化史料，举办有影响力的乡贤文化研讨会，组织开展“走近乡贤”采访活动，积极宣传乡贤人物事迹。建立健全乡贤参事会章程和组织体系，定期召开理事会议。推行杰出乡贤“挂职村官”“镇长顾问”等制度，及时将杰出乡贤吸纳到党组织中来，支持有意愿的乡贤依法参与村“两委”选举。深入推进乡贤信息库建设，加强乡贤联络走访工作，积极搭建乡贤参事会、乡贤调解工作室、乡贤智囊团、乡贤慈善基金会等平台，鼓励退休的官员、专家、学者、商人回乡参与新农村建设和治理。鼓励乡贤参事会协同推进村规民约建设，引导群众积极参与公共建设和公益事业，参照村规民约、行业惯例和公序良俗化解矛盾纠纷。探索建立开放参与的乡村治理机制，重新定义村民身份，赋予回归乡贤选举权与被选举权，建立以村民为主体的乡贤监督评价机制，为更好地发挥乡贤作用提供制度保障。

第三部分
农民获得感提升机制研究

湖州市精准扶贫和低收入农户增收的调查研究

课题组*

2016 年，湖州市委、市政府将促进低收入农户增收作为补齐民生短板的重要内容，加强领导、明确责任，各级各有关部门着重从补齐低收入农户增收致富短板入手，多措并举，开展了一系列卓有成效的低收入农户帮扶工作。据统计，全市低收入农户 2016 年人均可支配收入 12509 元，同比增长 16.6%。

一　湖州市精准扶贫与低收入农户增收的工作机制及成效

（一）高度重视补齐低收入农户增收致富短板工作

1. 强谋划

高度重视扶贫开发工作，把促进低收入农户收入倍增作为推动湖州美丽乡村建设、城乡一体化发展的重要内容和重大举措来抓紧抓好。通过加强产业帮扶、创业就业扶持、财政金融支持、提高低保兜底、构建社会帮扶合力等措施，切实提高低收入农户发展能力和收入水平，逐步补齐低收入农户增收致富短板。

---

* 本课题由湖州市农办姚红建、沈国忠、何新荣组成。

2. 强机制

为抓好抓实全市低收入农户收入倍增工作，湖州市2016年继续把低收入农户收入倍增工作纳入县区新农村建设年度考核、市对部门促进经济发展责任制考核等，不断建立健全工作目标责任制，加强督查考核，确保落实到位、责任到人。

3. 强措施

深入实施《关于促进全市低收入农户收入倍增及扶贫重点村加快发展十二条政策意见》和《湖州市促进低收入农户收入倍增财政扶持资金管理办法》，统筹安排好、使用好2016年低收入农户收入倍增财政扶持资金。为巩固全面消除家庭人均年收入4600元以下的绝对贫困现象（以下简称“消除4600”）的成果，湖州市农办联合民政、统计、残联等部门建立健全“消除4600”成果巩固机制。2016年市农办牵头召开由13个市级部门单位参加的扶贫工作暨促进低收入农户增收座谈会，围绕帮扶有劳动能力和意愿的低收入农户创业就业等共同商讨；与统计部门联合召开加强扶贫统计监测工作部署会，紧密结合实际推进扶贫统计监测，确保及时了解掌握低收入农户收入情况；与市慈善总会、工商联等单位召开产业扶贫推进会联合推进帮扶工作。

（二）合力补齐低收入农户增收致富短板

补齐低收入农户增收致富短板是一项系统性工程，涉及方方面面，全市农办系统发挥好牵头协调职能，各级、各有关部门密切联系、加强协作，不断拓宽低收入农户增收致富渠道，在产业扶持、就业创业扶持、结对帮扶、农村改革创新、农村民生改善等方面打出了一套强有力的扶贫帮困组合拳。

1. 发展产业带动低收入农户增收

按照“稳定粮油、提升蚕桑，优化畜禽、做强水产，做特果蔬、壮大林茶”的产业发展思路，大力培育特色优势农业主导产业，以农业全产业链培育为抓手推进农村第一、第二、第三产业融合发展，持续提升产业带动农民增收的能力，并在产业发展中注重帮扶低收入农户发展生产、推进创业。湖州市出台对有增收能力的低收入农户发展产业的扶持政策和财政专项扶持资金，2016 年市财政用于低收入农户创业贴息、风险补偿、来料加工奖补等专项补助资金 70 余万元。吴兴区在妙西镇建立桑农生态彩化苗繁育扶贫助残孵化项目，向贫困户、低保户发放树苗、提供农资和技术，并统一回收，已有 159 户贫困户、低保户领取种植 337 万株彩色树种苗，带动贫困户亩均增收 4000 元/年；同时建设两个核心繁育基地，辐射到周边 7 个村，建立合作关系农户 159 户、面积 337 亩，有力促进农户增收。长兴县吕山乡龙溪村出资 50 余万元建立 35 亩芦笋基地，交给本村 12 户残疾人管理种植，通过 4 年“传、帮、带”，目前亩均效益 1 万元左右，每户年收入达 2 万元。

2. 拓展渠道扶持低收入农户增收

依托美丽乡村创建向美丽经济转化，发展好农家乐休闲旅游业、电子商务、来料加工、社区服务等产业，不断拓宽能让低收入农户参与的增收渠道。大力规范提升农家乐休闲旅游业，2016 年全市共接待游客数 2329. 64 万人、直接经营收入 35. 58 亿元，分别同比增长 22. 79%、24. 58%。大力推进农村电子商务发展，全市已建成 1008 个农村电子商务服务站、基本实现全覆盖。安吉县通过政府购买服务，委托第三方——道远职业技能培训学校负责残疾人电商培训、就业创业，培训后已实现就业 10 人、网店创业 45 人。大力推进低收入农户就地就近就业，南浔区和孚镇结合美丽乡村创建、“五水共治”等工作，将绿化、长效管理等岗位优先安排给阙阿四等低收入农户。大力推进来料加工发展，如德清县制定出台促进新一轮来料加工创业就业政策，每年安排财政专项用于补助奖励，并将辐射带动低收入农户就业列入优秀经纪人考核标准。全市拥有加工点 1294 个，其中带动低收入 10 人以上的有 39 个，年发放加工费 2. 8 亿元。

3. 特色帮扶促进低收入农户增收

坚持干部结对帮扶，组织共青团、金融机构等广泛参与帮扶，强化党群创业互助会等创新特色做法，凝聚强大帮扶合力。针对低收入党员群众，通过村党组织主导、党员中心户带动、产业合作互助三种模式，全市共建立 810 个党群创业互助会，帮助带动低收入农户增收致富。如长兴县夹浦镇轻纺行业党群创业互助会在浙江泉能纺织有限公司建立帮扶基地，为 45 户低收入会员出资购买或担保购买喷水织机 600 台，每台每年净收入约 6000 元。该县还积极发挥慈善组织作用，在乡镇设立分会、在村建立工作站，专门帮扶村里的低收入农户。德清县通过县级领导、部门领导和机关干部结对联系县域范围内农村低保户，乡镇领导及机关干部、行政村（社区）干部结对联系行政区域内农村低保边缘户，更好地落实“一户一策一干部”结对帮扶工作机制。安吉县大力开展“低收入农户青少年关爱”行动，借助“希望工程”“圆梦工程”等开展结对帮扶，其中开展的暑期大学生圆梦行动共争取省市结对帮扶资金 38 万元，帮助 46 名寒门学子圆梦大学。大力推进金融扶贫，全市共发放丰收爱心卡 38900 张，授信 705. 2 万元，贷款余额 497. 5 万元。

4. 合力保障低收入农户节支增收

减少医疗、教育、养老等方面支出是帮助低收入农户增收致富的重要途径。一是强化低保兜底工作。实施低保动态管理，全市实现城乡最低生活保障区域性同标，市区每人每月 664 元，县每人每月 615 元，城乡在册低保 39558 人，占比为 1. 5%。二是加大教育扶贫力度。积极开展农村家庭经济困难学生核查，对符合条件的农村家庭经济困难学生进行资助，目前已实施各类学生资助政策遍及全市各级各类学校，据统计，2016 年全市各类资助惠及学生 8. 89 人次，金额为 11941. 01 万元。落实好义务教育“两免一补”政策，据统计 2016 年全市义务教育学校免除学杂费 45. 5 万人次、5617. 6 万元，落实免费教科书 45. 5 万人次、5971. 02 万元。三是积极开展健康扶贫工作。各县区积极开展因病致贫、因病返贫低收入农户信息核查，实施相关帮扶措施。2016 年全市新改扩建乡镇卫生院、社区卫生服务中心 5 家，新改扩建社区卫生服务站、村卫生室 63 家，全市基层医疗卫生机构体系建设进一步完善，高水平“20 分钟医疗服务圈”得到进一步夯实。全市规范设置村级医疗卫生机构 726 家，已设置运行 709 家，达标率 97.66%，其中南浔区、长兴县、安吉县达到了 100%。

二　湖州市低收入农户增收致富的对策建议

当前湖州市依然存在低收入农户增收渠道窄、扶贫资源需要进一步整合等问题与困难。下一步，湖州市将按照浙江省扶贫办有关要求，坚决巩固绝对贫困的消除成果、坚决减缓相对贫困的发生程度，进一步落实全市帮扶政策措施，不断拓宽低收入农户增收致富渠道。在全市扶贫工作中强化“三个精准”。

（一）强化帮扶对象精准

1. 切实在“帮扶谁”上做到精准到位

（1）健全和完善工作网络、落实工作责任，切实做到排查到位、发现及时、台账清晰、反应快捷，对低收入农户在建档立卡的基础上全面准确掌握人口规模、分布以及居住条件、就业渠道、收入来源、致贫原因等，做到一户一台账、一户一计划、一户一措施，挂图作业，按图销号。

（2）健全和优化信息共享、信息公开和民主监督机制，依托部门、县区乡镇各方资源，不断完善信息共享平台和机制建设。

（3）逐步探索建立“家庭运行标准”，以体面有尊严的生活为目标，以“两不愁、保基本”为底线，综合考虑家庭收支，把刚性支出大于收入的家庭和个人纳入帮扶范围，落实帮扶政策，做到公

平公正、应帮尽帮。

2. 切实在“帮什么”上做到精准到位

（1）精准把握致贫原因，做到精准施策。要深入农户，在摸清实情的基础上，排查致贫的原因，对症下药，该保障的保障、应救助的救助，该督导的督导。

（2）掌握脱贫潜力，落实重点帮扶。帮扶不是救济，重在培植自我发展能力。对于具备或具有一定劳动能力，缺技术、资金、就业门路的，以及儿女就学毕业后需要就业的，子女入伍复原后可以创业、就业的，落实针对性的帮扶措施。

（3）要创新帮扶内容，按照“扶贫既要富口袋，也要富脑袋”的要求，治贫先治愚，扶贫先扶智，更要扶志，引导低收入农户自强自立，勤劳致富、创业致富。引入心理帮扶、关爱帮扶、服务帮扶。解决留守儿童、留守妇女和留守老人、单亲家庭、伤残病人、大龄贫困单身人士等特殊个体的心理困惑、关爱缺失等问题，及时提供制度性的帮助，落实针对性的服务。

（二）强化帮扶措施精准

以“五大发展理念”为引领，实现低收入农户增收工作的转型升级，在确保贫困现象不出现反复的基础上，把工作重心转到帮扶低收入人口增强自我发展能力上来，转到推进县域、镇域、村域加快发展上来，转到加强农村公共服务和民生基础设施建设上来，实现共同富裕、共享发展红利。

1. 创新驱动，打造美丽乡村升级版，促进产庄融合，实现就业创业增收

建设美丽乡村就是要实现共同富裕，美丽乡村建设要继续走在前列，必须在共同富裕上做出示范、实现引领。坚持创新驱动，把美丽乡村从建设向管理、经营的转型升级与适应农村第一、第二、第三产业融合发展的大趋势相结合，把发展农业特色小镇与打造休闲旅游首选目的地相结合，全域规划、产庄融合，转变农业生产经

营方式、发展农村新兴服务业，以美丽经济大发展，创造更多就业岗位，提供更多创业空间。引导、鼓励、帮助低收入农户从自身条件和能力出发，宜农则农、宜林则林、宜牧则牧、宜商则商、宜游则游，发展电商、文创、工艺制作等，实现就地就业、就地创业。要进一步深化农村改革，特别是农村产权制度改革，完善产权抵押贷款办法，解决低收入农户发展中的融资问题，引导农民和低收入农户把资源变资产、把资产变资本、变股权，增加财产性收入、经营性收入和股权分红收入，要大力推进“三位一体”农民合作经济组织发展，鼓励合作经济组织吸纳低收入农户，合作帮扶、共同发展。

2. 协调统筹，坚持城乡发展一体化，促进公共资源向农村配置，强化政策帮扶

统筹城乡、区域，统筹生产、生态，统筹经济发展和社会保障，统筹物质文明、精神文明和生态文明建设，把社会事业发展重点放在农村和接纳农业转移人口较多的城镇，推动城镇公共服务向农村延伸，强化农村公共服务和民生基础设施建设。

（1）依托农民学院、有效整合资源，促进农村职业教育体系和职业教育网络建设，把有劳动能力的低收入农户纳入到职业农民和农村人才培育的体系中来，加强就业、创业技能、职业素养和职业道德培训，强化励志教育，切实做到扶贫先扶智、治贫先立志。

（2）加大对低收入农户子女教育的帮扶力度，落实好相关政策提升城乡教育均等化水平，鼓励引导优质教育资源向农村配置，特别要加强对低收入农户子女心理健康的辅导，理想信念的引导，立志成长的督导，应对挫折的训导，培育健全人格和强健体魄，使其承担起脱贫致富的希望。要利用各级高校、职业类学校的创业学院和创业孵化中心，加大对有志于自我创业的低收入农户孩子的培训和创业辅导。

（3）要健全社会保障与经济社会的发展、人均 GDP 指标、人均消费支出指标或物价指标等联动机制，不断提高社会保障水平，要

进一步健全门诊报销、大病统筹、困难救助三条保障线，协调和整合社会救助资源，提高救助水平，防止和有效减少因病因残返贫现象发生。要针对农村老龄化的现状，加快农村健康养老业发展，让农村老人老有所养、老有所乐。

3. 绿色发展，坚定不移地践行“两山”重要思想，实现生态致富

坚定不移地走生产发展、生活富裕、生态良好的发展道路。

(1) 促进农业发展方式转变，大力推进现代生态循环农业试点市建设，构建绿色低碳循环发展的农业生产体系、技术支撑体系和生产性服务体系，化生态优势为经济发展强势，变绿水青山为金山银山，促进共同富裕。同时，在加强生活垃圾分类回收和再生资源回收的衔接，推进生产系统和生活系统循环链接，促进农村再生资源利用和清洁能源发展中，创造条件为具有一定劳动能力的低收入农户提供从业机会。

(2) 促进农村居住方式转变，大力实施农村人居环境改善工程。坚持集聚也是生产力的理念，建设一批空间形态与自然风貌相协调的生态社区，积极推进绿色建材、清洁能源运用，帮助低收入农户改善居住条件，鼓励其在承担力所能及的社区服务中增加收入。

(3) 依托生态文明先行示范市建设，建立健全农产品主产区和重点生态功能区转移支付机制，横向和流域生态补偿机制。建立健全用能权、用水权、排污权、碳排放权初始分配、交易制度，真正让生态资源、自然风光等要素活起来，让绿水青山变成金山银山，为农村、农民、低收入农户创造财富，分享生态经济红利。

(4) 开放发展，学习借鉴一切先进的经验，不断开放农村市场，实现借力生财、借智增收。要适应公共服务向农村延伸、农村公益事业和公共服务业发展需求增长的趋势，逐步开放农村市场，鼓励村级集体经济组织以资源、资产租赁、投资、入股等方式，引

进企业、社会组织，以及工商资本、社会资本投资美丽乡村建设、发展现代农业、农村新兴服务业、休闲业和农村健康养老业，开展公益性服务，增加集体经济收入，增加低收入农户增收渠道。

（5）共建共享，提升农村社会治理体系和治理能力现代化，强村富民，实现共同富裕。充分发挥农村基层党组织在乡村社会治理中的核心作用和党员干部在社会治理中的示范带动作用。着力健全乡村社会治理体系，努力营造公平的社会环境，保证农村居民特别是低收入农户平等参与、平等发展权利。打造平安稳定、自治自律、邻里和睦、家庭和谐、风清气正、乡风文明、环境整洁、绿色生态的乡村社会。让广大农村居民在农村经济发展、美丽乡村建设、乡村社会治理中拥有更多的获得感、不断提升幸福度。坚持依法治理与乡村社会自治相统一。在宪法和相关法律的框架下，不断健全和完善乡村社会民主自治制度建设、机制创新，加强乡村社会治理和社会工作专业人才队伍建设，提高乡村社会自我发展、自我约束、自我管理、自我服务的能力和水平，形成发展、保障、改善、服务民生的合力。坚持规范约束与文化化人相统一。推动文化的传承发展和集成创新，使广大农村居民成为积极推动社会进步发展的主体、自觉维护社会和谐稳定主体、参与和实施社会治理、社会服务。尊重劳动、关爱他人、乐于助人。引导和鼓励农村社会组织建设和发展，扶持农村公益组织、慈善组织、志愿者组织发展，不断提升民生改善的质量和效率。

（三）强化帮扶成效精准

帮扶的关键在于真见效、见真效。要做到成效精准，必须切实解决好“谁来扶”的问题。各级党委政府要负起扶贫工作的主体责任，勇于担当，把职责扛在肩上，把任务抓在手里，统筹谋划、科学决策、精心组织、落实责任、强力推进。

1. 构建帮扶合力

帮扶低收入农户增收，实现共同富裕，涉及方方面面，必须全社会共同努力，加快形成政府保障、社会帮扶、慈善救助的帮扶合力。要结合政府职能转变，加强制度供给，完善投入保障机制，做到力量配备向帮扶倾斜、资源配置向帮扶聚焦、政策措施向帮扶集中。加大财政资金整合力度，不断提高保障水平、提升帮扶质量。机关各部门要运用部门职能和行业资源做好工作，做到帮扶项目优先安排、帮扶资金优先保障、帮扶工作优先对接、帮扶措施优先落实。要发挥政策导向作用，引导企业和协会学会、群众团体等社会组织利用自身的产业优势、技术智力优势、人脉和信息优势、专业服务优势开展针对性帮扶、组织开展志愿者服务。要发扬守望相助、扶危济困的传统美德，引导各级慈善组织、热心慈善事业人士开展各类慈善活动、慈善服务、慈善救助。

2. 激活内生动力

加强基层基础建设。给钱给物，不如建个好支部。要提高基层党组织和广大党员干部带领群众增收致富的能力。选好配强村支书、村班子、农村工作指导员和第一书记，带领群众致力发展、强村富民。充分发挥村级组织及基层干部作用，客观公正地做好低保对象申报、低收入农户初选等工作，真正把该保的、该扶的对象找出来，并及时准确做好上报工作，真正实现应保得保、应扶得扶。要突出扶贫先扶志，加强对低收入农户的宣传、教育、培训和组织引导工作，让他们的心热起来、行动起来，依靠自己的努力、长处、优势，掌握政策、用好政策，依靠辛勤的劳动实现收入的倍增。

3. 加强监督评估

要加强帮扶工作的阳光化管理，完善信息公开、公示制度，帮扶对象、帮扶措施、帮扶项目、帮扶资金、帮扶成效要及时、准确公开公示，阳光操作，主动接受社会各界监督。对重点帮扶项目、帮扶资金使用、重大帮扶成果要组织人大代表、政协委员开展视察和民主监督。对帮扶效果要进行定期考核和评估，要引入独立的第三方绩效评估机制，对精准识别、精准施策、精准脱贫的效果进行定量考核，避免信息垄断、信息失真。评估报告要适时公开，正面典型、先进事迹和先进人物要及时总结，加大宣传报道力度，要弘扬扶贫济困美德，在全社会营造关心和支持低收入农户增收、促进共同富裕、加快实现高水平全面小康社会目标的良好氛围。

湖州市农民专业合作社提升发展的对策思考

王柱国*

随着工业化、城镇化、市场化的稳步推进和现代农业的深入发展，农民专业合作社这一新型农业经营主体发展极为迅速，数量与日俱增。当前，如何进一步提升和建设农民专业合作社，充分发挥其在现代农业经营主体的作用，已是摆在各级政府和众多农民专业合作社面前的一个亟待解决的问题。本课题在调查研究、分析现状、解剖问题成因的基础上，对如何加强湖州农民专业合作社建设，提升其功能和作用提出几点对策思考。

一　湖州市农民专业合作社发展现状与特点

近年来，湖州市把发展农民专业合作社作为提高农民组织化程度、建设现代农业的重要载体，以推动其数量扩张向质量提升转变为主线，坚持因地制宜、不断创新，坚持完善机制、不断规范提升，确保农民专业合作社优质、高效、快速发展。综观湖州市农民专业合作社的发展与现状，主要有以下几个基本特点。

（一）数量持续增加

湖州市的农民专业合作社，萌芽于20世纪80年代末，到2002

* 王柱国，硕士，讲师，湖州职业技术学院。

年，全市有农民专业合作社20家，2005年发展到85家。2006年，《中华人民共和国农民专业合作社法》颁布实施，湖州市农民专业合作的发展进入了依法加快发展的新阶段。2008年快速发展到408家，2010年为894家，2012年为1200家。截至2016年5月，已经增加到1554家。从2002年到2016年的14年间，合作社个数增加了78倍（见图1）。农民专业合作社数量增加之所以如此之快，主要因素有三：一是因为有法律的保障，国家农民专业合作社法和浙江省农民专业合作社条例的出台，打消了办社农民的种种顾虑，为农民专业合作社提供了法律保障；二是各级政府的支持和鼓励，政治上给办社能人以荣誉，经济上给予扶持鼓励以及减免税收；三是农业产业的发展，农业的发展，特别是现代农业及规模经营的发展，农民迫切需要专业合作社这样的组织形式，使之实现生产与市场的对接。

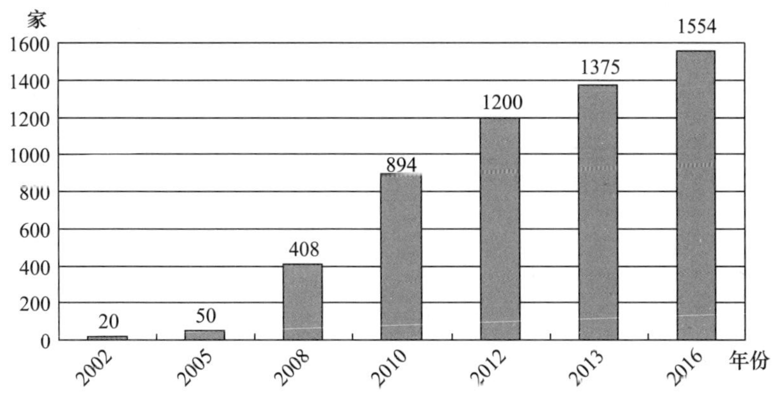

图1　湖州市农民专业合作社数量历年递增情况

（二）产业覆盖面较广

农民专业合作社是区域专业化生产到一定阶段的产物。产业发展为合作社的产生提供了基础，而合作社的建立与功能发挥又促进了区域的产业发展。因此，合作社的产生发展与产业的发展是紧密联系在一起的。截至2016年5月末，湖州市农民专业合作社总数达到1554家，合作社成员数87675人，带动非成员农户数达到232474户。其中，从事蔬菜瓜果种植740家，林业种植192家，畜禽（牧）业131家，水产养殖265家，服务业138家（见表1），覆盖了湖州市“4231”农业产业培育计划中各大优势特色产业，有力地促进了优势特色产业的发展。特别是最近几年发展较快的水产、水果、蔬菜、苗木产业，与合作社的建设发展有着密切的关系。

表1　　2016年湖州市农民专业合作社产业覆盖情况　　单位：家

专业类别	蔬菜	粮油	水果	水产	茶叶	畜禽（牧）	林业
合作社	740	137	166	265	101	131	192

（三）兴办主体形式多样

根据湖州市现有农民专业合作社兴办主体的不同，可归纳为六大类型，如表2所示。

表2　　2016年湖州市农民专业合作社兴办主体情况　　单位：家

类型	专业大户带动型	农业龙头企业创办型	村级组织牵办型	技术人员引领型	营销能人领办型	工商资本兴办型
合作社	934	111	64	77	51	38

1. 专业大户带动型

充分依托各类专业大户的规模优势和技术优势，辐射带动周边农民组织生产，实现大户自身生产服务规模的进一步扩大、规模效益不断提升，并带动周边农民共同致富。如德清“雷甸瓜王”佘国兴牵头成立雷甸国兴瓜菜专业合作社，凭借先进的种瓜技术，依托合作社运作，走上了规模化生产、产业化经营道路。目前全市此类农民专业合作社占合作社总数的73%。

2. 农业龙头企业创办型

充分发挥农业龙头企业的生产加工能力，引导其组建生产基地型专业合作社。通过建立“龙头企业+合作社+农户”的组织模式和利益联结机制，以“订单农业”方式组织社员生产。如湖州众旺禽业有限公司创办了善琏建旺禽业专业合作社，湖州和桥粮油厂创办了南浔禹丰粮油机械化生产合作社等。目前全市由企业创办的合作社占合作社总数的8%。

3. 村级组织牵办型

充分发挥村级班子战斗力和当地主导产业优势，引导其组建特色产业型专业合作社。在村级经济组织发动下，依托特色专业，因势利导，以一乡一业、一村一品的发展模式，联合农民形成生产合作、利益分享的共同体。如长兴县雉城镇彭城村发挥当地蔬菜产业优势，成立长兴县雉城彭城蔬菜专业合作社，注册了“一尺红”商标，实现千斤粮、万元钱良好效益。目前全市此类专业合作社占合作社总数的5%。

4. 技术人员引领型

充分发挥农技人员的专业特长，以技术入股的方式，引导其组建技术型专业合作社。重点解决生产经营过程中的标准化生产、系统化服务等问题。如长兴县显圣稻米专业合作社在技术人员的精心培育下，目前已发展成为一家集农业技术推广、新品种引进与试验示范、农资供销、农产品加工销售和农业技术培训于一体的粮食生产服务型专业合作社。目前此类农民专业合作社占合作社总数的6%。

5. 营销能人领办型

充分发挥农产品营销大户、经纪人掌握的市场信息和销售网络，带领农民生产同类农产品，组织农民创品牌、闯市场。如湖州良华水产专业合作社在广州、澳门设立了太湖蟹代理点，2015年销售收入1500多万元，有效促进了太湖蟹的专业化生产和农民的增收。此类农民专业合作社占合作社总数的4%。

6. 工商资本兴办型

充分发挥工商企业家雄厚的资本实力和投资农业的积极性，引导其组建资本引导型专业合作社。通过工商资本和企业家经营理念的引进，高起点、高效益和高市场化地提升组织化程度。如吴兴区织里劲东特织物公司投资2800万元，建设吴兴区最大的葡萄生产基地——织里雷龙葡萄生产示范园区和专业合作社，现有葡萄种植面积1326亩，亩均利润超8000元。目前此类农民专业合作社占合作社总数的3%。

（四）经营活动多种并存

从农民专业合作社的经营活动、服务范围划分，目前主要有三种形式：

1. 产加销一体型

即合作社不但为社员提供生产环节，如南浔禹丰粮油机械化生产合作社，提供种子种苗、技术指导、疫病防治的服务，而且收购社员的产品，进行加工，然后销售，与社员结成紧密的利益共同体。

2. 产销结合型

如南浔丰滕葡萄专业合作社，生产水果、蔬菜类鲜活农产品，无须深度加工，现采现销的农产品。由其向社员提供生产服务，同时收购社员产品进行分级包装销售。

3. 生产服务型

此类合作社又可以分为两种情况：一种是为农户生产提供专业化服务的，如粮食生产中的粮油、农机等合作社；另一种是处于初创阶段，限于合作社的经营能力，只能为社员生产提供技术和农资服务的。经营服务的多形式并存，也带来了利益机制的紧密型、半紧密型和较为松散型的多样性。

（五）作用多方面体现

农民专业合作社的作用是多方面的，概括起来，主要有四大作用：

1. 农民进市场的组织作用

合作社组织农民进市场，主要是通过“四统一”来实现：一是统一产品销售，通过收购销售社员产品或为社员产品牵线搭桥、介绍客户两种形式来实现社员产品的销售；二是统一价格，用统一指导价或保护价收购的办法，避免无序竞争，保护社员利益；三是统一品牌，统一品牌既有利于社员按统一标准生产，提高产品质量，也有利于提高竞争力，提高经济效益；四是统一生产物资的供应，统一采购生产资料，然后供应社员，有利于社员的降本增效。

2. 推广新品种新技术的载体作用

通过合作社引进、试种、推广新品种和试用新技术，带动社员品种改良和新技术的运用。

3. 社员增产、增效的促进作用

一是合作社通过股金分红和二次返利，增加社员的现金收入；二是通过优良的技术服务，促进社员的增产增效；三是统一农资采购供应，实现社员的降本增效；四是通过行业自律，避免无序竞争，实现稳定增收。

4. 信息平台作用

一是向社员传递政府产业政策、产业规划布局等信息；二是向社员传递市场信息，如市场需求、产品价格等；三是生产技术、加工技术等实用信息；四是向政府传递社员的愿望和诉求。

二　湖州市农民专业合作社发展中存在的问题

在政府的重视与支持下，全市的农民专业合作社虽然有了长足的发展，但存在的问题也不容忽视。有些问题的存在，制约了合作社的进一步提升与发展，限制了合作社作用的充分发挥，长此以往也影响到合作社的声誉与命运。

（一）农民专业合作社规模偏小，影响对农户、对产业的带动力

农民专业合作社社员个数的多少，社员生产的产品占本地区产品比例的高低，社员生产基地面积的大小，直接关系到合作社影响力和带动力的大小。但从目前的情况看，农民专业合作社规模普遍偏小。据 2016 年 5 月对湖州市办得较好的 104 家农民专业合作社的调查统计，共有社员 8736 户，平均每家专业合作社有社员 84 户。其中，社员户数在百户以上的 38 家，占统计总数的 36%；社员户数在 50—100 户的有 25 家，占统计总数的 25%；社员个数在 50 户以下的有 41 家，占 39%，这其中还包括社员个数在 10 户以下的有 6 家。另外从基地的情况看，平均每家合作社的联结基地面积也只有近千亩，其中核心基地面积平均不足 400 亩。

这样规模偏小的合作社，其影响力和带动力的局限性是显而易见的。之所以造成农民专业合作社规模偏小，主要原因有以下几个方面：一是准入门槛低。浙江省农民专业合作社条例规定，有 7 户成员即可注册建立农民专业合作社，而国家农民合作社法又规定只需有 5 名成员即可注册建立专业合作计。二是受传统的小农意识影响。总认为小打小闹少风险、比较稳妥；人数少、意见好统一；社员少，利益少流失。三是受办社牵头人的能力局限，合作社缺乏优良业绩，对同类生产者农户缺乏足够的吸引力。四是受政府政策导向的影响。前几年，一些地方以给予“开办费补助”的形式，鼓励农户兴办农民专业合作社，只衡量是否已经建立，不考核规模大小，社员多少，导致基层单位追求个数，较少考虑规模和质量。

（二）部分农民专业合作社经济实力弱，影响发展后劲的提升

农民专业合作社经济实力弱，主要表现在：一是合作社资产总量较少。据 2016 年 5 月统计，全市 1554 家农民专业合作社，资产总量为 17.46 亿元，所有者权益为 11.4302 亿元，平均每家专业合

作社分别为136万元和89万元。二是注册资金少。据2016年5月对办得较好的104家农民专业合作社的统计调查，共有注册资金4474.8万元，平均每家农民专业合作社的注册资金为43万元。其中注册资金仅有20万元的合作社有36家。三是社员的认购股金不足。据2016年5月对办得较好的104家农民专业合作社的调查统计，共有社员8736户，共认购股本金5400.55万元，平均每家合作社的股金为52万元，平均每家社员认购股金6180元。其中股本金总额低于20万元的合作社有39家，低于10万元的有12家。

资产总量少、经济实力弱，在目前争取信贷难度比较大的情况下，无疑影响合作社的发展后劲。无论是合作社的基地改造、基础设施建设还是收购加工营销等经营活动都受到局限和制约。农民专业合作社之所以经济实力弱，一是因为农业本身是社会效益高而经济效益低的基础产业，盈利水平低，积累能力弱，单纯靠其自身的努力来增强实力有一定困难。二是合作社是弱势群体的联合。合作社会员大多是农民，本身经济实力弱，不可能有大量资金来参与投入，且部分社员尚有疑虑和观望情绪，投入的热情不可能全部爆发出来。三是合作社现有的分配政策规定，盈利要大部分用于分配，这也影响到合作社资金的积累速度。

表3　　2016年湖州市农民专业合作社发展情况

指标	数量	入社社员	销售收入	利润总额	实缴税金	资产总量
合作社	1554家	4.73万人	42.35亿元	6.49亿元	671万元	17.46亿元

（三）经营能力和市场竞争力弱，影响对社员的向力心和吸引力

农民专业合作社最大限度地发挥作用，集中到一点，就是努力使社员产品增加产量，提高质量，加工包装，实现销售，促进增收。分析目前合作社的经营状况，大致有三种情况：一是只有小部

分合作社，有能力按保护价收购和销售社员的产品，而合作社自办加工企业，使合作社实现产品加工的，为数更少。二是大多数合作社只能部分收购社员的产品，统一包装后统一销售或自行销售。三是少数合作社还少有经营活动，活动内容还停留在生产服务为主这一范围内。经营活动少，市场竞争力弱，势必影响合作社的经营收益和盈利水平。2016 年 5 月，对办得较好的 104 家农民专业合作社进行调查统计，全年盈余总额为 4454. 24 万元，平均每家合作社盈余 42. 82 万元。其中有 19 家合作社盈余额低于 10 万元。最少的 2 家合作社全年盈余分别仅为 2 万元和 2. 19 万元。经营能力弱、盈余水平低，不但影响合作社的积累，同时也影响社员分配，进而影响社员对合作社的向心力和吸引力。

（四）内部管理运作不规范，影响对社员的凝聚力

一是部分合作社股权设置不尽合理。合理的股权结构，是互助合作组织的基本要求，也是防止利益垄断的有效措施。目前虽然大部分合作社已经没有"一股独大"的现象，但仍有"几股独大"的现象存在。有的是一个家庭几个成员分别持有较大股份，有的是几个主要骨干分别持有较大股份，而大多数的生产者社员持有较少股份。二是部分合作社组织结构不健全，职责不明确。有的没有建立社员大会、代表大会制度。理事会代部职权；有的理事会中没有足够数量的生产者社员，理事班子全由骨干组成。三是管理运作不民主、不科学，理事长个人操作，一个人说了算，随意性比较大。社务、财务不公开、不透明。四是资料建档归档不齐全、不及时，合作社运作无轨迹可查。如章程、社员名册、入社手续、工作计划、会议纪要决议等没有及时整理归档。这一问题的存在，使合作社脱离依法办社的轨道，也影响合作社自身的凝聚力。

（五）政策有待进一步落实，环境有待进一步优化

农民专业合作社的发展提升，除了自身的努力，还离不开外部环境的优化，在这方面，虽然政府和有关部门前期已做了不少的工

作，但还有许多政策有待进一步落实，其重点，一是税收优惠政策，虽然省政府已经明确了优惠的税种和享受的条件，但必须有统一的思想认识和具体的办法，才能把政策落到实处。二是合作社的用地政策，合作社大多都建立在“农保地”范围内，而“农保地”上落实设施用地难度很大外，一些乡镇过分强调“不得破坏耕作层”，使实际用地很困难，笔者认为，只要合作社建的确是简易设施，承诺需要拆除时及时恢复原状，应该予以解决。三是合作社贷款的抵押物和利率优惠的问题，按现行的信贷抵押物范围，农民专业合作社可抵押物较少，贷款难度大，同时建立资金互助组织条件要求高，手续严格烦琐，也影响了合作社的融资能力。

三　促进湖州市农民专业合作社快速健康发展的对策与措施

做大、做强、做实、做规范，是提升和发展农民专业合作社的核心内容，因此，必须在提出目标要求的同时，努力探索其实现的途径。

（一）做大农民专业合作社的社员规模、基地规模和产业规模

一是需要市（县）和镇（乡）政府在农业产业发展规划的基础上，制定相应的专业合作社布局规划。这个虽然不是一个强制性实施方案，但可作为正确引导的一个依据。以此逐步改变目前有些地方出现的重复设立、布局散乱，规模小而零星的状况。二是有选择地扶持。政府的扶持应该发挥导向作用。应该抓大放小，择优择大进行扶持，逐步把有优势的农民专业合作社做大。在实施择优择大扶持政策时，要与农民专业合作社的布局规划紧密结合起来。三是实行优胜劣汰，适者生存。市场竞争机制也适用于农民专业合作社之间的竞争。包括同类合作社之间，应该开展竞争，通过竞争，淘

汰劣者。也可以用兼并（以大并小），或融合的办法（合二为一），达到做大专业合作社的目的。四是发挥优势合作社的“雪球效应”。农民专作社能不能做大，关键是合作社自身的努力。因此有一定优势的合作社要通过强化服务、开拓经营、提高效益等途径，把合作社办得更好，发挥合作社的凝聚力和向心力，使周边同类生产的农户，消除疑虑，摒弃观望，参加到专业合作社来，扩大合作社的社员队伍。

（二）做强农民专业合作社的经济实力

经济实力是专业合作社开展经营和服务的基础，要注意如何夯实这个基础。一是要广泛开展对内服务，通过统一采购和供应种子、种苗、农药、化肥、饲料，以及开展技术服务、疫病防治等活动，增加收入。二是要努力开拓市场经营，面向市场，参与竞争，开拓经营，取得最大盈利值，是合作社做强经济实力的关键和重点所在。所以合作社的经营活动绝不能停留在对内服务的层次上，而是要向市场要盈利。因此要鼓励和大力支持合作社开展产品收购、加工、经营等活动。在竞争中增强实力。三是要适度增加股本金。合作社应根据经营活动的需要，在社员能够承受的限度内，按比例及时增加股本金。也可以用自愿认购的办法，增资扩股。四是要合理分配。目前实施的合作社法规定，盈利应大部分用于社员分配，这对于增加农民收入，提高合作社的凝聚力还是有效的，但对于合作社增加积累，增强后劲的长远发展是不利的。因此应允许合作社在征得社员同意前提下，适当调整分配和积累的比例，以利于合作社的长远发展。五是要加大政府的资金扶持力度。重点支持合作社基地建设、基础设施建设、加工运销设施建设等具有发展后劲的项目建设。

（三）做实经营，提高合作社的市场竞争力

农民专业合作社能不能提升和发展，最终取决于其自身的市场竞争力。如何提高专业合作社的市场竞争力。一是要实施标准化生产，要制定或采用相关生产标准，认真组织实施，加强指导监督检查，提高社员生产产品的质量，夯实参与市场竞争的基础。同时，合作社要建立相当面积的“核心基地”，用以示范和保证主体质量。二是要创品牌。在市场竞争日趋激烈的今天，“品牌”已成为进入市场的“敲门砖”。有过硬的品牌，才能提高产品的知名度，提高市场占有率，提高经济效益和社员的收入。因此要在加强基地建设、严格生产环节、提高产品质量的基础上，及时申请认证无公害农产品、绿色食品、有机食品标志和注册农产品商标。三是要提高统一收购、统一包装、统一品牌、统一销售社员产品的比例，提高社员产品进市场的组织化程度。四是要开展农产品深加工。可以用合作社自办加工企业或与加工企业联营的办法，开展农产品的深加工，以提高产品的附加值。合作社自办加工企业的，要在充分论证的基础上，给予优先支持。合作社成员合伙兴办加工企业的，要着重处理好合作社与企业的利益关系问题。五是要花大力气加强营销网络建设，有条件的合作社要积极开展专卖营销、网络销售、设窗口销售、进超市销售等多种销售形式，政府要给予全力支持。同时要及时开展产品展示展销活动，为销售合作社产品搭建平台。

（四）深入开展合作社的规模化建设

农民专业合作社做大、做强、做实的成果，依赖于管理运作的规范化来巩固。一是要严格规范合作社的股权结构，既要反对“一股独大”，也要避免“几股独大”，防止理事会成员占绝大股的情况出现，真正把合作社办成利益和风险的共同体。二是要健全组织机构，明确职责。建立健全社员大会、社员代表大会、理事会、监事会等组织机构，明确职责，相互支持，相互监督。三是要规范运作，实行民主管理。防止理事长一个人说了算和理事会少数人说了算的局面出现。重大问题，必须民主决策。四是要实行社务、财务公开，增加透明度，防止“暗箱操作”。五是要建立健全包括岗位责任、盈余分配、承包责任等多项制度，保障合作社的规范运作。六是要重视合作社资料建档和档案管理的工作。章程、社员名册、入社手续、股权清册、会议纪要、会议决议、合同协议、工商登记等资料都要及时建档管理。

（五）加强政府协调，优化合作社的发展环境

1. 坚持“三个坚定不移”

一是坚定不移地支持农民专业合作社提升发展不动摇。进一步明确专业合作社的现代农业经营主体地位，是家庭承包经营为基础，统分结合、双层经营的有效组织形式，是农民互助合作，促进增效增收的重要载体，因而坚定地支持其不断发展提升。二是坚定不移地发挥农民的主体作用不动摇，在建社、运行、管理、分配各个环节，充分相信农民群众，依靠农民群众。三是坚定不移地坚持依法办社不动摇。认真贯彻农民专业合作社法，把合作社法作为办社的准则和保障合作社权益的武器。

2. 在合作社的发展理念上要有三个转变

一是要从以往比较注重合作社的数量增加转变到高度重视合作社质量提高上；二是要从以往比较重视合作社的组织建设转变到高度重视合作社的功能拓宽和作用发挥上来；三是要从以往比较重视对合作社的宣传鼓励转变到扎实落实各项政策、加大扶持力度上来。

3. 引入三个机制

一是市场法则和竞争机制，以市场经济原则指导合作社建设。允许合作社之间充分竞争，优胜劣汰，适者生存；允许融合、兼并，改变以往能“生”不能“灭”的常态。二是鼓励合作社引进高端人才。制定相应政策，使合作社的人才引得进、留得住、用得好。三是激励合作社引进先进的经营管理理念，改变合作社以往的小打小闹、小富即安的状况。

4. 落实三大政策

政府需要协调各方力量，达成共识，形成合力，努力优化发展环境，一是落实信贷政策，化解合作社贷款难；二是落实税收政策，化解合作社减税免税难；三是落实用地政策，化解合作社设施建设难。

农民市民化过程中政府影响与引导研究

——基于长兴县的考察

殷荣林　刘太安*

一　问题的提出

人类步入工业化时代以后，工业化导致企业向特定区域集聚，由于工商企业较之农业对劳动力具有更强的吸收能力，其结果必然促进农村人口的城市化。改革开放以来，中国独特的城市化发展模式引起了国内外诸多学者的关注和研究。世界银行用1978—1995年的数据，通过模型测算认为，劳动力从农业部门转移到非农业部门对中国经济增长的贡献率达16%①。社会学家普遍认为，城市化过程就是在特定国家的特定时段内，因为农村人口的流入而发生的城市人口增加、城市规模扩大，农村的城市特质增加的过程。在城市化进程中，农民（失地农民）社会关系空间从一个地位向另一地位转移，就是一种社会流动，合理的社会流动是社会良性运行的重要

---

* 殷荣林，中共长兴县委党校高级讲师，主要研究方向：失地农民问题研究、县域经济转型升级研究。刘太安，长兴县机关事务管理局副局长。

① 刘世锦：《农民工市民化对扩大内需和经济增长的影响》，《经济研究》2010年第6期。

协调机制。社会流动的规模、流动的速度均会影响社会状态的性质以及社会运行的秩序[①]。农村人口向城市的单向流动，必然会影响城市的生活空间与生存生态。有序的社会流动对于构造社会新格局、激发社会资源的效能具有十分重要的作用，也是社会良性运行的润滑剂。它对于建构动态的、开放的分层结构，拓宽社会各层次之间的接触界面十分有利，有助于社会单位、群体之间的互动和相互融合，提高社会整合度，并能有效激发社会中每一个体的积极性和进取精神。反之，政府如果不能适度控制，对社会流动不能施予合理的影响与引导，不合理强势推进社会流动，必然会带来一系列的社会问题。比如说，城市化进程中失地农民群体的市民化过程，就是一个有着伤痛记忆的社会流动过程。因公用或商用被征用而失去土地的农民，他们原来世世代代附着于土地之上，当他们以土地为生的现状被迅速改变以后，从农民变身为城市新居民，身份转型非常剧烈，难免会产生不适的问题，自身的角色认知迟迟不能转型。[②]

农民的切身利益如何进行有效保护的问题，也是农民市民化过程中颇受争论的一个问题。对农民而言，从目前现行社会关系来讲，市民身份的获得本身并没有特别的意义和利益标志，关键在于制度设计本身要具有实际意义。户籍制度改革以后，对农民来讲，取得与城里人一样的称呼身份，但仍然不会改变其在劳动就业、教育文化、社会保障等待遇方面天然弱势。以失地农民为例，在其变身为城市新居民以后，除手中握有一定量的现金外，几乎就变成了种田无地、就业无岗、社保无份的“三无农民”，成为徘徊在城市边缘的城市游民，失地农民就成为影响我国城市生活、社会稳定的

① 郑杭生：《社会学概论新修（第三编）》，中国人民大学出版社 2003 年版，第 243—249 页。

② 殷荣林：《边缘与边缘化：城市化进程中失地农民的生活》，《桂海论丛》2014 年第 4 期。

不稳定因素。政府如果不加以有效干预与引导，农民市民化有可能会变成一场城市危机。

可以预判，未来城市化面临的核心问题就是新进入者——农民的融入适应和城市管理问题。政府作为提供公共性服务的主体，在农民市民化进程中必须要正确发挥自己的职能与角色。为保障公平性、有效性，政府必须要提供相关政策与制度，提供有益的服务，引导与影响农民市民化进程。

二　农民市民化的流动形式与特点分析

总体而言，城市化进程中农民市民化的主要流动形式有两种：一是自主流动，二是被迫流动。

所谓的自主流动，就是农民因为家庭经济条件宽裕，通过进城迁移希望提升家庭生活环境条件、学习条件、文化条件，自主选择向城市流动的行为。这种人群在县域城市化进程中并不少见，主要群体为从商的或者有一定政治地位的农村人。其流动的特点为发生时间早、流动分散、中心居住等。

所谓被迫流动又有以下几种情形：（1）原处县城郊区因拆迁而流入城市。这部分农民原来生活在县城区的郊区，属于城郊结合部的农民，因为县城区经济发展的需要，城区框架的拉大，对其进行拆迁，就近进行新村安置，成为失地农民以后变成了城市新居民，这个群体在各地城市化过程中所占的比重是最大的，是新市民的主体。据课题组调查，以长兴县为例，画溪街道、雉城街道、龙山新村、太湖街道等几个街道新增人口构成中，有很大一部分就是原来的城郊农民，只是居住位置进行了适当的移动。雉城街道五峰村几乎就是在原来的位置上，无非就是进行集中式、统一规划式的集中安置，但其现居住区几乎已经被县城框架覆盖。龙山街道新湖小区、太湖街道白溪小区都属于这种情况。其主要特点为，成批流动、边缘区集中居住、流动时间发生较早等。（2）一些靠近县城但相对较远一点的行政村，在拆迁以后虽然没有被主县城区所覆盖，但几乎相当于进入大城区内，这些农民同样没有土地，同样也是集中安置，也实行居委会模式管理，比如说，太湖街道的彭城村、南张浜村等。这些农户实际上也已经是名义上的城市居民。（3）与地方政府房地产市场新政有一定关联的新流动模式。从2015年开始，政府为了消化房地产库存，在各地拆迁安置、危房改造过程中，在充分动员的前提下，实行规模化的有组织的入城安置。这批对象进城后居地点并不集中，由其选择住宅小区入城居住，与原来城市居民可能是混居的。这种形式的流动主要特点为统一组织、分散居住、流动时间较晚等。

在城市化进程中，农民的市民化过程主要有以上几种形式。近几年农民向城市的迁移潮对各地城市框架的拉大，城市人口规模的扩大、城市发展水平的提升事实上成为了重要推力。同时也要看到，以上两种途径的人口流动，同时也加大了城市发展的负载，给城市社会管理、公共基础设施供给、城市人口就业与保障等都增加了很大压力，并且也产生了相应的一些问题，比如说，教育与卫生资源的供给与均衡化配置、入城新居民的就业供给、养老保障等。

三　城市化进程中农民市民化的困境与障碍

从20世纪末开始到今天这场轰轰烈烈的经济发展热潮中，各地城市化发展呈现出了“速”高于“质”的特点，但总体而言，存在着东西部不平衡的问题，东部地区的县域城市化水平要高于中西部地区。长兴县地处浙江省北部，经济发展水平在全省处于前列，2016年，长兴在全国百强县中的排名为57位。2016年长兴县城与

2001 年时的县城区域比，15 年间城市框架几乎了拉大了 3 倍，县城居住人口新增了 4 万（现长兴县总人口为 64 万）。课题组通过对长兴县的考察发现，城市化人口流动过程中暴露出来的问题与不适有以下几个方面：

（一）新居民的角色确认问题

在特定社会环境中，社会成员都承担着某种社会角色。自致角色是社会学上一个很重要的概念，是指个体必须经过自己的努力才能获得的一定社会角色。对某个个体来说，社会角色的确认就是要回答“我是谁”的问题，换句话说，就是在心理和行为上对于自己目前实际地位、与别人关系、就业取向、教育取向等进行不自觉确认，从而充当起某种角色。对于某个社会群体来讲，回答“我们是谁”是角色确认时必须要面临的一个问题[①]。一般来说，角色确认的有效性是一个长期活动、长期努力的过程。村改居以后的农民自然入城，或农民被征拆迁入城市居住，农民在居住空间结构上已进入城市空间，在户口性质上完成了由农民向“城市居民”转变，人的先赋角色发生了明显变化。新市民就面临着重新自致角色的问题。本课题组在调查时走访了 3 个街道的 4 个新市民集中居住村，选取了 68 组调查对象，询问关于被访人身份时，都回答自己仍然是“农民身份”，并没有把自己归属到“城里人”的概念上，他们并没有把自己当成“城里人”看。在太湖街道彭城村走访时发现，某卫姓农民 6 年前被征迁，现在已经居住在主城区，原从事水电工的工作，在回答“自己是什么人”时，说自己“只是没了地的农民而已”。在县城西五峰东枉山新村走访时听到的回答基本一样。五峰东枉山新村虽然现地处城中，是村改居后的新村，安居已有较长时间，走访时接触到新市民几乎都回答“自己顶多算是半个城里人”

① 郑杭生：《社会学概论新修（第三编）》，中国人民大学出版社 2003 年版，第 113—114 页。

或“现在还是农民”，并不承认自己是“城里居民”。农民的身份“自卑感”，是制约自我角色再确认的重要心理障碍。所以，角色确认的有效性从时间上来讲是一个较长的过程，这种角色的认知过程，比起生产、消费等物化生活方式的转化要难得多。

（二）新居民就业供给问题

农民在新的城市环境中努力就业时，因为本身文化、学历等原因经常受到招工单位的排挤和歧视，常处于被边缘化的境地。本课题组在调研中了解到，目前新市民就业途径一般有：一是回流务工。农民往往缺少技术专长，即便在本地很一般的企业找比较满意的工作也是十分困难的，能找到的工作也就是苦、累、脏的苦差。自己认为不满意，只能发挥自己的技术特长重操旧业，返乡从事旧工。二是被招安式就业。当地政府和属地企业协商安排就业。但从目前各地企业用人情况来看，农民就业完全是临时性填充式就业，待遇低工作苦，对于大多数一无文化、二无技能的农民来说，失业的可能性随时会发生。三是自谋生路。有一定的经营头脑且年纪比较小的新居民，因为征地补偿或其他原因手头有一定的资金量，就会选择一些风险不大、比较容易进入的行业进行自主创业。但从走访的情况来看，靠这一种方式就业的居民占量很小。

（三）新居民居住区管理问题

目前，从长兴县的情况来看，城市化进程中农民市民化的主体还是城郊农民在征地拆迁后统一安置而转变过来的。这些统一安置的新村因为最近几年城市化的快速发展已经被城市包围，成为事实上的城中村，其管理模式也已经从村委会管理转变为居委会管理模式。课题组在调研中了解到，这些城中村新村目前的现状不容乐观，由于安置社区物业管理跟不上（事实上农民新安置村基本没有物业管理），新居民自身管理意识差，导致安置区内管理混乱。农民常把自建房自住一部分，把另一部分空出来出租给外来务工者，导致居住区内流动人口富集。城中村农民新村成为了社会问题的堆积点，违法乱建、偷盗失窃、违法生育、卫生脏乱等问题较严重，新村社区管理处于相对无序的状态。虽然街道机关对所在区域的新村化大力气进行管理，但还是缺乏有效的手段和制度，俨然成为城市文明中的“牛皮癣”。

（四）新居民的社会保障问题

中国人传统的养老方式是依靠子女的赡养来维持的。对农村老年人来说，土地又是老年人取得生活来源的另一个补给点，依靠土地通过劳动获得一些收入来维持自己的日常生活，主要包括医疗支出和衣食支出。但无论是子女赡养，还是劳动所得，或者是二者兼具，前提是农民得拥有一块可以耕作的土地。土地一旦被征用，稳定的收入来源被剥夺，如果遇到重大事件发生，就显得十分脆弱。家庭收入不高的情况下，如果子女没有找到好的工作，一旦遇到突发性的不测事件，养老就变得十分困难。原有征地补偿款随着时间的推移，或者因为投资失败，家庭经济能力会变得比较困难。所以，对失地后来自农村的新市民来说，其养老保障就成了一个十分重要而迫切的事。目前，虽然地方政府面向失地农民出台了社会保障政策，但也存在问题和短板。以长兴县太湖街道的某新村为例，老龄的受保对象一次性需要支出每人 7 万—9 万元的保费（社保 + 医保），受保对象就可以享受到城市居民一样的社保和医保待遇，政策力度可谓不小。但是由于征赔补偿款用于建房、教育等支出以后剩余的已不多，很多被征户一次性拿不出大额保费，面对好政策只能是“望保兴叹”，处于“保”与“不保”的尴尬境地。如果不是被征地农民，迁入城市以后还享受不到该项政策，有钱也没有办法购保，也是“望保兴叹”，生活缺乏安全保障。农民社会保障问题目前还处于政策与制度的边缘区。

（五）公共资源与设施供给问题

大批农民流动进入城市变成城市居民以后，他们的身份就是“城里人”。他们也同样要享受医疗、教育、文化等方面的公共基础设施和资源。比如说，原来在生病以后大部分机会都在乡镇卫生院就诊，现在基本上在城市医院就诊，就增加了城市医院的就医压力。原来所从事的文化娱乐活动都是农村的一些简单活动，现在可能要进城市电影院消费或加入广场舞大军。原来其子女可能在乡镇中学就近上学，现在按居住地在城区求学，这就给城市有限卫生、文化、教育资源增加了负荷。因此，随着城市化脚步的加快，农民市民化进程增速，城市人口迅速增加以后，政府首先面临的一个问题是公共性资源与基础配套设施的全面供给问题。以长兴县为例，近年来，随着城市化速度加快，一些公共资源配置不足的问题逐步显现。新长兴县人民医院于 2006 年 7 月整体搬迁使用，仅几年时间，由于就诊量的剧增，医院的病床位使用量就显不足。因此，在 2013 年 6 月始在原址上又进行了门诊大楼扩建，新增建筑面积达 31500 平方米。长兴中医院也是如此，2010 年整体搬迁使用，2016 年年初又开始动工进行扩建，概算投入 1.7 亿元新建医疗综合楼。教育资源供给也是如此，最近几年小学、初中在学校数量及容量上都进行了扩增。其他如供水供气、农产品交易市场等公共设施供给也呈现了需求扩张趋势，给政府管理带来了压力。

四　农民市民化过程中政府的影响与引导

政府作为社会变迁、制度变迁中的重要主体，其行为方式、行为效率、行为特征直接影响和引导着社会的发展进程。从政府角度而言，加强影响与引导应该从以下几个方面着手：

（一）引导角色确认——协助新市民完成自我角色的自觉转型与确认

新市民要实现角色顺利转型与确认，必须同时满足两个条件，即精神与物质两个方面的同时支持。如果新市民不能及时实现角色自致与职业取向的转变，就会变成游荡在城市中的“无职业、无保障、无归宿”的三无群体。如果不能获得有效的文化和教育支持，就会变成新型城市中的“文明盲区”。因而对农民市民化以后的群体权益问题、生活方式变迁等进行系统性关注，从政府有效作为视角探讨提出解决这些问题的现实性对策，对于保护农民的切身利益、维护社会稳定具有特殊的重要现实意义。政府在这方面影响引导是可以有所作为的，在新市民的角色确认上，适时适度地对新市民进行安全取向心理、身份取向心理的干预，就业上实行针对性的技能培训，促其在生活观念、行为方式、就业取向城市生活形态转化，让他们积极、主动地融入城市的生产生活中去。

（二）持续资源供给——强化城市基础设施与公共资源的系统性供给

公共资源是自然生成的天然资源，相对来说是不能人为扩张的，但公共基础设施的供给是可以通过政府行为增加供给。在相对稳定的空间里，基础设施供给也是有边际的。特别对于土地资源相对紧张的情况下，无法盲目地进行扩张。但是随着城市化速度与规模的加速与扩张，人口规模的迅速膨胀，增强城市公共性资源的供给是必然面临的一个问题，不然的话就会造成社会阻塞与社会越轨行为的发生。政府作为公共资源的天然供给者，决策应该要体现计划性、有序性和超前性的思维方式。计划性是指城市化整个进程要有系统的阶段性规划，不能应然性决策，头痛医头，脚痛医脚。有序性要体现稳定性和持续性，不能搞阵发式扩张和投入，比如说，城市商品房的开发，如果过度进行开发扩张就会带来一系列的问题。超前性指的是决策的预见能力。如果政府思维能体现计划性、有序性和超前性，在提供公共性基础设施与资源时，就能够做到合理、适度、节约的要求。

（三）加强社会管理——对新市民群体进行系统化社会管理

新市民群体中失地农民是一个重要主体，相对来说这个群体的稳定性最低，“被发”与“自发”事故在其身上发生率相对比较大。因为没有工作，其自身素质又不是很高，会经常发生一些所谓的“社会越轨”行为。又因为新集居区（新村）没有其他城市居民区一样的物业管理，往往成为发生社会越轨行为的摇篮，因此加强对新市民群体的系统化社会管理在目前来说是一个十分迫切的工作。政府要创新社会管理模式，与其他社会组织共同促进社会资源系统协调运转。通过政策引导，挖掘社会资源，内外互动联动，共同促进农民新社区的社会管理与社区建设。有些地方正在探索所谓“合作共治”的治理模式就是社会管理手段的一种突破。“合作共治”是指在社会管理和社区治理过程中，充分发挥政府、市场、社会各种组织的功能，形成合力，共同管理社会事务。杭州市最近几年开展了所谓“社会复合主体”探索实践就是合作治理的典型。[①] 长兴县雉城街道推出的“三社联动”是挖掘社会资源、发动社会资源的一个好举措，通过联动机制，形成了政府与社会之间互联、互动、互补的社会治理新格局。长兴县雉城街道近两年社会管理工作成就，要归功于该街道“三社联动”的探索性创新尝试，有效地激发了社会组织的工作活力，同时也壮大了社会工作者队伍，吸引了一些优秀社会工作机构和人才参与社会管理工作。

（四）创新社区治理——构建“社会—政府—市场”合作共治的治理模式

社区治理不同于社会管理。社会管理以社区治理为前提，社区治理以社会管理为目标，两者相辅相成，相互促进。就社区治理来说，过度行政化，不仅影响了社区资源的配置效率，而且与社区居

① 潘一禾、刘琳：《新型社会组织的创建与试行——从杭州市“社会复合主体”实践看政府赋权社会的可能》，《浙江社会科学》2010 年第 11 期。

委会自治组织的法律定位背道而驰。在实践中，许多地方在探索社区治理方面都展开了有特色的创新的探索实践。如浙江德清县“乡贤参事会”农村社区治理、深圳市光明新区“社区基金会助推社区治理创新”。社区治理充分体现了治理的针对性、时代性与系统性。就针对性而言，对于城市中的新市民社区建设与治理就不能完全照搬城市社区的治理与建设模式。条件成熟的话，政府要推动新居民（农民）村级单位的集体经济发展，为新居民提供可持续收入。在系统性方面，应该要充分发动社会力量参与，形成从政府的行政化管理到“社会—政府—市场”合作共治的治理模式。在社区治理中，弱化行政倾向不是否定政府的主导作用，而是要转变政府工作发挥作用的方式与手段。社会学关于社会控制的理论告诉我们，对客观事物的运动过程和运动结果进行调节、引导和管理，要讲求适当的度，包括控制的向度、刚度和控制网络的致密度等。政府行政社区治理，要控制好“三度”问题，实现政府由管理向治理的转变，应将多元治理理念下的协同化系统共治作为社区治理的未来模式。在制度、职能方面努力向服务型政府转变，这是当前中国推动社区建设与治理的一个重要趋势。

（五）全面制度供给——为农民市民化进程提供系统性政策支持

十八届四中全会重提依法治国，从国家层面来讲，这是积极信号，就是要依靠法律制度来规范政府及公民的行为，这是当前的国家背景。从地方政府的行政行为看，面对日益法治化的行政环境，面对法制意识日益增强的群众，在今天已不可能依靠强令强行推进各项工作，依法行政是必然要求。因此，通过顶层的制度设计，依靠制定科学而符合宪法法律的地方性政策法规来推进工作是新常态下的必然路径。就结构功能主义者来看，进行制度“输血”可以弥补某一事物或进程的功能性缺陷。结合农民市民化所附生的社会问题，通过制度“输血”的形式进行制度补偿，用制度来保障新市民合法、合理的正当权益，包括经济生活、社会生活、社会保障等，这是解决问题的根本所在。[①] 比如说，从当前各个县域推进经济发展的视角看，如何把农民市民化与去库存的楼市政策科学地缝合起来，出台一些科学而符合各方利益的政策法规进行引导与控制，这是考验政府智慧的一项重要工作。

五　结语

社会流动所携的社会变迁在中华大地上正悄悄展开，农村传统文明与现代化城市文明在社会变迁脚步中发生着激烈冲撞与融合。在政府强力推进的城市化过程中，农民的市民化过程从本质而言是由于经济社会发展的自然推动而形成的，但从现象来看，主要是在政府的强势推进下实现的。政府作为强势的主体，必须要体现以人为本、科学发展的执政理念，有序依法地推进我国城市化进程，使中国城市化进程走上更和谐、更文明的轨道。传统的政府一元主体，导致社会管理和社区治理的过度行政化，就社会管理来说，过度行政化使社会资源配置模式过于单一，导致整个社会的僵化和低效化，而且在社会冲突中把自身置于矛盾的焦点位置。“强势”不能成为“强迫”，要通过系统性的制度安排与顶层设计，从国家与社会发展全局考虑，推动城市化健康发展，最后实现经济、社会、农民利益多赢与和谐。

① 陈成文：《论社会工作的功能：一个结构功能主义的分析视角》，《湖南师范大学社会科学学报》2011 年第 2 期。

德清县农村劳动力培训调研报告

课题组*

最近几年，德清县以改革创新为动力，以提升产业竞争力为核心，加快“低小散”行业和企业转型升级，大力促进高新技术产业的发展，通过全面提升产业层次和水平，初步实现了“从扩产能向提效能转变、从经验管理向科学管理转变、从传统工业向现代工业转变”。经济新常态下，随着产业转型升级和结构调整的不断深入和扩大，大量劳动密集型企业逐步采用智能装备来替代人工，以降低用工成本，这不仅造成了市场岗位需求的持续下降，对劳动力技能水平提出了更高的要求。农村劳动力由于文化素质较低，在就业上历来处于劣势，伴随这一情况的加剧，农村劳动力在今后一段时间内将会面临不小的就业压力。职业技能培训是劳动者获得新技术，增强市场竞争力的重要途径。通过技能培训，可以有效提高农村劳动力的技能水平，从而更好地适应劳动力市场需求的变化，不仅有助于提升德清县产业核心竞争力，还对农村居民收入持续增长、缩小城乡收入差距也具有重要作用。

* 本课题组由郑伟雄、蔡加星、何汀源、周克组成，执笔人：周克。

一　德清县农村劳动力培训现状

德清县辖8个镇、4个街道，现有人口43.7万人，农村户籍26.5万人，劳动力22.7万人。自2004年起，德清县开展针对农村居民的培训，县政府以全额补贴的方式，委托各镇、街道成人文化学校为农村居民提供免费的职业技能培训。培训内容不仅涵盖面广，而且及时更新，准确适应市场需求的变化。其中，"进城务工"培训专业数量众多，不仅全面覆盖第二产业有关的基本工种和安全生产基本知识，还包括家政服务、育婴师和电子商务等第三产业的多个专业，有效拓展了农村居民的就业渠道。"农业两创"培训不仅提供种植、养殖等农业生产方面的技能培训，还包括合作社经营管理、农产品电商等涵盖农业三产全产业链的培训，对培育具有适度规模的新型农业经营主体起到了重要作用。

二　德清县农村劳动力培训主要做法

（一）加强组织领导，健全制度体系

德清县、镇/街道（开发区）均成立农村劳动技能培训工作领导小组，县级工作领导小组由21个部门共同组成，县委副书记担任组长，两名分管农业和社会保障的副县长担任副组长，下设农民培训办公室，指定专人负责。建立"1+3+1"组织体系，县农业和农村工作办公室负责组织协调，人力资源和社会保障局负责进城务工者培训，农业局负责农业"两创"实用人才培训、农业实用技术培训，教育局负责预备劳动力培训、双证制培训，财政局负责培训经费落实。同时德清县财政局、德清县农村劳动力技能培训工作领

导小组办公室制定了《德清县“农村劳动力技能培训”补助资金管理办法》，并陆续制定了培训工作考核、培训基地认证、信息报送和培训档案等一系列管理制度，从培训工作和专项资金管理等层面上推进农民培训项目的实施，为农民培训项目扎实有效地开展提供了组织和制度保障。

（二）新增培训机构，健全培训体系

根据农科教关于健全农村劳动力培训体系的要求，德清县严格按照培训机构申报、主管部门现场评估、会议决定和公示的程序引入、发展民营培训机构。截至 2016 年年底，德清县共有培训机构 21 个，其中公办机构 17 个，民营机构 4 个。公办机构包括 12 个成人文化学校（以下简称成校）和 5 个培训中心，隶属于县教育局。培训机构在空间分布上比较均衡，覆盖县域内所有镇、街道。每个镇、街道都有一所成校就近为当地居民和外来务工人员提供各类技能培训服务。在工业企业和劳动力较为集中的主城区还分布有 5 个培训中心和 3 个民营机构，以满足企业和员工的培训需求。此外，还有 1 个民营机构位于乾元镇的现代农业生产园区，为当地农户提供农业安全生产培训。

（三）强化日常管理，确保培训质量

德清县对农村劳动力技能培训实施项目化管理，专业设置、培训教材、培训课时、授课师资、考试考核等管理更加严密严格。培训监管部门做到三到场，即每个培训班开课责任部门必须到场，每个培训班培训中途监管责任部门必须到场，每个培训班期末考试责任部门必须到场。认真组织实施质量督导工作，填写质量督导情况反馈表，建立督导情况定期分析制度，及时解决问题，促进农村劳动力技能培训鉴定考试更加规范、有序。财政部门做到培训经费三执行，即严格执行培训经费专账管理，严格执行培训经费专款专用，严格执行财务会计代理制。

三　德清县农村劳动力培训意愿

为全面准确地了解德清县农村劳动力培训现状，掌握农村居民对培训的供给和真实需求，深入探究农村劳动力培训的供给特点和规律，2016 年 8 月课题组对德清县农村劳动力培训情况进行了抽样调查。此次调查采用问卷调查法，以面对面访谈的形式进行。样本覆盖德清县东中西部 8 个镇、街道，每个镇/街道随机选取 3 个村和 2 个企业，再从每个村/企业随机选取 10 人，作为调研对象。此次调查共发出问卷 410 份，实际回收 410 份，其中有效问卷 340 份，有效率为 82.9%。

（一）模型设定

在面临相同的外部环境的情况下，个体的性别、年龄、受教育程度、收入水平等个人特征是影响其参加培训的意愿主要因素。因此，本研究采用 Logistic 模型来定量估计个体参加培训意愿的影响因素，模型设定如下所示：

$$Logit(Prob(Y=1 \mid X)) = \ln(\exp(X'\beta)/(1+\ln(\exp(X'\beta)))) = X'\beta$$

其中，Y 为虚拟变量，表示个体是否愿意参加以后的培训，$Y=1$ 表示个体愿意参加培训，$Y=0$ 表示不愿参加培训；X 为解释变量，包括个体特征变量和家庭特征变量。

（二）数据描述分析

研究所用变量的描述性分析结果如表 1 所示。从表 1 中可以看出：相对于不愿参加培训的个体，愿意参加培训的个体的平均年龄较小，男性比例较低，受教育程度较高，合同期限较长，并且有过培训经历的所占比例较高。而目前工作的持续时间和是否务农的差别不大。但是，描述统计无法确定在这些因素综合影响下，单个因素分别对个体是否愿意参加培训影响的差异。因此，为了分析在这些因素的综合影响下，单个因素对个体参加培训意愿的定量影响，需要建立计量经济学模型进行分析。

表 1 变量的描述统计

变量		定义	愿意参加培训			不愿意参加培训		
			均值±标准差	最大	最小	均值±标准差	最大	最小
个体特征变量	年龄	年	42.24±11.64	87	19	48±12.31	69	20
	性别	1=男性；0=女性	0.51			0.64		
	受教育程度	年	10.66±3.78	18	0	7.79±4.19	16	0
	婚姻状况	1=已婚；0=未婚	0.93			0.89		
	是否村干部	1=是；0=否	0.27			0.14		
	目前工作持续时间	年	10.05±8.73	47	0.08	11.45±11.88	40	0.17
	合同期限	年	1.68±2.17	12	0	0.71±1.01	3	0
	是否有过培训经历	1=是；0=否	0.87			0.32		
	是否务农	1=是；0=否	0.14			0.07		
	收入水平	平均月收入（元）	3467±2217	20000	700	3230±2268	10000	1000
家庭特征变量	家庭总人口	人	4.66±1.27	10	2	4.39±1.29	7	2
	家庭劳动力	人	3.08±1.99	7	1	3.25±0.89	5	1

（三）模型结果分析

模型结果如表 2 所示。

表 2　　　　　　　　　　**Logistic 模型回归结果**

X	系数	z 值
个体特征变量		
年龄（年）	-0.02	0.03
性别	-0.55	0.69
受教育水平	0.18**	0.07
婚姻状况	1.99*	1.11
是否村干部	0.30	0.61
ln（月收入）	0.53	0.50
目前的工作持续时间	-0.01	0.03
合同期限	0.28*	0.16
是否务农	14.42***	1.15
是否参加过培训	2.68***	0.56
是否参加过培训×是否务农	-13.94***	1.48
家庭特征变量		
家庭总人口	0.38	0.24
家庭劳动力	-0.65**	0.29
常数项	-5.77	4.58
N	340	
pseudo R^2	0.34	

注：（1）括号内为 z 值的绝对值；（2）***、**和*分别表示在 1%、5%和 10%显著性水平上显著。

关键解释变量分析如下：

（1）年龄：年龄的影响不显著。从表 2 中可以看到，年龄的系数不显著，这意味着个体的年龄并不是影响其参加培训意愿的显著因素，即年纪较大个体与年轻个体参加培训的积极性没有显著差异。这意味着在今后开展的培训活动中，有关工作人员应当一视同仁，积极接纳年纪较大个体参加培训。

（2）性别：性别的影响不显著。从表 2 中可以看到，性别的系数不显著，说明不同性别个体参加培训的意愿没有显著差异。相对于男性，女性在劳动力市场往往处于劣势，因此更加需要通过培训提高技能，以提高其市场竞争力。

（3）受教育水平：受教育水平对个体参加培训意愿的影响显著为正。从表2中可以看到，受教育年限的系数在10%水平上显著为正，这说明在其他变量保持不变的情况下，受教育程度越高，个体参加培训的积极性就越高。

（4）合同期限对个体参加培训意愿的影响显著为正。从表2中可以看到，合同期限的系数显著为正，这说明在其他变量保持不变的情况下，合同期限越长，个体愿意参加培训的意愿就越强。

（5）以往培训经历的影响。在其他条件保持不变的情况下，对于务农个体而言，相对于有培训经历的个体，没有参加培训经历的个体具有更强的意愿参加今后的培训；对于非农就业个体而言，相对于没有培训经历的个体，有过培训经历的个体具有更强的意愿参加今后的培训。

其他非关键解释变量：已婚个体参加培训的意愿相对较高；而家庭劳动力数量越多，个体参加培训的意愿就越低。个体是否是村干部、收入水平、目前的工作持续时间、家庭总人口的影响均不显著。

四　存在的问题

（一）培训信息发布网络不健全

一套完善的信息发布网络是做好培训的首要条件，只有把信息在最短的时间内精准传递到真正有需要群体的手中，培训才能发挥它应有的意义，资源才能得到合理配置和有效利用。调查发现，德清县培训机构在信息发布方面依然存在不小的弊端。公办机构过于依赖镇、村两级联络员，虽能保证信息覆盖到每个村，但联络员在传递信息的过程中往往会就亲就近就方便，造成信息最终止步于联络员的个人交际圈，几次培训下来，发现身边总是那些老面孔。由于信息传递的不对称，有时还出现培训班无人报名，村干部无奈充当“壮丁”的现象，有的村甚至通过发放误工补贴来吸引老百姓参加培训，而真正有需求的一些人却因为不知道信息一再错过。这不仅造成了培训资源的浪费，还引发了农村劳动力培训意愿普遍较低的认识误区。民营机构没有公办机构的优势，无法借助政府的联络系统，多以网络自媒体发布信息，覆盖范围相对更窄。因此，当前的首要任务是破除这一弊端，在县域内建立健全一套完善的、共享的信息发布网络体系，做到信息的全面覆盖和精准匹配。

（二）中高级技能培训供给不足

过去十二年的培训工作已经让初级技能培训在全县范围内得到普及，并在农村居民的就业创业方面起到了积极的作用。但是，随着产业转型升级的不断推进，市场对劳动力需求发生了结构性变化。企业开始采用智能化技术和装备，用以替换劳动强度大、操作简单重复、风险系数高、作业环境差的岗位，在提高生产效率、降低用工成本的同时，也大大减少了市场的用工需求。与此同时，农业生产也逐渐由单纯的耕种式传统农业向第一、第二、第三产融合的现代农业转化，对知识和技能水平都提出了更高的要求。不久的将来，劳动力市场必然会迎来一次残酷的洗牌，不能顺势而上就必然会被淘汰出局，这其中以低端劳动力面临的风险最大。但是，目前德清县的培训机构大多只提供初级培训服务，中高级技能培训严重缺乏，劳动力技能培训供需错配的问题日益凸显。因此，政府要对劳动力，尤其是对本县农村劳动力进行前瞻性的引导和培训，通过有效增加具有较高技能水平劳动力的供给量，促进劳动力市场的供给侧结构性改革，在满足劳动力市场需求的同时，推动德清县产业转型升级和农村居民充分就业的良性互动协调发展。

（三）素质提升类培训供给不足

调研发现，农村居民参加培训的动机正趋于多元化。以前参加培训的目的性较为单一，就是为了获得更多的就业机会，而随着经济水平的不断提高，人们不再为生计过于担忧，开始注重生活品质的提高，更多的农村居民出于个人的兴趣爱好和获取新的生活技能而去参加培训，诸如家政、育婴、养老护理及中西面点这类培训正日益受到追捧。然而，当前德清县农村劳动力培训依然是以职业技能培训为主，素质提升类培训供给十分有限，经常出现一开班即刻爆满的现象，已远远无法满足农村居民日益增长的需求。随着农村人口老龄化不断加剧，全面放开“二胎”政策的实施，农村居民对养老护理和科学育婴知识和技能的需求将会持续增长。虽然目前市场上有关于此类的商业培训，但是一方面收费较高，超出了普通农村居民的经济能力，另一方面讲授的内容过于专业，不便于没有基础的农村居民进行全面系统的学习。因此，政府应全面协调，统筹布局，不能仅仅致力于农村居民物质生活水平的提高，而忽略他们对精神文化的需求。

（四）考核内容与市场需求脱节

德清县对农村劳动力技能培训的资金补助标准是由培训之后资格证书的获证率决定。只有获证率达到70%以上，补助资金才会足额发放，如果获证率低于70%，则会根据实际完成情况相应降低补助标准。补助资金的管理办法决定了培训机构在从事技能培训时必然会更多侧重考纲考点。但是，资格证书的考核内容与实际市场需求相比往往存在滞后性，市场对技术的需求是动态的、不断更新的，而考核内容在较长的一段时间内是静态的、保持不断的。例如，网络营销和超市营业员等培训课程的更新速度非常之快，传统的考核标准早已无法适用。然而，培训机构为了兼顾获证率和培训效果，既要大搞“应试教育”，教授那些已被市场淘汰却又属于考试范围的知识和技能，又要考虑学员的实际需求，培训市场真正需要的新型知识和技能。考核内容与市场需求的脱节早已成为困扰培训机构和学员已久的难题，不仅造成了培训资源的极大浪费，还在一定程度上影响了受训学员的热情和积极性。

（五）培训主体单一制约市场活力

过去的十二年中，作为德清县农村劳动力技能培训的重要主体，成校几乎承担了全部的培训任务。公办机构这一属性优势，使成校拥有得天独厚的资源条件，不仅可以享受镇、街道提供的一定规模教室的免费使用权，还拥有一定数量的教学设备。但是，农村劳动力技能培训只是成校日常工作内容中的一部分，并不是其工作的全部，此外它还承担大量政府委托的常规性和临时性工作，加之人力资源有限，专职培训人员较少，这使得成校不可能将过多精力用于市场调研与培训课程的开发，一定程度上制约了培训效果的提升。尽管如此，由于培训市场化程度较低，培训主体单一，成校依然是德清县农村劳动力技能培训的中流砥柱，承担着全县85%以上的培训任务。民营机构作为一种新型的培训主体出现，虽然表现出了强大的生命力和活力，但是由于政策问题，力量还相对较弱，不仅数量少，而且规模小。由此可见，以公办机构为主体的单一培训模式已经无法适应新形势下的发展需求，市场化引导的培训主体多元化才是未来农村劳动力技能培训的出路和希望所在。

（六）培训激励约束机制不健全

德清县农村劳动力技能培训以行政管理为主，上级部门分任务、下指标，下级部门抓落实。对培训机构缺乏相应的激励和监管制度，导致培训机构的积极性下降、短期行为严重，只是为了完成任务而培训，注重数量和规模而忽视质量和特色，这一现象在公办机构尤为明显。由于培训多是在工作时间之外开展，会占用大量的休息时间，而“阳光工资”实施之后，培训机构缺乏相应的激励机制，降低了教师的工作积极性。此外，双重管理体制之下，培训机构于培训工作上取得的成绩在绩效考核中得不到体现，这也让其有苦难言。自主经营、自负盈亏的市场化运作的民营机构则不存在这个方面的问题。但是，与监考部门之间的矛盾却是所有培训机构的共病。一方面，由于监考任务繁重，主管部门监考人员有限，在统筹安排全县监考工作时，机动性不够；另一方面，资格认证考试多安排在工作日晚上和周末，由于缺乏激励机制，监考人员多不愿于这一时间外出监考。这些问题都影响和制约着培训工作的顺利开展。

五　对策和建议

（一）打破区域壁垒，构建县域信息发布网络新格局

一套完善的培训信息发布网络系统的形成，必须建立在深入了解受训群体的基础之上，不仅要覆盖全面，而且能够实现供需双方的精准匹配。调研发现，德清县农村劳动力培训主要呈现出两个特点：对于初级的职业技能培训和农业生产培训，表现出较强的区域性和就近性；而对于中高级的职业技能培训则不受区域的限制，更多的是表现出对获取培训信息渠道的诉求。针对上述特点，可做以下突破和创新。一是优化区域信息采集与管理。在镇、街道所辖行政区域内，以村为单位做好农户的全面排查登记，创建农村劳动力信息数据库，以从业类型为依据进行分类管理，从而精准定位目标人群，保证培训信息的有效发布。二是打破信息传递区域限制。加强资源整合，发挥部门合力，依托人才市场的劳务用工平台，使培训信息能够即时同步更新，做到信息发布的县域全覆盖。三是构建信息共享平台。引导公办机构和民营机构合作，共建共享，共同发展。

（二）加强政策调研，推动农村劳动力培训供给侧改革

一是加强市场调研，掌握市场风向标。顺应社会发展、经济建

设的需要，根据市场、劳动力需求的改变实行按需培训，推行订单定向培训，由用工单位出“订单”、培训机构提“菜单”、政府部门帮“埋单”。同时，要做好劳动力市场需求预测，加强与劳务市场、用工单位的衔接，推行订单培训，有目的、有计划地组织开展，增强培训和就业的关联性，实现人才的有效输出。从当前来看，政府应该进一步加大财政补贴力度，增加新型职业农民、高级技工等中高级技能培训的供给，助推劳动力市场的结构性改革。二是加强民意调研，切实满足百姓需求。农村劳动力培训在坚持以市场为导向的基础上，还必须同时兼顾民声。在对德清县农村劳动力培训意愿调查研究的基础上，针对农村居民迫切要求改善生活品质这一现象，政府应加快做出反应，合理规划，增加花艺、中西面点等素质提升类培训供给。三是加强课程开发，优化培训资源配置。技术的不断更新、人们需求的不断提高无不要求更高水平的技术培训。作为一线执行者，培训机构在专注于课程开发、业务水平提高的同时，还必须做到资源配置最优化和培训效果最大化。

（三）培育新型主体，构建市场引导的多元化培训体系

实践表明，政府主导型的农村劳动力培训始终有着难以打破的制度性桎梏，而民营机构则展现出强劲的优势，无论是它工作的积极性、方法的创新性、运作的灵活性，还是对市场变化的敏感性，都有利于培训工作的做精做细和做大做强。因此，政府职能应从培训机构的管理向培训市场的方向转变，着眼培育、引导更多的民营机构参与进来，发挥民营机构的鲶鱼效应，充分调动农村劳动力培训市场的创新活力，为培训主体的多元化发展创建有利的宏观政策环境。结合不同类型培训主体的特点，通过政策调整，逐步构建分工协作、优势互补的多元化培训体系。作为政府的一支综合性培训队伍，公办机构可以利用资源优势重点承担公益性较强的素质提升类培训；而市场化运作、专业化程度相对较高的民营机构则可以更多地承担职业技能培训。在此过程中，政府只需建立对培训机构培

训效果的评价机制和奖惩规则，加强对培训市场秩序的监管和财政补助资金发放使用情况的监督。

（四）创新方式方法，探索新型复合型教育服务模式

一是注重教学方法的改进。在充分认识受训群体文化水平普遍较低这一客观事实的基础上，正确认识、运用教材，针对不同性质的培训种类，编写喜闻乐见、通俗易懂的教辅材料。同时，最大限度地发挥图像系统的优势，尽量用形象生动的图片替代冗长复杂的文字描述，易于广大学员的理解和接受，既提高了学习的积极性，又达到了培训的效果。乾元镇农民专家蔡思杰就是巧妙地运用了这一方法，并取得了显著的成效。他用几年的时间走在田间地头，用相机记录下第一手资料，将常见的植物病虫害症状以图片的方式呈现，并编辑成册。不同于晦涩难懂的专业术语，图片不仅能简单直接地说明问题，也更加方便农户理解记忆。二是注重教学方式的改进。随着信息时代的到来，互联网充斥着整个社会，课堂教学也迎来了深刻的变革，“互联网＋”的教育模式已经成为当前的一个热门课题。农村劳动力个体性明显，时间难以统一，而传统的课堂授课模式局限性较强，往往难以保证百分之百的出勤率。“微课堂”作为“互联网＋”教育模式的一次成功的尝试和探索，突破了传统的课堂授课模式，将课堂搬到了学员的手机里，既能随时随地地学习，又实现了学员之间的沟通交流。

（五）完善培训机制，有效增加农村劳动力培训制度供给

一是完善激励机制。首先，政府应出台政策，将成校教师纳入享受农村教师生活补贴范围之内。作为农村教师队伍中一支重要的力量，成校承担着本镇/街道及外来务工人员的成人教育和社区教育的任务，在农村素质教育中的作用同样不容忽视，不应该被区别对待，成校教师也应该依规享受农村教师生活补贴。其次，允许成校教师和监考人员按规定领取加班补贴，且不纳入年底绩效考核。农村劳动力技能培训作为成校的一项常规性工作，服务对象的特殊性决定其只能开展于日常工作时间以外，是一个持续性过程，需要占据成校教师大量的休息时间。于情于理，都应该为他们发放加班补贴。与之相同，监考人员一样有权利按规定领取加班补贴，劳有所得。一套完善的激励机制不仅能够调动教师的积极性，发挥主体作用，还可以实现整个团队的良性循环和加速反应。二是完善约束机制。严格落实培训工作考核、培训基地认证等管理制度，从培训工作和专项资金管理等层面上推进农村劳动力培训项目的实施，为农村劳动力培训扎实有效的开展提供组织和制度保障。

（六）进一步规范劳动合同

在进一步规范劳动合同、提高劳动合同签订率的基础上，通过出台相关政策，鼓励企业与员工签订长期劳动合同。合同期限越长，个体的工作就越稳定，个体对将来的预期就越稳定，有利于提高个体对当前工作专注程度，从而增强个体通过参加培训提高技能水平的意愿。相反，工作合同期限越短，个体对将来的预期就越不稳定，从而对与目前工作内容相关的培训的兴趣不强，参加培训的意愿就越弱。因此，从长远来看，期限较长的合同有助于劳动力提高专业化水平，从而有利于产业转型升级的顺利实现，并有助于农村居民提高收入，从而为城乡一体化和新型城镇化的顺利推进提供必要的基础和保障。

（七）平等招募学员

在今后的培训中，除了有针对性招募低收入个体之外，应当将培训信息广泛发布，积极接纳不同年龄、性别的学员，不应当有意倾向于招募年轻男性学员。本课题的研究表明，个体的性别、年龄和收入水平并不是影响参加培训意愿的显著因素，即不同性别、年龄的个体参加培训的积极性没有显著差异。但是在以往的培训工作中，有些培训机构认为年轻男性学员的学习积极性和学习效果更好，在上级有关部门对培训考核的压力下，倾向于将培训信息有针对性地发布给年轻男性学员，这显然不利于女性、年纪较大农村居民以平等的机会参加培训。因此，需要上级主管部门调整考核方法和指标，不仅将学员的成绩作为考核内容，还要将学员的个体特征纳入考核范围，促使培训机构积极主动接纳女性、年纪较大农村居民参加培训，从整体上提高农村居民的技能水平，增强女性和年纪较大农村居民在劳动力市场的竞争力，实现全社会教育公平，从而有助于提高其收入水平，加快城乡一体化进程。

发展壮大村级集体经济的探索与研究

——基于德清县的调研

课题组*

建设社会主义新农村，繁荣农村经济是核心，发展壮大村级集体经济是关键。发展壮大村级集体经济既是增强农村基层党组织凝聚力和战斗力、增强农村公共服务功能、促进农村社会和谐发展的重要物质基础，也是贯彻落实十八大精神的具体体现。自2003年以来，德清县先后开展了四轮发展壮大村级集体经济工作，在很大程度上增强了村集体经济实力，有效提高了村集体（村两委）为农村居民提供公共服务的能力，受到农村居民的普遍好评。随着德清县城乡一体化进程的不断推进，统筹城乡发展和社会主义新农村工作面临更高的要求，需要进一步发展壮大村级集体经济。因此，德清县在以建设美丽乡村升级版为抓手的工作中，不仅要进一步壮大村级集体经济，还面临促进村级集体经济内生发展壮大、实现村级集体经济可持续发展的重要难题，这对德清县发展壮大村级集体经济工作提出了更高的要求和挑战。

* 本课题由德清县农办王国树、蔡加星、章衡组成。

一 德清县村级集体经济发展现状

（一）德清县村级集体经济收入分布情况

过去四年德清县壮大村级集体经济工作取得了显著成效，全县村级集体经济收入有了大幅度提高。根据2015年德清县农经统计报表显示：2015年德清县村级集体经济总收入25123.3万元，与2012年相比增长了46.5%，村均集体经济总收入166.4万元。全县151个行政村，村级集体经济总收入300万元以上的10个，占全部行政村的6.6%；200万—300万元的22个，占比为14.6%；100万—200万元的85个，占比为56.3%；50万—100万元的32个，占比为21.2%；50万元以下的2个，占比为1.3%（见图1）。2015年德清县村级集体经济总收入100万元以上的行政村数量显著增加，

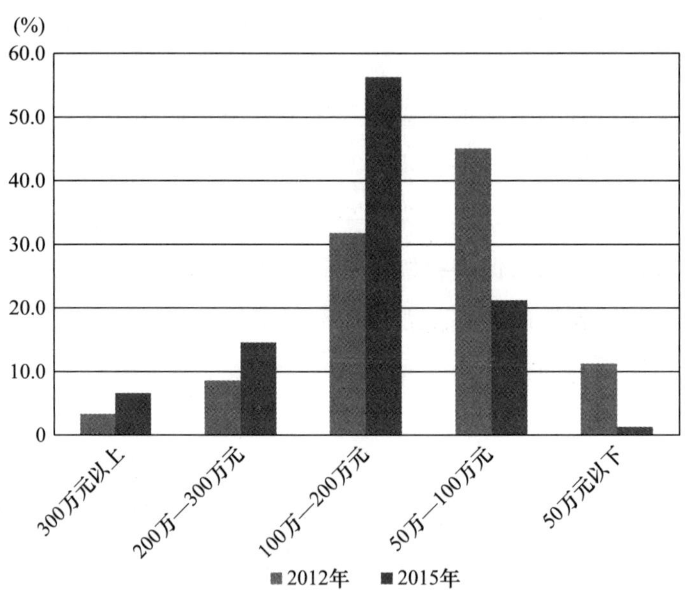

图1 2012年和2015年德清县村级集体经济总收入分布情况

与2012年相比数量增加了77.3%，其中收入100万—200万元的行政村数量增加了77.1%，200万—300万元村数量增加了69.2%，收入300万元以上的集体经济强村数量则实现了翻一番，由2012年的5个增加到了2015年的10个。过去四年，全县集体经济薄弱村的数量大幅减少，其中一些集体经济薄弱村正逐渐向集体经济强村转化。

（二）收入构成情况

过去四年德清县村级集体经济得到了较大幅度的增长，同时收入结构也有明显变化。由2012—2015年全县村级集体经济的收入构成（见表1）来看，在村集体经济收入水平整体不断提高的情况下，收入结构呈现出以下三个趋势。

表1　2012—2015年全县村级集体经济收入构成　单位：万元

年份	集体经济总收入	经营性收入			补助收入	其他收入
		资产经营收入	发包及上交收入	投资收益		
2012	17151.5	1037.4	5702.4	99.0	6558.5	3754.3
2013	19756.7	1853.4	5010.2	131.1	9686.6	3075.4
2014	21518.3	1602.1	4152.1	261.5	12022.8	3479.8
2015	25123.3	2013.8	3995.9	89.6	14427.7	4596.2

1. 转移支付的数额和比重不断提高

在建设美丽乡村背景下，为了进一步缩小城乡差距、改善农村居民的生活环境，上级财政对村级集体经济的“输血”不断加强，从2012年的6558.5万元增长到2015年的14427.7万元，补助性收入占村级集体经济收入的比重从2012年的38.2%增长到2015的57.4%（见图2）。

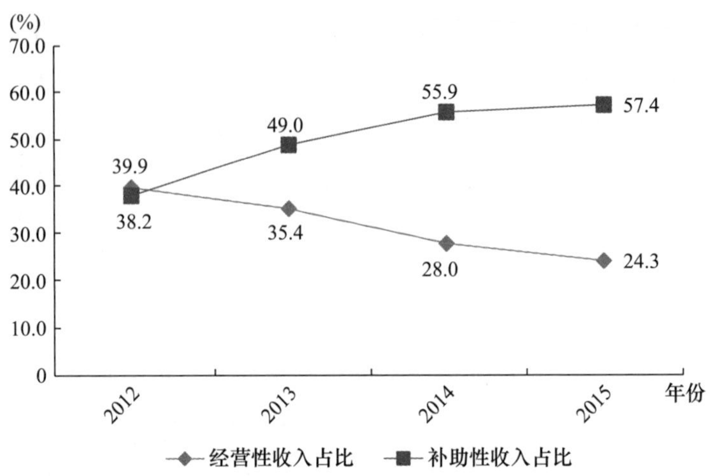

图 2　经营性收入和补助性收入占比变化趋势

2. 资产经营性收入增长较快

资产经营性收入在 2012 年为 1037. 4 万元，到 2015 年已增长到 2013. 8 万元，四年间增长将近一倍。最近几年，德清县在大力推进美丽乡村建设中，在对村集体资产，尤其是经营性资产量化确权的基础上，积极扶持和大力引导村集体的经营性资产的开发和利用，使村集体的经营性资产得到了进一步盘活，同时加强对村集体资产经营活动的监管，使经营性收入水平快速提高，在很大程度上增强了村集体经济的内生发展能力。

3. 发包及上交收入则呈逐年下降的趋势

与 2012 年相比，2015 年发包及上交收入下降了 29. 9%，这主要是由于随着生态文明建设的不断推进，大量高能耗、高污染的小型砖瓦厂、小型矿山等经营主体被陆续关停，一些主要依靠发包获得收入的村受到较大影响，村集体的收入出现较大幅度震荡。

从整体上看，虽然村集体经济呈持续增长趋势，但是目前的增长主要是依靠转移支付实现，其自身的“造血”能力相对有限；从长远看，无法持续为农村居民提供更多更优质公共服务，村集体经济主要面临如何通过增强自身盈利能力以实现可持续发展的问题。因此，在拓展村集体经济收入来源的同时，德清县面临如何通过大力扶持和积极引导，逐步增强村集体充分利用闲置的集体资产和资源增加收入的能力，从根本上实现农村集体经济的可持续发展。

（三）支出构成情况

虽然最近几年村级集体经济收入有了大幅度提高，但是村级集体经济支出增加幅度相对较小，支出结构得到有效改善。2012—2015 年全县村级集体经济支出情况如表 2 所示。

表 2　　2012—2015 年全县村级集体经济支出情况　　单位：万元

年份	总支出	经营支出	管理费用			农业发展	其他
			合计	干部报酬	报刊费		
2012	13291.8	90.0	8727.7	3577.4	95.8	1560.7	2913.3
2013	12421.4	188.1	8591.8	3832.2	114.4	1831.5	1810.0
2014	16791.8	284.7	8951.1	4156.4	25.7	2141.6	5414.5
2015	14762.2	215.4	9715.2	4890.5	1.5	1966.4	2865.2

2015 年，全县村级集体经济支出共 14762.2 万元，比 2012 年增长 11.1%，而支出占收入的比重比 2012 年下降约 19 个百分点。这反映了近年来德清县村级集体经济收支结构得到有效改善。德清县村集体经济的支出主要有以下几个特点：

1. 经营支出呈增长趋势

经营支出从 2012 年的 90 万元快速增长到 2015 年的 215.4 万元，四年间增长了 139.3%。这一变化主要是在政府的大力引导下，有效提高了村两委做大做强村集体经济的意识，并且在相关扶持政策的配合下，村两委在控制风险的前提下，逐步增加经营性支出，使投资收益整体呈现稳步增长趋势。

2. 管理费用稳步增长

管理费用呈现稳步增长的趋势，并且在支出中占比最大，四年平均占比达到63%。其中干部报酬数额逐年提高，且在管理费用中所占的比重也越来越大，由2012年的41%上涨到2015年的50.3%。与此相反，报刊费从2014年开始大幅度下降，逐年下降，2015年与2012年相比，下降了98.4%，说明德清县的“送报下乡”活动取得了显著的成效。

3. 用于农业发展的支出呈增长趋势

在最近四年，每年用于农业支出的数额持续增加，2015年比2012年提高了26%。村级集体经济收入的不断提高为农业发展支出的持续增加提供了必要的前提，从而为德清县农业生产的稳定持续发展提供了必要的支持，不仅有利于持续增加农民收入，还有利于进一步缩小城乡收入差距。

二　德清县村级集体经济发展主要模式

（一）盘活资源型

利用山林、果园、旧厂房、仓库、办公用房等闲置资产，通过物业租赁、土地流转等多种方式，实现村集体存量资产合理流动和优化组合。例如，莫干山镇勤劳村原中山希望小学在撤并到筏头乡中心学校之后一直用于村委和幼儿园。2014年，通过招商引进天真乐园旅游酒店项目，作为配套投入，勤劳村一次性投入资金62.8万元。目前，该项目每年为村集体经济增收16万元，解决村劳动力就业约20人，同时带动农家乐的进一步发展，促进“以游带农”，走出一条山区农村的致富之路。钟管镇东千村也是通过对闲置资源盘活利用，投资65万元对废弃旧厂房改造并对外出租，每年为村级集体经济增收7万元。

（二）资源开发型

依托当地的矿产、山林、水源等资源，建设经营形式多样的矿山、林场、养殖等经济实体。例如，莫干山镇四合村与德清莫元居生态农业有限公司合作开发的低碳、环保、原生态的旅游休闲场所。该项目依托莫干山生态环境优势和“洋家乐”民宿品牌优势，选址位于四合村塘坑原老学校，房屋占地面积400平方米，场地面积600平方米，总投资240元，村投资65万元，每年促村级集体经济增收6万元。

（三）村庄经营型

依托特色旅游资源和良好的生态环境，大力发展乡村旅游业和以“农家乐”为主的餐饮服务业，促进村级集体经济发展。如莫干山镇庙前村原村委大会堂改造提升项目。庙前村原村委大会堂位于庙前村中心位置，交通方便，依山傍水，为本村民宿发展提供了得天独厚的条件。2012年，出租用于开发“剑瓷源”项目，每年收取租金4万元；2015年，村集体出资65万元进行装修改建，租金由原来的每年4万元提高到10万元，进一步增强了村集体经济收入。阜溪街道五四村实施景区化建设，目前已成功创建国家3A级旅游景区，成为德清县村庄经营的典范。

（四）股份合作型

通过在信息、土地、资金和用工等方面提供各种优惠政策和服务，共同打造农民收入和集体经济发展的“幸福圈”。如莫干山镇东沈村信达山庄资产购置出租。原信达公司20世纪破产后所属的房产及土地作为抵债资产抵押给德清县信用合作社筏头支行。2013年初，东沈村借德清县信用社改制处理抵债资产的机会，经与筏头信用社协商，由王氏竹木制品有限公司代村出资120万元购买抵债资产，再由村出租给公司，并以租金抵扣企业出资费用，待期满后收归村里，再行出租，以实现集体经济资产的增厚，为东沈村今后的发展提供了有力的支撑。

（五）物业经营型

利用沿街、邻路等地缘优势，采取出租铺面、房屋、空地的形式，收取租金和管理费，以实现村集体资产的保值增值。如新市镇孟溪村新建与改造外来民工宿舍楼，共14间，占地面积约425平方米，总建筑面积850平方米，总投资65.7万元，用于出租给外来民工夫妻居住，每年促进村级集体经济增收11万元。下渚湖街道的四都村和塘泾村通过联合出资，对原青虾市场进行改造提升，总投资约220万元，村投资132万元，使交易环境得到了有效改善，一方面吸引了各地客商前来订购青虾，活跃青虾交易市场，促进农民增收；另一方面，为村集体经济带来每年固定租金收入，两个村分别每年实现村级集体经济增收7万元。

三 德清县发展村级集体经济的主要做法

（一）制定和完善相关配套政策

2012年，在前几轮扶持发展壮大村级集体经济取得一定成效的基础上，经过调研对以往的经验进行总结，并在充分征求各方面意见后，县委县政府出台了《关于进一步发展壮大集体经济的若干意见》（德委发〔2012〕79号）。2013年，为贯彻落实德委发〔2012〕79号文件，又制定完善了相关配套政策。一是加大集体经济薄弱村扶持力度，建立健全集体经济薄弱村增收长效机制，提升全县村级集体经济整体水平，出台了《德清县集体经济薄弱村发展五年行动计划》（德委办〔2013〕26号）。二是建立了县级领导、部门联系集体经济薄弱村建设制度（德委办〔2013〕27号）。三是为加强发展壮大村级集体经济专项扶持资金的管理，规范资金的分配和使用，充分发挥资金使用效益，制定出台了《德清县发展壮大村级集体经济专项扶持资金使用管理办法（试行）》（德财农〔2013〕34号）。四是把发展壮大村级集体经济纳入年度对镇（街道）、开发区（高新区）综合考核，制定出台了《德清县发展村级集体经济县对乡镇、开发区（高新区）考核办法（试行）》（德发领办〔2013〕1号）。

（二）以项目为抓手，推动集体经济发展壮大

自2012年12月德委发〔2012〕79号文件下发以来，县级财政给予实施集体经济项目的村补助909万元，同时给31个薄弱村每年每村5万元的公用经费补助，累计485万元。截至目前，已顺利实施的集体经济项目有37个，总投资3176.2万元，集体经济年增收369.1万元，并成功带动17个薄弱村脱贫。通过组织申报、培训、部门会审、实地考察、发文公布等程序，2016年德清县又确定新市镇城西村梅林路商住房改建等13个项目，预计总投资760万元，顺利实施之后预计年集体经济增收116.3万元。

同时，德清县还积极争取上级资金支持，不断加大德清县村级集体经济增收中财政转移支付的力度渠道。根据财政部、省财政厅和省农村综合改革领导小组办公室的相关要求，德清县积极参与竞争性立项申报、制定了《开展省级扶持村级集体经济发展试点工作实施方案》，将德清县阜溪街道五四村的“五四景区”乡村旅游、武康街道丰桥村的“农副产品服务中心”等15个村的10个项目，成功列入省试点。10个项目预计总投资1.29亿元，争取到省以上财政支持2800万元，所有项目将于2017年年底前完成，预计可实现增收1188万元。

（三）充分调动镇（街道）积极性，加强对工作的考核

为大力推动村级集体经济发展，进一步强化镇（街道）、开发区（高新区）主体责任，增强发展集体经济的积极性、主动性和创造性，制定考核办法，加强工作考核。明确从2013年起，坚持把发展壮大村级集体经济纳入年度对镇（街道）、开发区（高新区）综合考核、“三农”考核和“五好”服务型乡镇考核中，健全完善考核办法和奖惩措施。根据《若干意见》中提出的德清县村级集体经济五年工作，各镇（街道）、开发区（高新区）要积极制定本辖区村级集体经济发展五年规划，坚持“一村一策”的原则，确定各村当年度村级集体经济发展的考核指标。在考核指标的具体设定上，对薄弱村，重在取得集体经济“造血式”稳定增收突破；对一般村，重在开辟新的稳定经济增长点；对富裕村，重在规范三资管理，促进保值增值，实现二次创收。

（四）探索创新，启动联建物业项目

德清县积极探索强村带弱村新途径，整合资源，合力打好发展壮大村级集体经济攻坚战。发展异地联建物业项目正是德清县当前的一次大胆尝试和创新，目前正在推进的项目，是由一个集体经济强村带动7个尚未实施过扶持项目的薄弱村，通过建设标准厂房，以物业出租的形式实现集体经济增收。该项目坐落于区位优势显著的洛舍镇东衡村众创园，占地约30亩，拟建设标准厂房18000平方米，总投资约2000万元，投入使用后预计年收益不低于10%，可带动7个薄弱村脱贫。

四　当前德清县村级集体经济发展存在的问题

（一）对发展农村集体经济存在认识误区

随着市场化改革进程的不断推进，集体经济不适应市场经济发展的弊端被放大，农村集体经济组织逐步弱化和淡化，由此形成了一些认识误区：一是思想认识存在偏差，发展意识淡薄。少数基层干部对发展壮大集体经济认识不足，重视不够，认为新农村建设和农村公共服务资金可以通过政府转移支付获得支持，无须通过发展村集体经济即可解决。二是发展思路不清晰、不开阔。随着市场经济的发展和农村税费改革的全面推行，农村经济发展方式发生了巨大的转变。一些村“两委”班子存在着传统的思维定式和工作惯性，在文化程度、思想观念、能力素质等方面存在明显的差距，由于能力所限，面对需要通过增强内生增长能力提高村集体经济收入水平方面，工作成效不明显。

（二）发展不平衡，两极分化明显

2015 年全县村级集体经济经营性收入 6099. 3 万元，平均每个村收入 40. 4 万元。其中：收入 100 万元以上的 10 个，占 6. 6%；收入 50 万—100 万元的 29 个，占 19. 2%；收入 30 万—50 万元的 20 个，占 13. 2%；收入 15 万—30 万元的 37 个，占 24. 5%；收入 15 万元以下的 55 个，占 36. 4%。村与村之间的收入水平差距明显，2015 年集体经济经营性收入最高可达 562. 6 万元，而有的村甚至经营性收入为零。镇（街道）间村级集体经济发展不平衡同样较为明显。新市镇和下渚湖街道经营性收入在 15 万元以下的村有 20 个，占全县 15 万元以下的 55 个村的 36. 4%。而经常性收入 100 万元以上的 10 个行政村基本分布在洛舍镇、乾元镇和武康街道。村级集体经济发展不均衡，无法很好地满足广大农村居民的需求，不利于德清县城乡一体化进程的全面推进。

（三）发展不稳定，返贫现象多发

德清县新一轮发展壮大村级集体经济将经常性收入 15 万元以下的村确定为薄弱村，通过项目实施、政策帮扶，截至 2015 年年底，还有 19 个村处于经常性收入 15 万元以下，其中有 12 个已经参与集体经济项目扶持。由 2012—2015 年薄弱村的变化情况来看（见图 3），一部分薄弱村逐步在政策和项目的帮扶之下脱贫，但是有的依然不稳定，始终徘徊于薄弱村边缘，时上时下。还有一种现象就是一般村返贫，跌落到薄弱村。究其原因，可分为两类：一类是因为响应生态文明建设，将村里作为集体经济收入主要来源的砖瓦厂、矿山关停；另一类是进行一次性的投资收益，使集体经济收入得到暂时性提高，但因为没有合理稳定的投资项目而后续乏力。

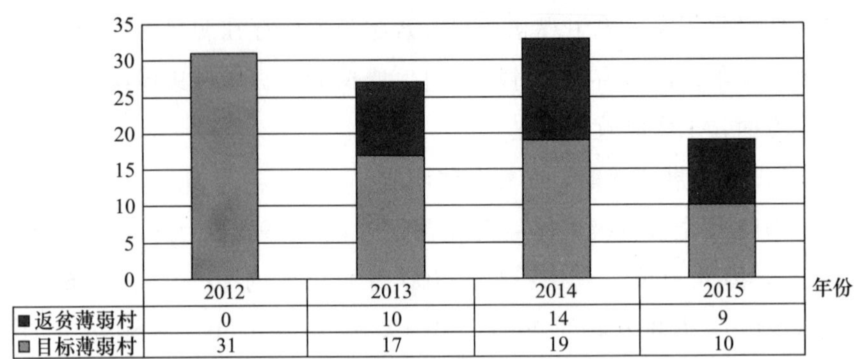

图 3　2012—2015 年德清县集体经济薄弱村变化情况

（四）经营性收入比重较低，不利于可持续发展

从 2012 年到 2015 年村级集体经济收入情况来看，经营性收入呈逐年下降趋势，且在总收入中所占比重越来越低，而补助收入占比则逐年增加，到 2015 年补助收入占比高达 57.4%，说明当前村级集体经济的稳定增长更多的是依赖于转移性收入增长来实现。但是，政府转移性支付作为发展壮大村级集体经济的一个重要途径，更多体现的是“输血”功能，而村级集体经济稳定、可持续发展的核心是它的内生动力，即自身的“造血”功能。单方向的输血只是治标不治本，造就的繁荣也只是一时的，村级集体经济要想真正得以发展壮大，必须要找到其内在增长点。

（五）集体经济发展后继乏力

一是传统资源优势缺失。长期以来，农村地区发展经济的实质就是发展“土地经济”。然而农村实行土地二轮延包以后，留下的集体的“机动地”和非农建设用地总量不断减少，长期以来依靠土地资源优势发展村级集体经济的做法陷入困境。而且，根据国家关于最严格的土地管理规定，规划以外的可利用非农建设用地指标日渐减少，致使村级集体经济发展疲软，传统的“土地经济”模式面临被淘汰。二是优质资源严重匮乏。面对市场经济的冲击，农村缺乏优秀的经营管理人才带领农民增收致富。此外，由于区位条件的限制，资源开发利用成本高、效益低，优质的发展项目难以向偏远地区倾斜，村级集体经济发展缺乏活力。同时由于农民自身文化程度较低，对经济形势把握不准，在早期对集体土地、房产等资产处置往往要求一分了之，村集体组织失去长远发展的资源优势。

（六）集体经济支出压力日益增加

当前，新农村建设的要求越来越高，村级集体经济开支的特点是项目多、数量大、持续性强。随着经济社会的发展和群众生活水平的提高，广大居民对集体经济提供服务的要求也在不断提高，长效保洁、合作医疗、村容村貌改善、福利待遇、社会管理等方面的支出逐年攀升，虽然有各级财政的转移支付，但依然需要村级组织的兜底保障，基层集体经济面临巨大的经济压力，尤其是对集体经济本身薄弱的村委会来说，更是难释重负。

五　德清县村级集体经济的发展目标及对策建议

根据湖州市“五年强村计划”目标任务，按照湖州市辖三县两区进行概算，德清县以 1/5 权重对目标进行分解，并结合当前县域村级集体经济发展现状（见表 3）进行分析：一是集体经济总收入 500 万元以下目标德清县已基本实现，面临的困境是总收入 500 万元以上的强村数量较少，上升的空间还很大。二是经营性收入 20 万元以下的薄弱村数量较多，在五年内消除，面临的压力较大。基于目标任务分解，德清县制订了相应的“培大育强”计划，具体对策如下。

表 3　2020 年湖州市村级集体经济目标任务及德清县目标及现状

	范围	<50 万元	≥100 万元	≥500 万元	≥1000 万元
集体经济总收入	湖州市目标任务	0	70%	100 个	30 个
	德清县目标任务	0	70%	20 个	6 个
	德清县现状	2 个	67%	2 个	1 个
	可培育对象			7 个	1 个
集体经济经营性收入	范围	<20 万元	≥50 万元	≥100 万元	≥300 万元
	湖州市目标任务	0	350 个	180 个	40 个
	德清县目标任务	0	70 个	36 个	8 个
	德清县现状	42 个	48 个	17 个	2 个
	可培育对象		17 个	31 个	3 个

（一）强化队伍建设，提高发展壮大村级集体经济的行政能力

发展壮大村级集体经济，首先要从村级领导班子建设入手。一是选准配强村级班子。注重选优配强党支部一班人，尤其是村党支部书记。把那些事业心强、懂经营、会管理且具有发展意识、开拓精神、廉洁自律的人选进班子。对连续两届以上，村级集体经济面貌依旧，起色不明显的村书记、主任予以组织调整。二是强化发展意识。引导村干部转变发展思路，结合实际，一村一品，因地制宜创造出一条各具特色的发展壮大村级集体经济的新路子。三是加强发展能力培养。充分利用各种学习培训资源，有针对性地开展市场经济、股份合作、村集体资产和财务管理等知识以及农村实用技术、技能培训，增强村级组织和村干部适应市场、领导发展的能力。四是注重干部激励。将集体经济的发展纳入村主职干部捆绑考核内容，与基层干部的报酬挂钩，甚至对发展集体经济成绩显著的基层干部进行单独表彰、奖励，例如，集体经济收入年度增幅较高且总额较大的，主要干部除按有关规定领取报酬补助外，可通过合法程序按一定比例提取集体经济收入中超出上年度部分，作为干部绩效奖励来安排，激发基层干部发展集体经济的内在动力。

（二）强化政策支持，优化发展壮大村级集体经济的外部环境

一是调整财政补助结构。目前，县财政的补助力度不可谓不大，涉及文教、卫生、水利、交通、民政等多个方面。但是，真正用于发展壮大村级集体经济的专项资金却逐年缩水。自2013年以来，县财政每年予以1000万元补助资金用于发展壮大村级集体经济，但是其中有400万元被用于村主职干部报酬。近年来这项支出逐年增加，2015年用于主职干部报酬的补助资金已达到650万元，真正用于发展壮大村级集体经济的仅有350万元。随着经济的快速发展，对村级集体经济的要求越来越高，财政补贴资金所能发挥的作用逐渐弱化。因此，政府应进一步加强对村集体的“输血”。举措如下：（1）加大财政补贴力度。提高补助资金至1500万元一年，将村级主职干部报酬从中分割出去，专项用于村级集体经济项目补助。每年安排扶持14个薄弱村和10个左右“培大育强”村，分别予以80万元和40万元每年的项目补贴，到2020年消除经营性收入20万元以下的42个薄弱村，实现村集体经济的新一轮提升。（2）发展壮大村级集体经济的专项资金可以提前预支用于扶持集体经济薄弱村发展集体经济项目的创业启动资金、项目贷款贴息和信用担保。（3）制定切实可行的扶持村级集体经济发展奖励办法，对那些村级集体经济发展增幅较大、年村级集体经济收入达到设定标准以上的薄弱村进行资金奖励。二是制定优惠政策。对发展村级集体经济的项目，在土地、金融等方面，有关部门都要给予政策优惠，为发展壮大村级集体经济创造良好的外部环境。

（三）强化优势产业，增强发展壮大村级集体经济的造血能力

遵循因地制宜的原则，找准自身优势，合理有效地利用当地资源。一是发展民宿经济，助推乡村旅游。如西部山区可依托莫干山生态环境优势和“洋家乐”品牌优势，以农房、土地、林地入股民宿，发展特色乡村旅游，带动集体经济发展。二是“企地共建”，发展物业经济。在服务企业的同时，周边居委会在符合规划和产业

定位的前提下，建设标准化厂房，以物业租赁的形式实现集体经济创收；有区位优势的村，还可以借助城市的辐射和牵动作用，通过招商引资发展工业，实现以工兴村。

（四）强化“三资”管理，激活发展壮大村级集体经济的内生动力

一是摸清县域集体经济“家底”，盘点“三资”（即资金、资产和资源）运营情况，唤醒“沉睡”资源。例如，德清县拥有丰富的水域资源一直未投入经营，对此可建立有偿使用机制，充分发挥水库等资源的作用及价值，增加村级集体经济的创收途径。中东部地区可依托区位优势和产业特色，以项目为抓手推进集体经济发展。二是建立健全农村“三资”网络监管平台，在将“家底”登记入网的基础上，还要确保村级集体资源资产的处置过程透明化，全程接受网上监督。村里支出多少钱，用于什么事，所有账目必须入网，主管部门要做到实时监控；村集体资产资源发包、招标拍卖等每一项必须入网，并及时更新，以阳光操作切实促进农村“三资”的保值增值。三是加强培训，规范集体经济年度报表。每年的年度报表是唯一的官方数据，更是下一步村级集体经济相关政策制定实施的重要参考依据，它的准确性至关重要。准确的数据既是反映村集体资产的可靠依据，又利于社员对村两委管理集体资产过程的监管，有效保护社员的利益。

（五）强化资源整合，凝聚发展壮大村级集体经济的强大合力

一是整合部门资源。整合组织、财政、国土、农业等部门资源，为村级集体经济发展营造宽松环境，提供有力支持。持续落实县级领导、部门联系集体经济薄弱村建设机制，从资金、人才、技术、信息等各方面提供支持，重点帮扶村级集体经济发展。二是整合企业资源。企业是一种重要的社会资源，同时是发展经济的中坚力量，通过开展村企结对活动，引导企业和村结成对子，履行企业的社会责任，促进村企互动双赢。

（六）强化改革创新，探索发展壮大村级集体经济的崭新活力

一是以集体经营性建设用地入市改革为契机，以调整入市为重点，全县以镇为单位集聚 7 个功能区块，盘活土地资源，促进村级集体经济发展。二是积极探索强村带弱村建立异地联建物业项目。我们可以鼓励无资源、缺资金、区位优势不明显的薄弱村“走出去”，有针对性地采取措施，通过强村和弱村结对帮扶的形式，加大对集体经济薄弱村的扶持力度，探索建立集体经济强村带弱村的发展机制，集体经济薄弱村通过采取资金入股、异地投资等形式，与强村合股合作，按股分红，增加集体收入，实现资源互补、互利互赢、共同发展。

（七）强化“两山”转化，赋予发展壮大村级集体经济的生态魅力

充分发挥近年来德清县在美丽乡村建设中形成的农村环境全面改善提升的优势，做好经营山水经营村庄这篇文章，实现美丽乡村向美丽经济的成果转化。绿水青山不仅为村级集体经济的发展提供了新的平台和空间，还提供了绿色可持续发展的生态资源。一系列“美丽乡村 +”模式在德清的成功实践为今后村级集体经济的发展指明了方向和思路。以持续深化改革、大力发展乡村旅游为动力，全面激发美丽乡村的发展活力，探索一条经营美丽村庄的致富之路，为全面建成高标准的小康社会创造新的样板和实践。

加快推进生产、供销、信用“三位一体”农民合作经济组织体系建设的对策研究

曹永峰*

一　构建“三位一体”农民合作经济组织体系的背景和意义

2006年1月，时任浙江省委书记习近平在当年全省农村工作会议上提出农民专业合作、供销合作、信用合作“三位一体”的宏伟构想：将现有的农民合作社、供销合作社、信用合作社结为一体，由农民合作社解决农业生产中的产业发展，由供销合作社解决农业生产中面临的市场销路，由信用合作社解决农业生产中遇到的资金瓶颈，通过构建一个分工明确、优势互补、相互配合的“三位一体”联合服务平台，力争实现农民增收、农业增效，破解“三农”困局，助推浙江新农村建设与发展。

2014年浙江省委省政府在慈溪等7个县（市、区）部署推进“三位一体”农村合作经济联合会的改革试点。2015年省委省政府出台《关于深化供销合作社和农业生产经营管理体制改革构建“三位一体”农民合作经济组织体系的若干意见》（浙委发〔2015〕17

* 曹永峰，经济学博士，教授，湖州市（湖州师范学院）农村发展研究院副院长。

号），把深化供销合作社改革与构建“三位一体”农民合作经济组织体系结合起来，依托供销社构建农合联执行委员会，通过构建农合联推动供销社改革，事实上已经做出顶层设计。从市级层面出发，“三位一体”农合联的组织框架体系可以理解为市——县（区）——乡镇三级农合联。随后确定20个县（市、区）为构建“三位一体”农民合作经济组织体系第一批试点推进单位，其中湖州市的德清县、安吉县为第一批试点推进单位。

2017年中央一号文件的第六条“积极发展适度规模经营”中，明确提出：加强农民合作社规范化建设，积极发展生产、供销、信用“三位一体”综合合作。推进“三位一体”农合联改革，是在较高农业现代化发展水平上的改革，是推进特色新型农业现代化建设、破除长期以来束缚农业农村发展的体制机制性障碍，推进农业供给侧结构性改革、促进“三农”治理体系和治理能力现代化的一场深刻革命，是探索出一条为农服务实体化有依托、为农服务资源整合得优化的合作经济改革路径，是完善新型农业社会化服务体系、探索建立新型农业经营体系的重要突破口。同时，本次改革也是有效提升供销社的为农服务职能，增强新型农业经营主体的横向、纵向联合，较好地解决为农服务需求加总和配置优化，有效提升农业生产组织化、市场化、科技化程度等问题的重要抓手。①

二　湖州市构建“三位一体”农民合作经济组织体系的现实基础

（一）生产合作初具规模

湖州市针对农业生产组织化程度不高的状况，大力发展各类专

① 赵姗、陈春良：《“三位一体”改革提升供销社为农服务职能》，《中国经济时报》2016年8月17日。

业合作社等新型经营主体。截至2015年年底，湖州市农民专业合作社达1840家，其中市级以上示范性农民专业合作社125家、省级73家、国家级36家，入社社员8.77万人，带动农户23.24万户，占全市总农户数的73.9%，连接生产基地122.41万亩；以农产品加工为主的农业龙头企业达1558家，其中国家级农业龙头企业5家，省级34家，市级175家；经工商登记的家庭农场1010家，其中市级以上示范性家庭农场54家，省级以上示范性家庭农场13家。湖州市三县两区各类农民专业合作社发展情况见表1。长兴县依靠现代农业七大主导产业，组建552家农民专业合作社，并组建了3家农民专业合作社联合社。吴兴区以农民专业合作社和家庭农场为基础，以农业龙头企业为依托，累计组建粮油、水产、湖羊3大产业的合作社联合社。

表1　　湖州市三县两区生产、供销、信用的基础

指标	安吉县	德清县	长兴县	吴兴区	南浔区
各类农民专业合作社(家)	354	369	552	249	274
家庭农场（家）	153	271	269	200	116
规模农业企业（家）	87	238	616	220	391
基层供销社（家）	9	10	5	7	9
农资连锁经营网店（家）	127	116	257	126	128
县（区）供销社在编人员（人）	8（参公）	10（参公）	9（参公）	11（企业编制）	18（企业编制）
县（区）农村合作银行	安吉农商银行，下辖37家营业网点	德清农商银行，下辖40家营业网点	长兴农村合作银行，下辖36家营业网点	吴兴农村合作银行，下辖33家营业网点	南浔银行，下辖49家营业网点

（二）供销合作基础尚在

湖州市供销合作社现由1个市级社、5个县区供销社、56个基层供销社、24家本级参股企业组成，拥有各类为农服务实体2400多个；直接领办、参办各类农民专业合作社240家，其中农民专业合作社联合社13家。三县两区供销合作社维持基本运行（见表1）。其中吴兴区和南浔区供销合作社在上一轮的改制中比较彻底，现为湖州市供销合作社垂直管理的派出机构，为公有制全资企业属性的单位。目前，市委、市政府研究决定，将两区供销社划为区级管辖，机构明确为参照群团管理，区委、区政府已顺利接管，正在优化配强供销社队伍，为区级农合联组建和运行打好基础。长兴县针对县供销社挂牌于县商投公司的问题，正积极理顺管理体制，将单独成立县供销社机构，为县级农合联更好发挥职能创造条件。

（三）农村金融持续创新

截至2015年年底，湖州市银行机构涉农贷款余额1475.87亿元，同比增长8.94%。农信系统创新推广了“整村授信、整村批发”业务模式。湖州市承接了3个国家级金融试点，分别是德清县成为全国首批“两权”抵质押贷款试点县区，吴兴区探索推进现代农业示范区金融服务试点，安吉县探索建立了“两山”农林合作社。全市供销社系统拥有2家农信担保公司，累计提供担保23.88亿元，604个涉农单位直接受益。德清县成立乾元镇德农农村资金互助社1家。三县两区的农村合作银行在原有的农村信用社基础上稳步发展，网点遍布各乡镇（见表1）。

（四）“三位一体”改革试点进展顺利

在浙江省委省政府统一部署下，2015年11月，德清县和安吉县分别制定了《关于深化供销合作社和农业生产经营挂历体制改革构建“三位一体”农民合作经济组织体系的实施方案》。2016年3月，浙江省改革办正式行文批复同意实施方案。

2016年5月6日，德清县新市镇成立第一个镇级农合联，镇农合联共确定单位会员 59 家，个人会员 7 名。截至 2016 年 5 月 18 日，德清县 12 个镇（街道）全部依托镇（街道）农业公共服务中心而搭建的镇级农合联组织已组建完成。2016 年 6 月 29 日德清县“三位一体”农民合作经济组织联合会正式揭牌成立，吸纳会员 157 个，其中单位会员 130 个，占会员总数 82.8%；个人会员 27 个，占会员总数 17.2%。单位会员中农民合作经济组织 35 个；新型农业经营主体 27 个；为农服务合作经济组织 20 个；涉农企事业单位 48 个。目前，正在开展农药废弃包装物回收、农业社会化服务项目排摸等工作，积极筹建农业现代服务中心和商贸综合服务中心。

2016 年 6 月 15 日，安吉县天荒坪镇、杭垓镇成立镇“三位一体”农合联。截至 2016 年 6 月底，安吉县 15 个乡镇（街道）全部成立农合联。2016 年 7 月 11 日，安吉县“三位一体”召开县农合联成立大会，标志着安吉县农合联组织架构已经完成。共吸纳会员 139 个，其中，单位会员 112 个、个人会员 27 个，会员包括农民合作经济组织、新型农业经营主体、为农服务合作经济组织、涉农企事业单位等。目前，已依托农技服务中心和供销综合服务体，打造了新型农业综合服务平台，并逐步承接农民培训、农产品展示展销、种苗供应、农业技术指导、农机服务等职能。

2016 年 12 月 14 日，市级农合联召开成立大会，全市农合联顺利完成组建，市农合联吸纳单位会员 231 个、个人会员 16 个，农民合作经济组织 210 个。截至 2016 年年底，全市共组建县（区）级农合联 5 家，乡镇农合联 58 家，三级农合联共发展会员 4191 个，其中农民合作经济组织会员达 2800 多个。

三　构建“三位一体”农民合作经济组织体系存在的问题及原因分析

（一）对“三位一体”改革的认识不足

1. 认识不到位

尽管有省委文件、省市要求，但仍有部分领导和干部对合作经济的地位、作用、原则和发展规律认识不足，认为现状很好，认为改革多此一举。责任部门对基金会、经营公司的教训记忆犹新，在问责制度越来越强调的情况下，畏难情绪明显，担当意识不足。基层干部对“三位一体”改革的迫切性、重要性认识不到位，认为这是上级领导解决的事，并认为最好省级层面有一个具体的规划和行动方案，然后把任务布置下来，基层按部就班操作即可，存在“等靠要”的思想。部分干部群众对“三位一体”改革带来的实效看不清、看不明，怕自身利益受损，怕折腾，主动性积极性不够。

2. 改革意识不够强

按照改革的设计，农合联是在党委、政府领导下，以为农服务为宗旨的非营利性社会团体，实行农有、农治、农享。非营利组织的前提假设是“政府—企业—社会”三部门的分工、独立。简言之，“三位一体”农合联，既非官方的行政组织，也非农村的企业组织。因此，按照非营利性社会团体的运行模式，政府给予指导、监督，而不宜过多干预其日常运行。然而，当前的改革仍然是党委政府强力推动，成立的农合联也由政府领导担任理事会、监事会主要领导。

3. 对信用合作存疑虑

对信用合作的认识上，认为暂时不宜搞信用合作改革，而应等到时机成熟再发展信用合作。一方面是因为信用风险大、专业性强；另一方面是因为现有金融系统对农村的资源配置较为充分，商业银行、农业银行和农信系统、农村合作银行、村镇银行、小贷公司、民间融资服务机构等机构众多，当前农村金融服务发展迅速，各类银行不断深化普惠金融建设，让广大农村百姓足不出村就能享受到便捷的金融服务。

（二）现有组织化的为农服务供给不足

1. 现有专业合作社发育不全

尽管截至2015年全市累计发展农民专业合作社1840家，但农业局数据显示只有1554家，剩余的都是联系不到的“空壳”社；总体上表现出农民专业合作社规模较小，内容管理规范化程度不高，相互之间的联系以代购、代售为主，利益联结机制不健全、服务功能发育不全，服务面不广，服务对象数量偏小，且没有一家开展内部信用合作。农民专业合作社社会化服务内容不足、发展空间狭小、区域发展不平衡、辐射带动力不足、横向上的松散合作等因素，成为制约农民专业合作社发展的瓶颈。

2. 供销系统为农服务功能弱化

供销系统的服务功能主要集中于农业生产资料、农民生活资料方面，以及政府授权的农资和防灾物质储备。但在市场经济中，供销系统有“离农化”倾向，偏向于市场营销和产业经营。农村基层网点小、实力弱，缺乏相互的合作、联合，服务功能单一，在农产品产销对接、销售渠道开拓等方面的作用体现不出来。尽管供销社直接领办、参办各类农民专业合作社240家，属于农业生产类的231个，但在占农民专业合作社总数的比重为13%，生产性服务业的合作社更少，生产资料类2个，服务类5个（其中农机服务占4个）。

3. 农村信用合作发展受限

信用服务受政策的限制较大，农民资金互助合作组织全市获批建设仅1家，农业担保公司2家，而农业保险合作还局限在某几个产品（主要是白茶和芦笋）上有所突破，信用服务面窄量小。农村合作银行基本转为农村商业银行，使信用合作与“三农”产生距离感。

（三）“三位一体”运行体系不健全

1. 农合联执委会（供销合作社）承接能力不足

一是现有供销社人员老化、缺乏专业人才。湖州市三县两区供销社现有56人，平均年龄为50岁，人员老龄化严重。供销社以从事经营活动为主，缺乏社会组织管理人才和专业服务人才。二是基层供销社基础相对薄弱。除白雀乡、良朋镇、新市镇、杭垓镇等有限的几个基层供销社之外基本上都是空壳子，或者靠收租生存。因此，依靠现有供销社的力量去拉动农合联的生产、供销、信用合作，承担“三位一体”农合联执委会职责，存在较大的难度。

2. 农合联实体化运作机制不完善

一是涉农部门的职能转变改革相对滞后。政府涉农部门应在“三位一体”改革中，厘清政府、社会、企业的权力边际，应把行政管理部门承担的可以由社会组织提供的涉农服务事项，以及公共部门或行政管理部门下设事业单位举办的涉农经营性项目转由农合联来承担。但农经、农技、农资、农机等涉农部门条块分割，下放权力、转变职能、提升治理能力的意识不强、准备不足。二是农合联的上下联动机制有待完善。基层农合联在其工作推进、职能发挥上，基本处于摸索阶段，找不到对应的部门，也得不到相应的指导。三是农合联的农民合作基金、资产经营公司、资金互助会的组建与管理缺乏政策支持。基本的思路是依靠财政拨款设立，但目前还处于酝酿之中，亟须制定相关制度安排，确保农合联实体化运作有效进行。

3. 农合联人员配置尚待解决

一是政府涉农职能划转中人员编制问题。现实中政府职能部门的涉农职能部门都是公务员、参公人员或事业编制。这些政府职能部门的相关人员如果转到农合联，相应地这些人员是保留原有的编制，还是转成社团编制，这关系到政府职能转变能否平稳过渡。二是对现有供销社人员安排问题。是按照“老人老办法、新人新办法”原则妥善安置分流，还是根据职能要求选拔、聘用专业人才，这需要在改革中作出安排。

四　对策建议

（一）统一思想，深化干部群众的“三位一体”改革理念

1. *从政治高度统一广大干部群众的思想*

深化“三位一体”改革，要不忘初心，坚持为农惠农。初心就是着眼更好为农服务，把农民合作社及联合社、行业协会等各类合作经济组织联合起来，建设生产、供销、信用为一体的农民合作经济组织体系，建设为农服务、为农代言、为农谋利的“农民之家”，让千万农民兄弟在复杂多变的市场经济中提升更强的产业竞争力、掌握更大的价格话语权、实现更多的改革获得感。因此，要把广大干部群众的思想统一到深化改革的理念上来，把农合联打造成党和政府密切联系农民群众的桥梁纽带、农民群众向党和政府反映农情民意和服务需求的有效渠道、党和政府为农民合作经济组织和农民提供公共服务的重要依托、农民合作经济组织和农民自我服务、自我发展、自我教育、自我管理的综合平台。

2. *以合作共赢激发农合联的内生动力*

“三位一体”改革是在农业现代化发展水平较高层次的改革，现有的市场化服务体系已经在发挥作用。只有农合联自觉实行为农服务，且其所提供的服务超越由市场提供的服务，才能获得会员的认可；只有让相关利益各方能实现共赢，才能让更多的经营主体自愿加入农合联；只有让农民不断持续增收，农合联才能实现可持续

发展。本次改革是利益格局深层次改革，需要激励相容的政策措施，需要政府的引导、农业产业部门和职能部门的指导、农合联的职能发挥、个体会员与企事业单位会员的相容等。

3. 强化管理型政府向服务型政府的转变理念

要按照中央提出的"简政放权、放管结合、优化服务"的要求，精简机构、下放权力，联动推进涉农部门职能转变、供销社改革和农村金融体制改革。推进政府涉农部门职能划分与职能转移，政府涉农部门的行政管理、公共服务、经营性服务三类职能将区分开来，逐步剥离涉农部门事业单位的经营性服务事项并优先由农合联承担，以委托或购买方式将涉农公共服务事项转由农合联或其他主体承担，提高服务效能，建构科学的社会治理体系，实现管理型政府向服务型政府的转变。

（二）整合资源，将农合联打造成枢纽型农业社会化服务中心

1. 建立完善的市—县区—乡镇三级农合联组织机构

一要尽快健全组织机构。要完善"三位一体"农合联组织建设，优化市县区供销社（农合联执委会）"三定"方案。按照省、市实施方案要求，加快建立"一室五部"内设机构（生产服务部、供销服务部、信用服务部、办公室、组宣人事部、财务审计部），配齐配强人员、细化职责分工。调整内设机构，建立健全工作制度、管理与考核机制，承接好转移职能，实现供销社与农合联执委会组织机构有机融合。要发展专业合作社联合社等多种合作经济组织，有条件的要积极推广特色产业农合联建设。二要组建农民合作基金和资产经营公司。农合联的实体运作需要合作基金和资产公司提供资金保障。借鉴试点地区的经验，建议同级政府直接提供财政资金作为县区农合联农民合作基金的初始资金，政府的其他扶持资金、社会捐赠、资产经营公司不低于20%的年度收益、其他合法收入，纳入基金的收入项，并主要用于产业经营服务体系。探索保值增值办法，谨慎选择前景好、收益稳定的项目，防控风险、规范操作，使农民合作基金和资产经营公司成为农合联正常运行的强大经济支撑和为农服务的有效载体。三要切实加强党的建设。各级农合联要牢固树立“抓农合联必抓党建”的理念，全面落实从严治党要求，全面推进党建各项工作，不断扩大党组织和党的工作覆盖面，充分发挥推动发展、服务群众、凝聚人心、促进和谐的作用，尤其要发挥各级党组织的政治引领作用，教育引导广大会员更好地把思想和行动统一到党委、政府的决策部署上来，更好地统一到以五大发展理念引领赶超发展上来。

2. 发挥农合联的枢纽作用

一是党委政府联系农户农民的桥梁。充分发挥农合联在密切党委政府与农民群众联系上的桥梁纽带作用，主动承担部分公共服务、政策执行、农情调查等具体实施工作。二是经营主体合作与联合的纽带。将农民合作经济组织、各类为农服务组织联合起来，积极搭建农业服务沟通联系的桥梁和纽带，形成以农户家庭经营为基础、合作联合为纽带、农业社会化服务体系为支撑的立体式复合型现代农业经营体系，引导产业链、服务链、创新链各个环节上的经营主体按合作制共同发展，真正形成普通农民广泛参与、各方主体密切合作、整个组织利益共享的“大合作”格局，即主体合作、体系合作。三是农业公共服务的综合平台。组建公共服务实体，承接农业技术推广、新型职业农民培育、水土治理、农产品质量监管等当地政府委托或财政购买的公共服务；组建经营性服务实体，为“三农”提供金融服务、农业社会化服务等，发挥好镇级农合联的服务功能。四是做好人才培育工作。适应发展的新需求，加强农村相关专业人才的培育，把相关人才培育纳入农业实用人才新型职业农民增育计划。加强资源整合，充分发挥市校合作优势，在“三位一体”改革中深化完善“1+1+N”农业产学研联盟，做强做大农民学院。同时，注重发挥农业主导产业研究院的作用，把农业主导产业研究院纳入农业公共服务体系之中。

（三）完善机制，重点推进县—乡镇两级农合联运行

1. 重点推进县—乡镇两级农合联执行委员会运行机制建设

按照非营利性社会团体性质，根据农合联承接政府部门转移的经营性服务事项和公共服务事项，优化执行委员会的机构设置、职能配置，确保农合联执行委员会有效运转。探索建立农民合作基金、组建农合联资产经营公司等两项重要制度，健全生产、供销、信用三大基本服务功能，并形成一套新的合作机制。鼓励发展各种类型联合社、全产业链合作组织，推进跨区域联合、合作，夯实农合联的根基。通过资产合作与服务合作，建立合作社的紧密型利益联结机制，实现供给与需求的有效对接，为各成员和广大农户提供专业化、高效率、低成本的服务，促进农业的增效、农民的增收，农民生产和生活环境、质量的改善。建立起上下级农合联工作联系机制，建立监督、考评和奖惩机制。

2. 夯实乡镇级农合联服务平台基础

主要依托农业生产技术服务中心，建设乡镇级为农服务的综合平台，探索建设全产业链联合服务体系。在农业“两区”和农业主导乡镇建设区域性现代农业综合服务中心（综合体），采取土地托管、代耕代种、股份合作等多种形式，为农民和农业新型经营主体提供统防统治、测土配方、农机作业、烘干加工等农业生产经营系列化、便利化、全程式服务，推动农业适度规模经营。推动农资供应与技术服务相结合，加快农资物联网建设和应用。大力发展智慧农业，推动农业物联网建设。拓展休闲旅游、劳务就业、养老幼教、生态养生、电子商务等功能，促进农村第一、第二、第三产业融合发展。发挥基层社在服务中的基础性作用，立足当地优质资源和特色产业，积极发展区域性或产业型合作社联合社，提高农业生产经营组织化、规模化水平。

3. 稳步推进农民互助信用合作体系的构建

遵循组织封闭、对象封锁、上限封顶的原则，在不对外吸储放

贷、不支付固定回报的前提下，选择有建办意愿且符合条件的农民专业合作社和社员，组建农民资金互助会，为农民提供资金互助服务。坚持普惠金融和合作金融相结合，开展涉农融资担保、农村合作银行、小额贷款、典当等服务，积极发展农民资金互助会。积极与农信联社、农商行等金融机构合作，对农合联会员开展信用评级授信工作。建立健全符合农民资金互助会及联合会特点的监督管理、风险防范和预警处置机制。

（四）深化改革，推进供销合作社转型

1. 建立供销社管理机构与供销社社有企业双线运行机制

在保持供销社管理机构原有编制管理的前提下，按照合作经济组织属性，供销社管理机构转型为农合联执行委员会管理机构。理顺供销社管理机构与社有企业的关系，由供销社管理机构统筹谋划所属企业及系统基层社资产的运行与管理。社有企业应加快完善现代企业制度，健全法人治理机构，建立与绩效挂钩的激励约束机制。

2. 以“招能人、带资金、建项目”模式，提升基层供销社经营服务能力

加强基层组织建设，推进基层供销社改造提升，坚持开放办社，积极推广“招能人、带资金、建项目”的成功做法，与社会能人结成创业共同体，密切与农民和农业主体利益联结，投资建设乡镇商贸综合服务中心、农业基地、农民合作社、农产品加工企业等，拓展商品经营、产业发展、技术培训、科技咨询、就业指导等经营服务内容，提升基层供销社实力。

3. 以“农业基地＋机械化服务中心”模式，提升农业社会化服务能力

把农业社会化服务作为供销社（农合联）为农服务的重要内容，大力建设现代农业综合服务中心，通过2—3年努力，力争在每个县区和中心镇建成1家。面向新型农业经营主体，推广“农业基

地+机械化服务中心”模式，有条件的地区积极探索“土地托管”模式，提高专业化、规模化、综合性服务水平，提供育秧、机耕、测土配方、治虫、收割、加工等各类农业社会化服务，年服务面积增加20%以上。

4. 以“六张网+两大活动”模式，提升商贸社会化经营服务能力

继续拓展“新网工程”，做强做大农资保障、生活日用品供应、医药零售、成品油经营、农产品购销、废旧物资回收供销“六张网”，重点发展社区（农村）超市、医药直营门店、加油站。继续办好送农资、送农技、推销农产品下乡服务和优质农产品平价展示展销两大活动，不断扩大影响力，打造服务城乡居民的两张名片。

第四部分

湖州市“三农”数据

湖州市“三农”基本数据

表 1　　湖州市基本市情（2016 年）

指标名称	单位	2016 年
1. 总户数	万户	86.53
2. 总人口	万人	264.84
3. 常住人口	万人	297.5
4. 从事农业人员	万人	22.87
5. 生产总值（GDP）	亿元	2243.06
6. 人均生产总值（户籍）	元	84875
7. 三次产业增加值比重	—	47.1
8. 财政总收入	亿元	360.89
9. 地方公共财政预算收入	亿元	211.18

表 2　　2016 年湖州市及县区农村基本情况

<table>
<tr><th colspan="3">项目名称</th><th>单位</th><th>湖州市</th><th>吴兴区</th><th>南浔区</th><th>德清县</th><th>长兴县</th><th>安吉县</th></tr>
<tr><td rowspan="10">农村人口与从业人员</td><td colspan="2">农村户数</td><td>万户</td><td>62.55</td><td>10.41</td><td>11.50</td><td>10.53</td><td>18.41</td><td>11.70</td></tr>
<tr><td rowspan="3">农村人口</td><td>合计</td><td>万人</td><td>210.03</td><td>37.20</td><td>43.10</td><td>37.12</td><td>53.12</td><td>39.49</td></tr>
<tr><td>其中：男</td><td>万人</td><td>104.41</td><td>18.41</td><td>21.27</td><td>18.36</td><td>26.63</td><td>19.74</td></tr>
<tr><td>女</td><td>万人</td><td>105.62</td><td>18.79</td><td>21.83</td><td>18.76</td><td>26.49</td><td>19.75</td></tr>
<tr><td rowspan="3">农村劳动力资源数</td><td>合计</td><td>万人</td><td>132.26</td><td>22.10</td><td>25.07</td><td>24.33</td><td>34.81</td><td>25.92</td></tr>
<tr><td>其中：男</td><td>万人</td><td>68.01</td><td>11.45</td><td>12.85</td><td>12.50</td><td>17.78</td><td>13.43</td></tr>
<tr><td>女</td><td>万人</td><td>64.24</td><td>10.65</td><td>12.22</td><td>11.82</td><td>17.06</td><td>12.49</td></tr>
<tr><td rowspan="3">农村从业人员</td><td>合计</td><td>万人</td><td>120.24</td><td>19.73</td><td>22.63</td><td>22.25</td><td>32.18</td><td>23.45</td></tr>
<tr><td>其中：男</td><td>万人</td><td>62.61</td><td>10.25</td><td>11.73</td><td>11.60</td><td>16.56</td><td>12.47</td></tr>
<tr><td>女</td><td>万人</td><td>57.63</td><td>9.48</td><td>10.90</td><td>10.65</td><td>15.62</td><td>10.98</td></tr>
<tr><td rowspan="3">农村基础设施</td><td colspan="2">自来水受益村</td><td>个</td><td>970</td><td>209</td><td>221</td><td>151</td><td>220</td><td>169</td></tr>
<tr><td colspan="2">通有线电视村</td><td>个</td><td>977</td><td>216</td><td>221</td><td>151</td><td>220</td><td>169</td></tr>
<tr><td colspan="2">通宽带村</td><td>个</td><td>977</td><td>216</td><td>221</td><td>151</td><td>220</td><td>169</td></tr>
</table>

表 3 浙江省设区市基本情况（2016 年）

指标名称	单位	杭州市	宁波市	温州市	嘉兴市	湖州市	绍兴市	金华市	衢州市	舟山市	台州市	丽水市
总户数（户籍）	万户	229.6	225.8	233.0	106.9	86.5	161.5	186.2	92.3	36.7	191.6	103.0
总人口（户籍）	万人	736.00	590.96	818.22	352.12	264.84	444.53	481.15	257.49	97.33	600.17	268.03
常住人口	万人	918.8	787.5	917.5	461.4	297.5	498.8	552	216.2	115.8	608	216.5
生产总值	亿元	11050.5	8541.1	5045.4	3760.1	2243.1	4710.2	3635.0	1245.5	1228.5	3842.8	1200.2
人均生产总值	元	121394	108804	55165	81751	75715	94620	66248	57997	106364	63366	55772
三次产业增加值比重	—	2.8∶36.0∶61.2	3.6∶49.6∶46.8	2.7∶41.9∶55.4	3.8∶50.9∶45.3	5.7∶47.2∶47.1	4.5∶49.2∶46.3	4.1∶43.6∶52.3	7.1∶45.2∶47.7	10.6∶39.8∶49.6	6.6∶42.8∶50.6	8.0∶44.7∶47.3
财政总收入	亿元	2558.4	2145.7	724.0	673.4	360.9	630.1	555.2	155.0	173.3	583.8	164.9
地方公共财政预算收入	亿元	1402.4	1114.5	439.9	387.9	211.2	390.3	338.1	102.6	120.3	343.3	103.6
城镇居民人均可支配收入	元	52185	51560	47785	48926	45794	50305	46554	36188	48423	47162	35968
农村居民人均可支配收入	元	27908	28572	22985	28997	26508	27744	21896	18421	28308	23164	16459
城乡居民收入比	—	1.87∶1	1.80∶1	2.08∶1	1.69∶1	1.73∶1	1.81∶1	2.13∶1	1.96∶1	1.71∶1	2.04∶1	2.19∶1

居民收入

表4　　　　湖州市城乡居民收入情况（2016 年）

指标名称	2016 年
1. 城镇居民人均可支配收入（元）	45794
扣除物价因素后的增幅（%）	6.7
2. 农村常住居民人均纯收入（元）	26508
扣除物价因素后的增幅（%）	6.9
2.1 工资性收入（元）	17376
2.2 经营净收入（元）	6848
2.3 财产净收入（元）	913
2.4 转移净收入（元）	1370
3. 城乡居民收入比（元）	1.73∶1

城乡居民生活水平

表5 湖州市城乡居民人均消费性支出与恩格尔系数（1995—2016 年）

年份	城镇居民		农村居民	
	人均消费性支出（元）	恩格尔系数	人均消费性支出（元）	恩格尔系数
1995			2358	0. 56
1996			2418	0. 57
1997			2551	0. 55
1998			2516	0. 55
1999			2398	0. 54
2000			2677	0. 49
2001			2898	0. 47
2002			3226	0. 44
2003			3696	0. 43
2004			4212	0. 41
2005	11051	0. 35	4821	0. 38
2006	11685	0. 34	5327	0. 37
2007	12304	0. 37	6172	0. 35
2008	13404	0. 36	7046	0. 35
2009	14602	0. 34	8058	0. 33
2010	16034	0. 35	9139	0. 33
2011	18166	0. 38	10093	0. 33
2012	19898	0. 37	11077	0. 32
2013	23196	0. 29	12440	0. 30
2014	24875	0. 31	14836	0. 31
2015	26815	0. 30	16112	0. 31
2016	27731	0. 31	17609	0. 31

农业产业发展情况

表6　　湖州市农业生产情况（2016 年）

指标名称	单位	2016 年
1. 农林牧渔总产值	亿元	223.1
2. 农林牧渔增加值	亿元	134.5
3. 农作物播种面积	万亩	250.1
4. 粮食播种面积	万亩	134.5
5. 粮食总产量	万吨	62.97
6. 粮食亩产	公斤/亩	468.3

表 7　　湖州市农业主导产业产值（2012—2016 年）

产业名称	单位	2012 年	2013 年	2014 年	2015 年	2016 年
1. 粮油	亿元	27.95	28.61	22.70	20.49	19.46
2. 蔬菜		20.43	19.98	21.75	23.52	25.40
3. 茶叶		18.65	18.43	20.04	19.00	19.51
4. 水果		7.57	7.68	10.29	9.96	9.32
5. 蚕桑		5.84	5.43	3.82	2.98	2.91
6. 水产		37.97	40.38	43.68	50.51	54.15
7. 畜禽		45.83	45.94	40.85	34.14	36.62

表 8　　湖州市及县区农业龙头企业情况（2016 年）

项目名称	单位	湖州市	吴兴区	南浔区	德清县	长兴县	安吉县
1. 农业龙头企业个数	个	1589	104	242	620	232	391
1.1 国家级	个	5	2	1	2	0	0
1.2 省级	个	30	5	4	8	8	5
1.3 市级	个	201	42	35	40	44	40
2. 上市农业龙头企业	个	8	1	1	3	2	1
3. 资产总额	万元	3897293	559960	256200	2079980	310000	691153
4. 销售收入	万元	5172039	657400	713462	2193573	515000	1092604

表 9　　湖州市及县区现代农业园区情况（2016 年）

项目名称	单位	湖州市	吴兴区	南浔区	德清县	长兴县	安吉县
1. 农业园区个数	个	385	110	64	62	72	77
1.1 省级	个	113	15	30	20	20	28
1.2 市级	个	189	38	34	29	53	35
1.3 农业物联网试验示范基地	个	34	6	5	9	8	6
2. 农业园区面积	万亩	69.32	9.55	10.59	12.24	24.79	12.15
3. 农业园区投资额	亿元	85.69	33.94	8.92	10.48	15.31	17.04
4. 销售收入	万元	622795	219760	14995	179630	100000	108410

表 10　浙江省及 11 市农业现代化发展水平（2013—2015 年）

区域	2015 年得分	2015 年排名	2014 年得分	2014 年排名	得分增减	位次增减	2013 年得分	2013 年排名
浙江省	80.79	—	77.60	—	3.19	—	73.22	—
湖州市	87.53	1	85.43	1	2.10	0	82.83	1
宁波市	86.45	2	84.29	2	2.16	0	79.90	3
杭州市	85.85	3	83.14	4	2.71	1	77.82	5
绍兴市	85.39	4	83.37	3	2.02	-1	78.56	4
嘉兴市	83.73	5	80.57	5	3.16	0	80.34	2
台州市	80.77	6	78.79	6	1.98	0	74.24	6
舟山市	79.93	7	77.12	7	2.81	0	73.76	7
金华市	77.60	8	73.98	8	3.63	0	70.22	8
衢州市	76.47	9	73.66	9	2.80	0	69.04	9
温州市	74.94	10	68.70	10	6.24	0	68.00	10
丽水市	71.65	11	68.63	11	3.02	0	64.59	11

表11 浙江省前20名县（市、区）农业现代化发展水平综合评价（2013—2015年）

县（市、区）	2015年得分	2015年排名	2014年得分	2014年排名	2014年得分增减	位次增减	2013年得分	2013年排名
德清县	87.56	1	86.40	1	1.15	0	82.47	3
慈溪市	86.87	2	84.18	3	2.69	1	85.25	1
余姚市	86.55	3	79.07	21	7.48	18	74.13	30
鄞州区	86.30	4	81.38	14	4.91	10	79.60	7
萧山区	85.92	5	85.07	2	0.84	-3	83.14	2
诸暨市	85.79	6	82.44	8	3.35	2	79.43	8
上虞区	85.74	7	81.67	13	4.07	6	77.77	15
余杭区	85.71	8	81.68	12	4.03	4	76.58	22
安吉县	85.20	9	82.11	9	3.08	0	77.68	16
柯桥区	85.18	10	79.59	18	5.59	8	81.01	5
南浔区	84.76	11	80.17	16	4.58	5	78.52	12
宁海县	84.72	12	82.08	10	2.64	-2	78.82	11
海宁市	84.70	13	82.55	7	2.15	-6	79.18	10
吴兴区	84.28	14	79.40	20	4.88	6	78.07	14
奉化市	84.18	15	83.97	4	0.21	-11	80.66	6
嘉善县	83.72	16	82.85	5	0.87	-11	81.95	4
嵊州市	83.26	17	78.92	23	4.34	6	73.59	34
长兴县	83.17	18	81.79	11	1.38	-7	78.48	13
象山县	83.03	19	82.74	6	0.30	-13	79.32	9
富阳区	82.86	20	79.01	22	3.85	2	75.31	25

农村经济情况

表12　　湖州市及县区农村经济合作社情况（2016 年）

项目名称	单位	湖州市	吴兴区	南浔区	德清县	长兴县	安吉县
1. 总收入	万元	163601.59	23132.73	24153.95	23818.86	34162.88	58233.16
1.1 经营收入		27574.52	6866.23	8520.61	2065.45	5267.56	4854.67
1.2 发包及上交收入		20395.91	2333.33	3315.70	4208.57	3379.75	7158.56
1.3 投资收益		5625.76	2601.48	173.18	308.11	1737.14	805.85
1.4 补助收入		75964.34	6852.02	7556.94	13014.51	16603.93	31936.95
1.5 其他收入		34041.07	4479.68	4587.52	4322.22	7174.51	13477.13
2. 总支出		95137.45	12955.51	15818.00	16303.07	24201.51	25859.35
2.1 经营支出		4674.38	631.64	1235.58	206.55	1479.56	1121.07
2.2 管理费用		65067.43	9262.05	8642.25	11567.25	13213.95	11381.92
2.3 农业发展支出		12476.00	1176.83	2263.03	1899.91	3596.84	3539.38
2.4 其他支出		23919.63	1884.99	3677.14	2629.36	5911.15	9816.99
3. 本年收益		68464.15	10177.22	8335.95	7615.79	9961.37	32373.81
4. 年初未分配收益		39111.90	-3417.69	795.20	624.66	4469.59	36640.14
5. 可分配收益		113178.10	7491.80	10052.34	10751.29	15581.20	69301.48
6. 年末未分配收益		56765.85	-3555.66	1677.41	783.47	8810.82	49049.81

表 13　　湖州市及县区农村土地承包经营及管理情况（2016 年）

项目名称	单位	湖州市	吴兴区	南浔区	德清县	长兴县	安吉县
1. 家庭承包经营的耕地面积	亩	1661018	218796	356115	281381	516063	288663
2. 家庭承包经营的农户数	户	488650	68698	104075	79843	133881	102153
3. 颁发土地承包经营权份数	份	488650	68698	104075	79843	133881	102153
4. 家庭承包耕地流转面积	亩	1023689	133900	209107	227884	301650	151148
4.1 流转入农户的面积	亩	715798	103907	144205	162822	216541	88323
4.2 流转入专业合作社的面积	亩	133559	10862	30327	19811	40547	32012
4.3 流转入企业的面积	亩	92355	15198	9620	28464	21573	17500
4.4 流转入其他主体的面积	亩	81977	3933	24955	16787	22989	13313
5. 流转出承包耕地的农户数	户	301690	48059	78563	68373	66698	39997

表 14　　湖州市及县区农民专业合作社情况（2016 年）

项目名称	单位	湖州市	吴兴区	南浔区	德清县	长兴县	安吉县
1. 农民专业合作社数量	个	1680	210	283	257	596	334
2. 农民专业合作社成员数	人	87792	11436	13453	13447	37477	11979
2.1 普通成员数	人	79544	9874	13311	12445	34292	9632
2.2 专业大户及家庭农场成员数	人	4246	678	68	856	2520	124
2.3 企业成员数	人	315	253	10	3	7	42
2.4 其他团体成员	人	656	25	23	1	62	545
3. 农业专业合作社带动非成员农户数	户	227692	43481	50997	55932	38255	39027
4. 分类情况							
4.1 种植业	个	792	89	103	93	319	188
4.2 林业	个	208	21	5	34	70	78
4.3 畜牧业	个	133	23	43	28	26	13
4.4 渔业	个	292	59	101	72	50	10
4.5 服务业	个	141	13	23	11	90	4
4.6 其他	个	114	5	8	19	41	41

表 15　　湖州市及县区家庭农场情况（2016 年）

指标名称	湖州市	吴兴区	南浔区	德清县	长兴县	安吉县
1. 已在工商部门注册的家庭农场数量（家）	1323	235	160	307	403	218
1.1 注册为个体工商户（家）	1085	226	113	192	360	194
1.2 注册为个人独资企业（家）	178	8	28	84	36	22
1.3 注册为普通合伙企业（家）	0	0	0	0	0	0
1.4 注册为有限责任公司（家）	60	1	19	31	7	2
2. 按行业分						
2.1 种植业（家）	725	144	70	87	282	142
2.2 畜牧业（家）	54	7	18	5	13	11
2.3 渔业（家）	261	29	39	159	31	3
2.4 种养结合（家）	187	46	30	51	35	25
2.5 其他（家）	96	9	3	5	42	37
3. 家庭农场经营情况						
3.1 年销售农产品总值（万元）	81991.84	12553.68	12950.63	32320.70	16843.86	7322.97
3.2 购买农业生产投入品总值（万元）	41554.52	4683.50	6866.01	17640.50	8604.81	3759.70
3.3 拥有注册商标的家庭农场数（家）	87	9	13	33	11	21
3.4 通过农产品质量认证的家庭农场数（家）	78	10	13	30	7	18
4. 扶持家庭农场发展情况						
4.1 获得财政扶持资金的家庭农场数（家）	51	9	13	13	12	4
4.2 各级财政扶持资金总额（万元）	670	20	325	119	180	26
4.3 获得贷款支持的家庭农场数（家）	199	1	13	63	75	47
4.4 获得贷款资金总额（万元）	5352.50	120	331.50	1263	2268	1370

美丽乡村

表16　　湖州市美丽乡村建情况（2016年）

项目名称	单位	湖州市	吴兴区	南浔区	德清县	长兴县	安吉县
1. 累计创建美丽乡村数	个	571	71	87	107	168	138
2. 启动保护利用历史文化村落数	个	48	6	12	10	10	10

表17　　湖州市农家乐情况（2016年）

指标名称	单位	2016年
1. 财政资金投入	万元	90（市本级）
2. 省、市级特色村、点总数	个	108，其中：特色村55个，特色点53个
3. 餐位数	万个	11.33
4. 床位数	万张	4.1
5. 三星级以上农家乐户数	户	341
6. 从业人员数	万人	3.16
7. 接待游客数	万人	2329.64
8. 营业总收入	亿元	46.13
9. 直接营业收入	亿元	35.58
10. 农产品销售收入	亿元	10.55

表 18　　湖州市及县区休闲观光园区情况（2016 年）

项目名称	单位	湖州市	吴兴区	南浔区	德清县	长兴县	安吉县
1. 个数	个	189	20	16	89	39	25
2. 园区总面积	个	197953	9000	7016	61032	19500	101405
3. 建筑面积	平方米	466144	16950	56648	206546	86000	100000
4. 园区建设总投入	万元	355517	30500	40560	96457	31000	157000
5. 上年接待游客	万人次	917.1	64.1	102	380	191	180
6. 营业收入	万元	111809	5958	6871	45105	23000	30875
7. 利润	万元	28360	1460	1300	12100	5400	8100

农村人才、职业农民

表 19 湖州市农民培训、新型职业农民培育情况（2016 年）

指标名称	单位	2016 年
1. 当年农民培训数	人次	20870
2. 新型职业农民培训		2227
3. 农民大学生培养		360

表 20 湖州市及县区新型职业农民认定情况（2016 年）

序号	地区	新型职业农民认定总人数	现代青年农场主认定总人数	新型农业经营主体带头人认定（生产经营型）总人数	专业技能型职业农民认定总人数	专业服务型职业农民认定总人数
1	湖州市	2159	0	1606	311	242
2	吴兴区	416	0	415	1	0
3	南浔区	433	0	401	0	32
4	德清县	384	0	50	174	160
5	长兴县	504	0	415	39	50
6	安吉县	422	0	325	97	0

农村改革

表21　　湖州市农村改革情况（2016年）

项目名称	单位	湖州市
1. 农民合作社联合社	个	32
2. 村股份经济合作社	个	1041
3. 农村产权交易平台（县乡镇两级）	个	67
4. 开业小额贷款公司	家	0/（累计18家）
5. 开业村镇银行	家	0/（累计3家）
6. 开业资金互助社	家	0/（累计1家）
7. 农业政策性保险险种数	个	22
8. 完成户籍改革乡镇	个	全部完成

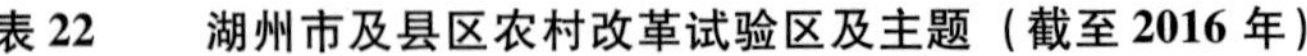

表 22　湖州市及县区农村改革试验区及主题（截至 2016 年）

序号	试验区	试验主题
省级试验区		
1	湖州市	新农村综合配套改革试点
2	南浔区	城乡发展一体化改革试验区
3	德清县	农业供给侧结构性改革集成示范试点
		城乡体制改革试点
		土地承包经营权确权登记颁证试点
国家级试验区		
4	湖州市	新型职业农民培育试点
国家级试验区		
5	德清县	集体经营性建设用地入市试点
		农田水利设施产权制度改革和创新运行管护机制试点
		积极发展农民股份合作赋予农民对集体资产股份权能改革试点
		农村土地承包经营权抵押贷款试点
6	长兴县	农村土地承包经营权抵押贷款试点

农村公共服务

表23　　湖州市及县区农村公共服务情况（2016 年）

指标名称		单位	湖州市	吴兴区	南浔区	德清县	长兴县	安吉县
1. 农村低保人数		人	30370	3085	6170	5258	8198	7032
2. 农村低保标准		元	664	664	664	615	615	615
3. 农村五保人数		人	1500	115	236	204	637	297
4. 城乡居民社会养老保险参保人数		人	559936	118137	168802	68690	120557	83750
5. 城乡居民基本医疗保险参保人数		人	1475186	329389	327692	196966	330617	290522
6. 每千人医生数	按常住人口	人	2.6	3.7	1.6	2.3	2.4	2.3
	按户籍人口	人	2.9	4.7	1.8	2.7	2.5	2.4

农村基层组织建设

表24　　湖州市及县区农村基层党组织情况（2016 年）

指标名称	单位	湖州市	吴兴区	南浔区	德清县	长兴县	安吉县
1. 基层党组织数	个	9070	1781	1415	1423	1648	1339
1.1 乡镇数	个	45	6	9	8	11	11
乡镇所属党组织数	个	3858	554	1060	727	813	704
1.2 街道数	个	24	12		4	4	4
街道所属党组织数	个	1305	668		218	261	158
1.3 建制村数	个	982	224	221	148	220	169
建制村所属党组织数	个	3034	437	429	407	472	289
2. 乡镇党员总数	人	103475	19240	24027	17370	22199	20639
3. 建制村党员总数	人	67249	14565	14941	10739	13634	13370
4. 大学生村官数	人	242	48	57	62	50	25

表 25　　湖州市农村工作指导员情况（2016 年）

指标名称	单位	2016 年
1. 农村工作指导员数量	人	56
2. 落实项目	个	56
3. 争取扶持资金	万元	84

扶贫开发

表26 湖州市扶贫开发情况（2016年）

指标名称	单位	2016年
1. 低收入农户收入	元	12509
2. 农民异地搬迁户数	户	2016年无此项工作
2.1 人数	人	—
2.2 各级财政资金投入	万元	—
3. 来料加工经纪人数	人	491
3.1 从业人数	人	18855
3.2 发放加工费	万元	2.9
4. 扶贫小额信贷贷款总额	万元	1806